Cena Incestuosa

Cena Incestuosa
Abuso e violência sexual

Renata
Udler
Cromberg

c coleção
c clínica
p psicanalítica

Artesã

Cena Incestuosa: abuso e violência sexual

1ª Edição – 1ª Reimpressão 2025

DIRETOR
Alcebino Santana

DIREÇÃO DE ARTE
Tiago Rabello

REVISÃO
Ana Paula Girardi

CAPA
Artesã Editora

DIAGRAMAÇÃO
Luís Otávio Ferreira

C945 Cromberg, Renata Udler.
Cena incestuosa : abuso sexual e violência sexual / Renata Udler Cromberg. – Belo Horizonte : Artesã, 2021.
368 p. ; 21 cm. – (Clínica psicanalítica).
ISBN: 978-65-86140-43-9

1. Psicanálise. 2. Crime sexual. 3. Incesto. 4. Violência familiar. I. Título.

CDU 159.964

Catalogação: Aline M. Sima CRB-6/2645

IMPRESSO NO BRASIL
Printed in Brazil

(31)2511-2040 (31)99403-2227
www.artesaeditora.com.br
Rua Rio Pomba 455, Carlos Prates - Cep: 30720-290 | Belo Horizonte - MG
/artesaeditora

PARTE I
A PESQUISA

PARTE II
DIAGRAMA CONCEITUAL

Prefácio

"Repassando os fundamentos"[1]

Este livro de Renata Cromberg é, do meu ponto de vista, bastante instigante. Há nele algo dos trabalhos radicais em psicanálise, aqueles que não fazem apenas circulação em uma esfera de abstração da experiência psíquica humana – que pode perfeitamente descambar para a mera racionalização – mas que, por outra via, parecem escritos com a carne e o sonho do próprio analista, que os experimentou tanto quanto formulou. Estes livros, que costumam ser os essenciais na literatura psicanalítica, têm a qualidade de não serem apenas lidos por seus leitores, mas de também invadir uma certa zona de espanto e constituição, causando frequentemente reações psíquicas derivadas diretamente da vida emocional de quem lê, que se vê convocado mais amplamente, tanto em sua vida inteligente quanto na inteligência dos afetos, da ordem ética das coisas e nos

1 Este texto foi publicado originalmente como resenha na revista *Percurso*, v. XV, n. 30, 2003.

fundamentos de algo impreciso que se dá, digamos, entre o *eu e o corpo*.

Este tipo de transmissão e efeito inconsciente nos fala mesmo, em uma espécie de *real da experiência psíquica*, de onde a psicanálise se dá, de como a sua possibilidade no conceito se torna efetiva em um lugar vivo.

Entre o eu e o corpo – o corpo concreto e esterilizante psíquico do agressor sexual, o corpo arcaico e fragmentário da mãe narcisante, na qual se é *revertido* pelo ato de violência – é também, no plano do conteúdo, uma das polarizações importantes que organizam a ampla matéria do livro, espécie de horizonte problemático, que se articula com outras tensões que poderíamos recolher da leitura: entre a constituição narcísica e o polo de identificação cultural, que reciprocamente implodem na esfera do incesto, entre as pulsões masoquistas, de descarga e dissociativas, e as formas das fantasias desejantes positivas, subsumidas no campo tanático arcaico, entre a criança e suas sutis intensidades em constituição e a violência do adulto e sua mensagem sexual enigmática, entre a pulsão que se vê aprisionada e seus horizontes de identificação e localização das posições externas, que se veem revertidos à regressão e a impossibilidade de estabilidade simbólica e, por último, mas não por fim, entre a natureza e a sua elevação à cultura humana. Estas linhas gerais de problemas amplíssimos são alinhavadas e tratadas com precisão e parecem estar permanentemente em equilíbrio, alterando apenas a sua posição de figura ou de fundo, de primeiro plano ou horizonte, ao longo da leitura.

O trabalho clínico apresentado vivamente no livro tem origem em uma pesquisa levada a cabo por um grupo de analistas, do qual Renata estava na posição teórica e transferencial de supervisora. Da mesma forma que nos sentimos humanamente incluídos na matéria do livro, ou seja, que ele é objeto de *transferência*, sentimos a intensa presença da autora nos casos em que ela não esteve presente como analista, o que parece indicar fortemente uma espécie de matéria psíquica trabalhada *em que é fácil se sentir incluído*. Podemos lembrar Freud aqui: porque durante séculos a tragédia de Sófocles manteve-se causando espanto e fascínio sobre os homens, enquanto outros dramas do destino não tiveram a mesma sorte? Por que estávamos em fantasia – e experiência que se tornou sonho – presentes nela. Um dos corações, exposto como uma fratura à reflexão e a análise, do livro de Renata é o Édipo psicanalítico, esquadrinhado em muitas de suas direções no pensamento da psicanálise contemporânea, mas presente, também, na própria fantasia da passagem ao ato incestuoso, objeto central da obra, que, estranhamente, nos faz ainda tremer nas bases, literalmente nos incluindo naquele estranho mal, que em algum lugar também desejamos. Se não, por que a angústia?

Um dos trabalhos difíceis do livro é exatamente o da articulação entre Édipo e violência, o que cria um problema em abismo para o conceito e o seu afeto, por que, normalmente – sem a passagem ao ato do incesto –, a passagem humana pela configuração edípica já é uma passagem pela violência e, talvez mais, seja a passagem pela *forma que estrutura simbolicamente o sentido da violência*. As discriminações entre desejo e lei, totalidade narcísica e barramento de identificação com o outro, delimitação da onipotência psíquica e potência no plano da realidade compartilhada, que são o grande saldo da virada edípica, são baseadas, como se sabe, em intensas experiências psíquicas que se configuram no processo como violência, *angústia de castração*, e que levam o mecanismo geral e arcaico da dissociação a incorporar a dissociação normal, a estruturação do recalque e do inconsciente, onde esta violência poderá ser redimida ao ser positivada em novo e amplo sentido psíquico. No estudo de Renata este estrato de violência humana necessária, que é o Édipo e sua castração simbólica – não plenamente acontecida no adulto que deveria cuidar, mas violenta –, é sobreposto a uma violência *real*, que coincide com o tempo fantasístico arcaico incestuoso, lançando as vítimas reais de tal *mais valia da violência* em um impressionante caleidoscópio de formas psíquicas arcaicas, onde todos os estratos do primitivo estão expostos a olho nu e onde a reversibilidade simbólica edípica torna-se limite concreto, espécie de tampão real das possibilidades de desenvolvimento psíquico, que mantém os sujeitos regredidos, fragmentados e masoquisticamente submetidos.

O tratamento de tais verdadeiras tragédias psíquicas é difícil e, a seguir pelo livro, impreciso, uma vez que faz violência também ao psiquismo do analista envolvido e é um navegar de discriminação fina nos estratos do arcaico para a formulação e um ligamento de sentidos que também traumatizam na própria formulação:

> Esse masoquismo, esse narcisismo negativo, aparece, seja como sintoma seja como defesa contra um sofrimento psíquico maior, como medo de fragmentação, de psicotização. [...] A sensação de impotência do analista se relaciona com a pergunta de como tirá-la disso que a protege de um sofrimento maior, mas que a faz sofrer tanto. A saída parece que é acolher esta criança masoquista impotente, acolher para abrir uma brecha. Impotência do analista diante de um

movimento de erotização da violência e onde ela faz uma fantasia de santificação pelo sofrimento. (...) O percurso a refazer para ligar psiquicamente uma experiência de estupro, que é traumática, é refazer o percurso da sexualidade para ele incluir o estupro como violência sexual. É o único caminho psíquico. Parece que é todo o percurso da sexualidade que deve funcionar para ligar este montante de excitação desligada. São fantasias sexuais que vão ligar psiquicamente. O estupro não deixa de ser violento, mas precisa ser entendido – psiquicamente e não racionalmente – como sexual para ser incorporado psiquicamente. Para tanto, precisa-se entender qual a mensagem sexual enigmática do agressor. A violência sexual também é alguma coisa da ordem do não sexual – da ameaça de vida. Mas quando passa para o psiquismo passa a ser da ordem do sexual. A violência é da ordem do não sexual, mas é sexual, é um não sexual/sexual, quer dizer, ela precisa reconhecer o sexual no outro, bem na linha da primeira teoria da sedução freudiana. E aí, de alguma maneira, há a conjunção com a fantasia sexual inconsciente que não quer saber, este é o problema, se foi ou não desejado o estupro, já que na pulsão sexual que se expressa na fantasística inconsciente, o que importa é encontrar um objeto parcial que a satisfaça na realidade ou na fantasia; ela, portanto aproveita a situação. Refazer todo o percurso da sexualidade para sexualizar o evento, seja sexualizado enquanto uma invasão sexual do outro, portanto com aquilo que é enigmático das razões ou desrazões sexuais do outro, ou enquanto ligação dessa excitação com as próprias fantasias, para depois ficar com a percepção de um ato de violência.

Neste campo delicado Renata vai operar hipóteses significativas sobre a natureza da identificação negativa, seja com a mãe fraca da família incestuosa, seja com o agressor sexual, e vai lançar a sua proposição das fantasias sexuais do sujeito como força positiva de ligação e integração psíquica, a sua proposição mais singular diante da tragédia psíquica da violência incestuosa.

Noutra direção de problemas, podemos pensar que as duas passagens trazidas acima operam regiões teóricas diferentes da vida da psicanálise contemporânea, que unifica diferentes estratos de sentido psíquico e mesmo de razões epistemológicas não inteiramente congruentes. A primeira delas aponta para um *acolhimento*, gesto de presença fundante, que resta ser melhor determinado em sua natureza metapsicológica e clínica, que teria o poder de *acontecimento de sentido*, transformação ou deslocamento, frente ao infernal da repetição masoquista de toda ordem da dor, e seu imaginário. A segunda mantém-se no campo mais nitidamente delimitado da releitura pós-freudiana da linguagem e da lógica de Freud, e seu desenho de incorporação e ligação psíquica do sexual são da ordem da tradição de tópicas e dinâmicas próprias ao pensamento freudiano. Pulsando entre estes dois mundos, o da descrição positiva do imaginário das forças e lugares psíquicos, o da *análise*, e o da introdução viva do *acontecer do sentido*, não inteiramente capturável pela positivação metapsicológica, o pensamento de Renata faz suas evoluções.

É assim que, no desenvolvimento propriamente teórico do espinhoso problema, teremos em jogo uma espécie de *eixo histórico* da psicanálise que, advindo da aporia tanática freudiana – que reconhece um estado de coisas psíquicas mais complexas que a dos primeiros tempos psicanalíticos, incluindo as desconstruções narcísicas e o masoquismo primário no campo do desejo – vai ter um ponto de virada na obra de Ferenczi – onde a autora "encontrou um entendimento da violência sexual muito próximo ao que estava começando a balbuciar, após a análise do material clínico" –, e seus problemas da relação dialética entre formas psíquicas e a ação traumática da *língua sexual* do adulto, e, por fim, inclui a intensidade transferencial plena das experiências psicanalíticas de Bollas, e sua contemporânea clínica do *self*, derivada de Winnicott.

Winnicott, e o que poderíamos chamar a sua teoria geral do encontro de sujeito e ambiente, e suas noções derivadas, como a noção central para a constituição narcísica de *ilusão*, é, de meu ponto de vista, a carta ausente de tal história da violência em psicanálise, embora represente a expansão da consciência psicanalítica que se deu exatamente entre o momento histórico de Ferenczi e o de Bollas.

Esta tensão geral, evocada acima, entre a representação teórica psicanalítica de linhagem clássica e o problema do encontro significante, a natureza do acolhimento subjetivante, vai convocar ainda mais dois psicanalistas ao universo teórico do trabalho, que se dividem nitidamente entre estes dois registros, o americano estudioso da subjetivação perversa Robert Stoller, e sua revisão dos movimentos da sexualidade freudiana em jogo na montagem da cena perversa, com sua ampla erotização do ódio, e a nossa colega Myriam Uchitel e seu aprofundado estudo da clínica do traumático, um certo fundo geral do problema das violências psíquicas encontradas no percurso humano. Neste campo amplo de problemas psicanalíticos a noção de *predador psíquico*, introduzida por Renata a partir do pensamento do etólogo B. Cyrulnik, é, de meu ponto de vista, uma construção de grande valor para a consciência psicanalítica atual, não apenas para a clínica da violência sexual e do incesto – onde a autora foi longe na caracterização das fragilidades e fixações psíquicas extremas do adulto violador –, mas do traumático tanático em geral, quando, por vezes, antes mesmo de se lançar os laços de intensidade pulsional desejante entre sujeito e o objeto da experiência da pulsão, este objeto pode faltar amplamente, configurando a falha estrutural, a fundação humana no *impensável*, em uma falha ambiental e da natureza psíquica do objeto que também pode ser concebida sobre a categoria de *predador psíquico*.

Por fim, para caracterizar a amplitude dos horizontes teóricos e humanos que o livro nos oferece, Renata se dedicou também a um outro trilhamento articulado ao seu problema, que enriquece muito suas conclusões e redefine com maior precisão os termos de sua construção teórica: a etnologia teórica de Claude Lévi-Strauss e sua discípula Françoise Héritier. Neste registro são colocados os problemas de fundação da cultura e sua diferenciação da natureza, no limite do que seria universal ao humano. Aí são estudadas as formas de ordenação dos sistemas de parentesco, onde o tabu do incesto seria o ato fundante da ordem das trocas dialéticas entre natureza e cultura, transpondo o sexual definitivamente à sua apropriação cultural, um sistema de trocas simbólicas, e fundando propriamente a esfera do humano, segundo Lévi-Strauss. Mas Renata, baseada em Héritier, vai considerar esta estruturação uma ordenação do ponto de vista da experiência masculina do barramento do incesto, enquanto haveria uma outra lógica, de caráter feminino que barraria o chamado incesto *de segundo tipo*, que seria o contato sexual, mediado pelo homem, entre a mãe e a filha, e entre duas irmãs. Segundo Renata, Héritier estudou a configuração de uma gramática psíquica universal para a configuração das formas da cultura, e, para o maior interesse dos psicanalistas, vai localizar a fundação dos termos destas articulações estruturais arcaicas na observação da diferença sexual anatômica e na troca de fluidos sexuais, que seriam ambas as fontes originárias, da qual não se pode fugir, de toda imaginarização da natureza e da vida social. No fundo de tal construção – estudada em detalhe, como tudo no livro – habitaria a categoria *princeps*, em estado de fantasma fundamental, de todo pensamento, a tensão entre *o idêntico e o diferente*. A ordem cultural generalizada de barrar o incesto do segundo tipo estaria colocada sobre a fantasia arcaíssima de reduplicar a forma da matriz materna, tornar-se idêntica à mãe, caso os fluidos humanos de mãe e filha se tornassem idênticos no ato incestuoso.

Tal grau de construção limite de outra disciplina tem o poder de, mais uma vez, desalienar a psicanálise de qualquer pretensão de fundação teórica totalizante, a partir de suas categorias historicamete constituídas, abrindo-a a saberes afins, e vai contribuir definitivamente para a formulação do complexo quadro que Renata nomeou *o conceito de violência sexual incestuosa*. Para terminar, podemos apontar um *insight* psicanalítico advindo daí, deste contato com o estrangeiro psicanalítico, *o diferente*, nas palavras próprias de nossa inspirada autora:

"Estudando as distorções na imagem corporal feminina e no valor da feminilidade a partir das profundas distorções na sexualidade da mãe e, a partir dela, na sexualidade da filha, nos encaminhamos para pensar este magma comum entre mãe e filha, presente na identificação sexual. Ele tanto pode ser fértil para a assunção da positividade de um feminino não calcado mais no lugar de ser o polo negativo do fálico, na fantasia sexual fálica infantil que interpreta a diferença sexual como fálico-castrado, fértil quando a partir dele pode permitir diferenciação, um útero virando dois, quanto pode ser perigoso e propiciador de uma identificação fusional."

Tales Ab'Saber

Apresentação e agradecimentos

Um trabalho de pensamento e reflexão sobre uma prática que resulta em escrita constitui-se através de uma via de mão dupla, de um movimento de vaivém constante entre prática e teoria. É também fruto da elaboração dos encontros afetivos que se deram ao longo desta trajetória. É por isso que teci conjuntamente a apresentação da maneira como este livro foi se constituindo e os agradecimentos a pessoas que me afetaram durante sua realização.

No ano de 1992, por uma destas misteriosas coincidências, dando supervisão a três analistas em formação, que me procuraram em circunstâncias diferentes e que trabalhavam em instituições públicas, escutei e acompanhei alguns casos de abuso sexual incestuoso, todos entre pai ou padrasto e filha. Nestas supervisões, alguns dos casos clínicos trazidos se constituíram posteriormente no material clínico escolhido para tema de uma pesquisa que desenvolvi logo em seguida, por trazerem como principal queixa o sofrimento causado por violência sexual incestuosa. As supervisões clínicas foram realizadas em meu consultório, ainda que os casos tivessem sido acompanhados pelos analistas em instituições públicas. Paula Patrícia Francisquetti, Tiago Corbisier Matheus e Dinalva M. C. Tavares se tornaram os auxiliares dessa pesquisa. Sem eles, seu entusiasmo, sensibilidade e dedicação, esta pesquisa jamais teria sido possível e sou muito grata pelo clima de incentivo e confiança recíproca que se estabeleceu entre nós. Os anos que se seguiram levaram a uma estreita troca e colaboração com Paula, em que fomos nos proporcionando entradas, aprofundamentos, interfaces multidisciplinares no campo teórico, clínico e institucional e que continua em aberto, trazendo-nos as surpresas criativas de um percurso que consolidou amizade e respeito profissional.

Mas em 1992, após as primeiras supervisões, fui invadida por muita angústia, que sem dúvida dizia também respeito à minha própria vida fantasmática, ao meu processo analítico e a acontecimentos pessoais, mas não só a isso. Lembro-me bem de um momento numa supervisão de um caso que tinha requintes perversos inimagináveis em que tive, por um instante, um sentimento de desrealização de mim mesma, de descrença no mundo e nas minhas percepções, em que me perguntei: "Quem me garante que o que está se formando enquanto ideia interpretativa do sofrimento da paciente é dela? Não será só meu? E se o analista estiver fabulando a partir de suas próprias fantasias?" Foi no auge deste estado de angústia em que me perguntei sobre o estado de verdade do que estava se passando no plano da linguagem e dos afetos por ela mobilizados, que resolvi que queria me aprofundar nesta questão do abuso sexual incestuoso. Foi nesta ocasião que tive a felicidade de achar uma notícia no jornal sobre o concurso de dotação de verbas para pesquisa da Fundação Ford, organizado pela Fundação Carlos Chagas. Escrevi um projeto um tanto ambicioso, que continha duas partes, uma sobre as origens do conceito de pulsão de morte e uma sobre as questões e práticas clínicas e institucionais em torno da questão da violência sexual. Os amigos e colegas Renato Mezan e Miriam Chnaiderman balizaram com seu generoso testemunho do meu percurso profissional e intelectual a minha entrada na Fundação Carlos Chagas, onde encontrei muita cordialidade e ajuda em um ambiente de inigualável troca multidisciplinar e respeito intelectual. Lá, realizaram-se dois fecundos seminários, com todos os ganhadores do concurso, um antes e outro após a pesquisa. No primeiro seminário, talvez por ser a única psicanalista, fui arguida sobre minha pesquisa com curiosidade, interesse, mas também com todo o rigor e estranheza que alguns dos conceitos psicanalíticos produziam no campo do estudo dos gêneros, perspectiva, então, majoritária para a pesquisa em sexualidade e sobre a mulher. Pela preocupação quanto ao tempo que eu tinha para realizar a pesquisa, por sugestão de Mary Castro, acabei optando pela segunda parte do projeto, pelas preciosas razões de seu interesse institucional que ela me fez ver e que pude comprovar no percurso institucional que realizaria nos anos que se seguiram.

Foi este primeiro sentimento de desrealização que me fez de certa forma querer deixar de lado o que eu conhecia, o meu instrumental teórico dado de antemão para a pesquisa e querer construir o objeto da pesquisa da mesma maneira que o objeto psicanalítico.

Durante a pesquisa foi se diagramando uma atitude metodológica que permitiu delinear cuidadosamente o lugar de onde se fala na construção do objeto de pesquisa. Além disso, permitiu um processo de elaboração conceitual que nasce do interior de uma reflexão que vai se constituindo através dos relatos clínicos, atravessada inclusive pelo seu impacto sensorial e imagético, que passa a não ser mais o que deve ser evitado, desprezado, mas justamente o que pode ser considerado e perlaborado. No caso do tema desta pesquisa, o abuso sexual, tema multidisciplinar, a maneira de diagramar a pesquisa, levando em consideração especificidades do campo psicanalítico, permitiu constituir uma abertura em outros campos de saber para o reexame dos determinantes psicoculturais do abuso sexual. Isto aponta que o arsenal conceitual psicanalítico tem muito a enriquecer, propiciando novos pontos de vista, quando trata de temas que fazem borda a outros campos disciplinares e quando trabalha situações analíticas fora de seu enquadre tradicional no consultório particular.

Portanto, sou muito grata a Bila Sorj e Cristina Bruschini, organizadoras do concurso da Fundação Carlos Chagas e da publicação de artigos que dele resultaram no livro *Novos olhares: mulheres e relações de gênero no Brasil*. Agradeço também a Cláudia Davis, Heloísa Buarque de Holanda e Albertina Costa e ao assessor que avaliou meus relatórios.

A problemática que delineei através da pesquisa foi se consolidando e se abrindo, na mesma medida em que, através de seu esboço inicial, fui sendo convidada a realizar alguns trabalhos de supervisão clínica e institucional, bem como realizar palestras e dar cursos em instituições que eram capacitadas a lidar com a violência doméstica e sexual. Assim, inicialmente, por vários anos, tive o privilégio de trabalhar com uma equipe preciosa com a qual muito aprendi, que contou com várias pessoas de várias áreas: assistente social, psicóloga, advogada, secretária, guarda etc., na instituição municipal Casa Eliane de Gramont. Agradeço em especial a Lenira Politano da Silveira, a Graziela Acquaviva Pavez e Maria Elisa Santos Braga, que permaneceram por mais tempo, pela sagacidade, pela sensibilidade e desejo apaixonado de encontrar caminhos clínicos, institucionais e políticos para as difíceis questões que envolvem a violência contra a mulher, sem perder a lucidez necessária em tempos que foram politicamente difíceis. Nestes tempos, por um breve período, também trabalhei como supervisora clínica e institucional na Casa Elisabeth Lobo, instituição municipal de Diadema que lida com violência doméstica e sexual.

Trabalhei, então, no CEARAS, Centro de Estudos e Atendimento Relativos ao Abuso Sexual, vinculado ao Instituto Oscar Freire da Faculdade de Medicina da USP, por um ano e meio, ajudando, como supervisora, na sua implantação, a qual criou uma maneira inédita de lidar com o tratamento das pessoas envolvidas em situação de violência incestuosa, em paralelo com o destino jurídico, mas sem ter que com ele colaborar, que envolve o tratamento da família toda – por entender que o incesto é uma situação familiar – em terapêuticas grupais e individuais, inclusive do pai dito agressor sexual. Novamente uma equipe maravilhosa, apaixonada e empenhada, coordenada por Claudio Cohen. Agradeço muito o privilégio de trabalhar especialmente com Carla Segre Faiman e Claudia

Figaro Garcia, que se tornaram profundas conhecedoras do tema. A Claudia agradeço também a pronta e solícita colaboração com bibliografia e ensinamentos e uma primorosa leitura crítica no capítulo sobre os aspectos jurídico-institucionais.

Palestras no Coletivo Feminista acabaram me levando a um convite e uma experiência inéditos para mim: a participação ao longo dos últimos anos, nos seis cursos de capacitação de profissionais que lidam com situações de violência, organizados pelo Coletivo Feminista e pelo Departamento de Medicina Preventiva da Faculdade de Medicina da Universidade de São Paulo. Agradeço a abertura à troca multidisciplinar, a valorização da contribuição da psicanálise e a confiança que encontrei nas pessoas de Paula Francisquetti, Lilia Blima Screiber, Ana Flávia Lucas de Oliveira e Simone Grillo Diniz.

Agradeço a Henriette Buccaretchi o espaço precioso que abriu no I Congresso da Saúde da mulher para o tema da violência sexual e o convite para ocupá-lo de uma perspectiva psicanalítica. Agradeço também especialmente a Adriana de Bona e Dalka Chaves de Almeida Ferrari, pelo convite feito a mim, durante vários anos, para falar sobre o tema da violência incestuosa no grupo de formação do Núcleo de Violência do Instituto Sedes Sapientiae.

Danielle Ardaillon, antropóloga realizando pesquisa sobre aborto no Judiciário, que conheci no concurso da Fundação Carlos Chagas, me introduziu no conhecimento do pensamento de Françoise Héritier, ferramenta teórica que acabou sendo essencial para as minhas questões. Seu incentivo carinhoso e sua ajuda inestimável estiveram sempre presentes, quando, de todas as partes do mundo por onde andou, me enviava materiais relativos ao tema, que encontrava.

As leituras atentas iniciais da pesquisa por Silvia Leonor Alonso, primeira transmissora da psicanálise, e Alcimar Lima, colega de muitas trocas, trouxeram sugestões e reasseguramentos enriquecedores. Agradeço também a carinhosa e atenta leitura de Maria Luisa Sandoval.

Luís Carlos Menezes propiciou-me constituir este objeto, mas também o convite fundamental de dissolvê-lo, através de um encontro profundo e verdadeiro, que a sábia e amorosa disponibilidade de sua escuta analítica favoreceu.

Flávio Carvalho Ferraz presenteou-me com a contundência do convite que me fez "desovar" este livro. Como editor, sua postura ética e o respeito aos meandros do trabalho do pensamento e da escrita só vieram reforçar os já sólidos elos de amizade e troca intelectual que mantemos há tantos anos.

Agradeço e dedico este livro também a:

Carla Tennenbaum, Roberta Tennenbaum e Julia Cromberg Teixeira, que me dão amor, apoio e a alegria prazerosa de ser mãe.

Meu pai, Salvador Cromberg, com amor terno, que me transmitiu a riqueza maior que é não se deixar submeter pela religião e abrir-se para o mundo, pensar e conhecer, ainda que eu tivesse que lapidar excessos e ausências. Minha mãe, Maria Udler Cromberg, com amor, que ultimamente vinha tendo prazer em se ocupar dos problemas intelectuais mais difíceis da humanidade e que com seu sincretismo religioso ao lado de seu amor à liberdade propiciou-me, ao lapidar ausências e excessos, escolher o que fosse melhor para ser o meu "sagrado". Meus irmãos, Iva, Valter e Mônica, porque é por amor demasiado e não por falta dele que a loucura familiar existe. Meus cunhados e sobrinhos.

Jacob Steinberg, pelo calor com que palavras e gestos sempre me deram crédito e confiança e também sua inigualável companheira Clara Steinberg.

José Schnaider, pelos cuidados amorosos ao longo da minha vida e também a Cecília Schnaider, sua querida companheira.

Elisabeth Goldfarb, amiga-irmã, que compartilha das minhas alegrias e está sempre do meu lado nos momentos difíceis.

Aline e Decio Gurfinkel pela amizade, admiração e incentivo que sempre me deram.

Noemi (Noni) e Sergio Kon pelo apoio amigo e afetuoso.

Janete e Mário Luís Frochtengarten pela presença afetuosa como amigos e padrinhos da Julia.

Introdução

I.1 A mulher estrangeira[2]

I.1a Uma mulher muçulmana

A mulher muçulmana pede para deixar seus filhos na outra sala. O soldado sérvio não a deixa ir, ameaça-a com o fuzil, levanta-lhe a saia e enfia-lhe seu pênis-baioneta sob os olhos atônitos dela e de seus filhos. Por sorte não lhe mata em seguida, coisa que faz seu colega ao lado, repetindo a mesma cena com outra mulher muçulmana, que está sendo filmada por um terceiro soldado. Grita-lhe que vai deixar-lhe um filho sérvio na barriga, fruto da missão de limpeza étnica a que seu povo se propôs. Meses depois a máfia comercializa este filme neorrealista como se fosse

2 Publicado como artigo no *Boletim Pulsional*, n. 130, 1994.

um filme pornô. A invenção nazista do campo de concentração para minorias, a invenção latino-americana da figura do desaparecido político (este corpo suspenso que não aparece em lugar algum) parecem arcaísmos ante os campos de estupro em massa nas terras ocupadas pelos sérvios na guerra separatista que se dá na antiga Iugoslávia, que só não foi a última peripécia do Horror, nos últimos tempos, porque como o ser humano não para de inventar novas formas de destruição, surgiu a figura de guerra do terrorista suicida-assassino, enquanto eu finalizava estas páginas.

Para uma mulher, não existe horror maior do que ver e sentir seu corpo, seu espaço psíquico e corporal, ser penetrado e invadido por uma sexualidade estranha e estrangeira, sem que ela deseje esta invasão. Habitualmente, no percurso que a faz aceder à sua sexualidade, a mulher já tem que travar uma longa luta contra a angústia de penetração, esta barreira contra o gozo que a sua versão da fantasia de castração lhe impõe; ela lhe traz representações angustiantes de morte e destruição e fantasias de perseguição. Mas nesta luta, o prêmio para sua coragem é o acesso ao gozo com seu corpo de mulher, acesso àquilo que dá sentido a seu buraco de mulher, que o enche de vida e saúde para que ela possa enfrentar com alegria seu cotidiano de multiplicidade generosa e dadivosa de alimento e vida, sem se tornar um buraco ressentido, entristecido e sem sentido.

No ato sexual violento, este buraco perde seu sentido e passa a ser fonte de horror e de morte. Sórdido ataque sádico pelo soldado sérvio, no qual o prazer está na revanche contra a submissão que outro homem de outro povo lhe causou. À mulher cabe ver seu corpo tratado como coisa, buraco-instrumento, numa guerra em que sua posição é ambígua: em parte é aliciada por ela, como qualquer macho, a tomar partido e posição, em parte essa guerra não lhe diz respeito como mulher e como mãe.

Neste troca-troca homossexual e sadomasoquista que a matança heroica esconde, a essa mulher coube se submeter à cegueira do homem que confunde seu buraco de mulher, vagina/útero, com o ânus de outro homem, deixando-lhe um esperma cocô, filho anal a ser gerado.

I.1b Uma mulher religiosa

Em plenos anos noventa também, ficamos sabendo que cerca de 85 milhões a 114 milhões de mulheres têm seu clitóris extirpado e sua vagina costurada desde a infância em ritos religiosos realizados na Ásia, África e, de maneira inicial, na América Latina.

Um culto olhar ocidental poderia relativizar antropologicamente a violência destes ritos, mas o corpo de uma mulher ocidental, dentro de uma construção ocidental do feminino se entristece diante desta morte sem escolha e tão precoce ao prazer que um olhar de degradação ao corpo de mulher o condena. Buraco costurado com a linha da fantasia de terror que a visão religiosa faz da sexualidade/corpo de mulher, um demônio que com seu clamor múltiplo pulsa contra a adoração da verdade única de um Deus impiedoso a exigir culpas e sacrifícios, a universalizar todos pelo dever, pela culpa e pelo sacrifício. Clitóris extirpado para melhor submeter uma mulher como apêndice masculino a desenvolver sem escolha tarefas e funções fixadas por uma cultura milenar sem escolha singular, apenas como repetição do mesmo.

E, no entanto, que longo caminho uma mulher percorre habitualmente para poder ser mulher de um homem, um corpo a ser gozado por ele além de gozar com isso e por si mesmo! Que longo caminho percorre ainda para enxergar que um corpo a ser gozado no ato sexual não é um corpo que deva se submeter masoquisticamente a ele fora deste ato! Que longo caminho percorre para poder se libertar das armadilhas que sua fantasia de menina a coloca na supervalorização fálica de um pai, adoração idealizada que a protege da fantasia de ser para sempre aprisionada por uma má mãe, fantasia que retarda a identificação com seu sexo. Identificação fálica com o pai que ela tende a transpor e a repetir com outros homens!

Um corpo a ser gozado por um homem que amando possa olhar a diferença, libertando-a energicamente da mãe má aprisionada em si na representação psíquica da caverna de seu corpo, que a condena à frigidez, possibilitando e incentivando o acesso de sua mulher ao gozo e também ao mundo simbólico e social, de uma maneira que a diferença do exercício de estilo e da singularidade e a diversidade múltipla se apresentem contra o império tentador do mestre único. Foi Hanna Arendt quem disse que um dia não fará sentido se dizer desigualdade dos sexos, pois ambos os sexos acederão cada um à sua maneira, com sua diferença, aos direitos políticos, sociais e culturais. É somente um cotidiano de respeito à singularidade e não submissão de um sexo a outro que permite o acesso ao gozo máximo reservado aos amantes.

I.1c O abuso sexual incestuoso

Lemos também três vezes no jornal, na década de noventa, uma vez em manchete, sobre estatísticas assustadoras que revelam o abuso sexual de pais sobre seus filhos como a causa campeã de violência contra a criança em algumas das grandes cidades brasileiras, onde se destaca a violência de pais, padrastos e avôs a suas filhas, enteadas e netas e até casos de estupro incestuoso contra bebês. Podemos nos perguntar se atualmente ocorrem mais abusos incestuosos ou se dispomos de mais mecanismos de denúncia, mais instituições de acolhimento e tratamento dessas situações, o que faz com que os casos tenham destaque através da divulgação de estatísticas. Não podemos nos esquecer de que faz apenas aproximadamente vinte e cinco anos que a legislação, a justiça e a saúde preventiva começaram a dar destaque a estas questões através de novas leis e instituições. Essa mudança foi possível com o surgimento e a atuação dos movimentos sociais de mulheres e de direitos humanos num alcance global e internacional e através de novos saberes sobre os efeitos da violência doméstica, familiar, contra a criança e as mulheres. Também uma profunda mudança cultural trouxe uma verdadeira transformação nos costumes em torno da sexualidade humana, entrando esta para um plano do imperativo do fazer e mostrar, favorecido pela imposição sedutora da mídia (Teixeira, 1988).

Lemos também sobre seita religiosa multinacional, radicada na Argentina, que mantinha 300 crianças brasileiras e que prega e incentiva a prática incestuosa como seu rito maior. Em um recente programa de TV, a população brasileira representada por uma significativa amostra de

27000/50000 telespectadores, decidiu pelo incesto entre irmãos apaixonados. O curioso é que nas entrevistas ao vivo com a população de Salvador, era praticamente unânime a manifestação contra o incesto, mas quando se tratou do voto anônimo, o incesto venceu. Lindos, ricos e charmosos, disseram os críticos, como o apelo imaginário do capitalismo não iria ainda vencer mais uma vez?

Mas a que ponto chegamos no final de um século e início de outro, o século XX que parece querer apagar-se a si mesmo, tamanho sem saída a que chegou, e refundar-se sob novas bases simbólicas? Vir à tona que, afinal, nós, humanos, não somos tão humanos – o que é bom saber num século em que o máximo de humanismo levou ao máximo de barbárie como o demonstram a quase catástrofe nuclear e a catástrofe da degradação do planeta, bem como a catástrofe da miséria e fome irresolúveis – mostra que a tematização dos muitos casos de incesto aponta, quem sabe, à necessidade de um refundamento da proibição do assassinato do pai e do tabu do incesto, como este *turning point* da humanidade, desta vez sem instalar uma voragem de progresso que ao construir maniacamente, destrói? Tenho dito que um novo olhar sobre o feminino e a mulher, em que ela não seja mero objeto de troca numa sociedade fundada nas alianças de comércio, poderia ajudar no encontro de uma engrenagem de funcionamento social menos mortífera. Nova racionalidade, positividade do princípio feminino, luz de brumas mais do que foco refletor.

Homem e mulher: nas asas do desejo, pênis potência, sustentáculo de um gozo mais além, útero terra fértil, continente das sementes de vida.

Passeando entre "fenômenos extremos", espécie de poeira das estrelas, um modo, a meu ver, de encontrar um novo caminho que trace um diagrama de novas bases simbólicas.

1.2 Desmontando crenças

1.2a As palavras

A palavra "cena", derivada de *scena*, remete tanto a espaço de representação como a uma montagem que se concretiza num espaço que é tanto externo como interno. Remete ao fora de uma cena teatral, na qual os atores interagem, mas também ao dentro da cena fantasmática que a sustenta. Mesmos personagens no mesmo ambiente. Refere-se, portanto, a um entrecruzamento. Acontecimento trágico, dramático ou cômico, mas também ato censurável ou escandaloso. Espetáculo, perspectiva, vista, panorama e paisagem.

A palavra "incesto" deriva de *incestum*, que quer dizer estritamente "sacrilégio". *Incestum* deriva de *incestus* que significa "impuro e sujo". *Incestus*, por sua vez, é forjada a partir do privativo *in* e *cestus*, que é uma deformação de *castus*, que significa "casto, puro". Assim *incestus* tem também o sentido de "não casto". Pode-se imaginar aí o cortejo de interditos feitos aos padres e às vestais. Mas com a evolução da língua, *castus* foi confundido com *cassus*, que significa "vazio, isento de", até suplantar como supino do verbo *careo*, que significa "eu falto". Incesto, portanto, poderia aí ser traduzido sem exagero por "a quem nada falta" (Naouri, 1994).

A palavra "abuso" deriva de *abusu*, forjada por *ab* mais *usu*. *Ab* contém todo sentido original antitético das palavras, pois é um prefixo que significa tanto privação, afastamento como excesso e intensidade. Veremos o quanto este sentido, ao mesmo tempo, de excesso e privação tem a ver com a concepção antropológica mais recente da proibição do incesto como regulando o excesso de identidade e a ausência, portanto, do diferente, bem como o excesso de diferença e a ausência do idêntico. *Usu* é aproveitamento de algo conforme o seu destino, mas também, num sentido jurídico, o aproveitar-se de alguém temporariamente, a título oneroso ou gratuito, das utilidades de uma coisa alheia, na medida das necessidades próprias e das de sua família.

Um sobrevoo na enorme literatura consagrada ao tema do incesto, sobretudo no último século, permite observar algumas constantes. A palavra "incesto" designa circuitos muito variáveis de uma cultura a outra, mas cada vez que ela é empregada suscita um autêntico sentimento de horror. Parece que cada cultura secreta uma teoria do incesto e seus oponentes. O incesto mesmo ou o simples fato de dever falar dele provocam um tal desgosto a alguns, que, por vezes, como na China e Indonésia, não se pode pronunciar a palavra. Compreende-se, então, que se trata do impronunciável. No entanto, outros escapam à reprovação social e aceitam seja jogar com a ideia para tentar compreender o enigma, seja jogar com o ato, mais raramente, sem ressentir isto como um crime, escapando do modelamento cultural dos sentimentos. O etólogo Cyrulnik (1994) nos diz que não precisa ser Sade, que afirmava ser o incesto uma prova de amor, um instalador de fraternidade, ou Diógenes, que achava que o interdito do canibalismo é suficiente para estruturar as sociedades, para contestar o horror do incesto e pensar que a regra interditora é que é abusiva. "Após os anos oitenta, nos Estados Unidos e na Suécia, os médicos, os psicólogos e os juristas propõem distinguir os 'incestos abusivos' penalizáveis e os 'incestos por consentimento' argumentando do 'direito da criança à sexualidade na família" (p. 33), havendo quem (Wardell Pomeroy, psicólogo coautor com Kinsey do primeiro questionário sobre a sexualidade humana) considere o incesto entre adultos e crianças não uma perversão ou forma de doença mental, mas podendo ser até mesmo benéfico. Entende-se assim, a frequente indignação dos iniciadores de atos incestuosos de que a justiça ou a sociedade venham meter o nariz em "sua bela história de amor"... com sua filha!

Poderíamos traçar a dramaturgia do incesto na seguinte cadência: os animais praticam o incesto, mas no ser humano, embora fisicamente possíveis, as relações incestuosas não são autorizadas, devido a uma impossibilidade social. "Todo amor entre aparentados é interdito para as leis religiosas e civis, pois se diz que o incesto é o crime dos crimes, que ele merece todas as punições, que ele legitima as piores torturas, de preferência a castração. Hoje em dia se utiliza o pretexto da pedofilia e do crime de incesto para tentar reabilitar a pena de morte: o sentimento de indignação se transforma em ferramenta ideológica" (Cyrulnyk, 1994, p. 27). O encadeamento lógico consiste em dizer, em seguida, que o incesto é um crime contra a cultura e contra a natureza, já que as crianças que nascem dele são monstros, jogando para as civilizações passadas, populações longínquas ou para homens fora da cultura a prática do incesto. Assim, faraós, ameríndios e horríveis perversos ficam em um mesmo saco de gatos. Tudo isso é decorrência de numerosos séculos de enunciados, da lei mosaica que lutava contra a proximidade biológica, ao papa Gregório VI, o qual, antes da genética, evocava as taras transmitidas pelo incesto, da medicina do século XIX, anunciando que os casamentos consanguíneos davam em anormais e deformados à colocação de Freud da necessidade de leis para barrar a pulsão que tendia ao incesto. Com Claude Lévi-Strauss, a antropologia coloca a proibição do incesto como o desdobramento principal da passagem da natureza para a cultura (Cyrulnik, 1994).

Hoje em dia propõe-se um outro discurso sobre o incesto, ordenado em torno da biologia, da clínica e da história. Pois estudos biológicos revelam que as taras transmitidas pelo incesto só existem quando o patrimônio genético inicial as contém. Se os exames médicos das coortes de crianças nascidas de incestos revelam uma forte mortalidade-morbidez, a análise semiológica destas doenças demonstra que as alterações orgânicas são mais atribuíveis a problemas relacionais, isto é, relativos ao investimento-desinvestimento do adulto, como desidratação, desnutrição, infecções e acidentes do que a doenças transmitidas geneticamente. É, portanto, o discurso social que se transmite através das gerações com mais constância que as doenças genéticas que têm provavelmente por função suscitar um sentimento de horror.

1.2b A etologia do incesto

Boris Cyrulnik é um etólogo que participa de um seminário sobre o incesto, juntamente com Aldo Naouri, pediatra, cujo texto comentaremos a seguir, uma jurista e uma antropóloga, organizado por Françoise Héritiér e publicado em 1994 com o nome de *De l'inceste*.

Cyrulnik (1994) nos diz que nos animais, todas as uniões sexuais biologicamente possíveis não o são de um ponto de vista emotivo e comportamental. Curiosamente, numa época em que os dados etológicos ainda não existiam, foi Lévi-Strauss quem recorreu às referências animais, para precisar, por contraste, a regra de incesto nos homens, afirmando não haver nenhuma norma nelas, os encontros se dando por acaso, o estado de natureza sendo caracterizado pela promiscuidade dos sexos e graus de parentesco. Depois, "as observações naturalistas e as manipulações experimentais em etologia animal mostraram abundantemente que a vida em grupo de todos os animais sociais é fortemente estruturada: os comportamentos que dão forma aos rituais de interação são tão rigorosamente organizados que eles permitem a coexistência de parceiros e assumem as grandes funções da espécie (caça, crescimento das crianças, adaptações de sobrevivência)" (p. 39). Portanto, as relações animais não são abandonadas ao acaso dos encontros, mas, ao contrário, são determinismos precisos, como as maturações hormonais que dependem de programas genéticos, o desenvolvimento do indivíduo e a pressão do meio ecológico e "social", que governam a escolha do parceiro. Também não se pode falar de promiscuidade dos sexos, já que a ontogênese é bastante sexuada: um filhote macho se desenvolve de maneira diferente de um filhote fêmea e os adultos manifestam entre eles comportamentos diferentes segundo o próprio sexo e o do filhote. "A organização do grupo, seu deslocamento e a repartição de tarefas são também muito sexuadas" (p. 40). Os graus de parentesco são claramente percebidos.

Estudando a maneira como se dá o *imprinting* dos códigos comportamentais dos animais, sua ação no mundo, nas emoções experimentadas a partir de categorias percebidas, Cyrulnik precisará os limites da etologia do incesto, afirmando que ela não pode abordar o incesto que existe sobre a forma verbal, que é o que existe na maior parte dos humanos, mas pode "esclarecer o sentimento que dá a todo ser vivente a consígna biológica de lutar contra um excesso de proximidade. Este sentimento do 'perto demais', que impede a individualização pela fusão não é sempre nomeado de incesto" (p. 41). Entre vários exemplos, ele cita os doentes de Alzheimer ou os psicóticos, que mal percebem quem é quem e onde a confusão de sentimentos provoca uma confusão de gestos que não são nomeados como incesto. Deste ponto de vista, aquém da palavra, os perversos desprovidos de empatia não se representam o mundo das emoções do outro e jogam com o sexo de seu próprio filho da maneira a mais alegre e amorosa e se assombram quando o discurso social nomeia de incesto. Só conta o jogo sexual e o prazer, pois não acedem às emoções ou às ideias culpáveis que esse jogo inspira no mundo mental da criança, a qual, ao contrário, entende o discurso social e experimentará este jogo como crime e não o gozo que seu pai lhe atribuiu.

"A etologia do incesto pode, então, descrever uma estrutura afetiva, seu lugar, seus efeitos emocionais e comportamentais, mas não pode fazer nada com aquilo que só existe no mundo da verbalidade" (p. 42). Deste ponto de vista se observa que animais de uma mesma linhagem inibem, ao longo do desenvolvimento, alguns dos seus comportamentos sexuais em relação a seus próximos e os orientam a congêneres mais distantes. Há, pois, no meio natural, um conjunto de forças biológicas, emotivas, comportamentais e socioecológicas que inibe o comportamento sexual entre próximos, entre familiares e os volta para objetos exteriores. Como nomear no mundo animal aquilo que impede o assim nomeado "ato incestuoso" no mundo humano? Um resumo dos dados contraditórios da etologia do incesto traz alguns achados: Lorenz, em 1936, relata a recusa de um filhote de gansa acinzentado de cruzar com sua mãe. Em 1937, Koenig mostra, através de um experimento, que pássaros com espaço suficiente não cruzam com seus familiares, mas se o espaço se reduz eles o fazem. Em 1970, os etólogos constatam que apenas 1% de todos os atos sexuais concerniram as mães e seus filhos, o que revela um potente entrave comportamental ao ato sexual entre animais fortemente ligados. Assim, para Bischof, existe em todo ser vivo um conjunto de forças endócrinas, comportamentais e ecossociais que conduzem a limitar os encontros que, no mundo humano, seriam nomeados de incestuosos. Há, no meio natural, um mecanismo que freia o ato sexual em animais vinculados, embora haja nuanças, espécies que praticam o ato sexual entre próximos como os pombos, certos felinos ou bovídeos, que são física e mentalmente sadios. No zoo e no ambiente doméstico, as espécies desnaturalizadas pelo homem praticam o ato sexual entre próximos.

Mas o etólogo nos remete a duas armadilhas que nem sempre os cientistas evitam: a primeira, a armadilha nominalista, nos faz voltar às palavras, pois nossas palavras foram inventadas para designar os elementos do mundo humano. A palavra "incesto", diz ele, designa muito vagamente o que existe de sexual entre aparentados. Mas o que é o sexual, a penetração ou o simples olhar? Uma menininha que salta nos braços do pai com grande *élan* afetivo, e de repente, na idade de doze anos, se representa este ato com uma conotação sexual e se sente embaraçada, quando seu pai continua a pegá-la pela cintura, pois para ela este gesto mudou de sentido. A palavra "incesto" só tem valor no mundo humano, pois no reino animal ela beira o contrassenso. O que não impede que o evitamento do ato sexual entre os animais ligados coloque o problema de um freio das emoções sexuais em todos os seres precocemente ligados, embora ele não precise ser nomeado de incesto. A segunda armadilha é a legalista, que diz que os animais separados precocemente podem cruzar sem problema, pois não experimentam freio emocional algum. Não tendo representação culpável do ato sexual, não há sentimento de uma transgressão. Novamente é no mundo humano que a consciência de uma transgressão caracteriza o sentimento incestuoso. Os animais riem dos enunciados legais; para eles as coisas simplesmente funcionam ou não. No homem, ao contrário, há dois níveis de aprisionamento do ato sexual entre próximos: um nível emocional não verbalizado, tecido pelas interações precoces e um nível emocional desencadeado pela enunciação de uma lei. A clínica mostra como a nomeação do ato o torna incestuoso. A partir do momento em que a coisa começa sua existência na verbalidade, ela muda de sentido e provoca as emoções que não são mais enraizadas nas trocas corporais precoces, mas determinadas pelas representações verbais do ato. Ao tomar o estatuto de transgressão, o prazer físico desencadeia a angústia. Uma mesma lei, enunciada numa mesma cultura, provoca sentimentos muito diferentes segundo os indivíduos, para os quais os comportamentos foram moldados através de interações precoces. Esta dissociação entre uma regra enunciada para todos e o sentimento que cada um experimenta explica as reações emocionais diferentes segundo as pessoas, e pode se explicar pelos dois níveis da estruturação das emoções no homem: o corpo a corpo e a palavra. Assim, o modelamento afetivo dos primeiros meses da criança se efetuará no corpo a corpo, mas, desde que ela chegue ao universo semântico, é a palavra que possuirá um poder separador. Aqui, os achados do etólogo Cyrulnik fazem interseção com os do pediatra Naouri, que exporemos adiante, e também com as hipóteses psicanalíticas. A palavra materna funciona na proximidade do simples fato da continuidade biológica, já que desde o final da gravidez, sete meses e meio, a palavra materna se torna um objeto sensorial, cuja baixa frequência estimula o feto. Na hora do nascimento, o lactante o reconhece e o privilegia. A mãe reformula as protopalavras do bebê, que só as articulará a partir dos vinte meses. Esta continuidade biológica inevitável explica provavelmente o intenso sentimento de familiaridade que se experimenta em relação à mãe, ao passo que a ontogênese afetiva do pai é descontínua, pois é em torno da mãe que o bebê percebe, de início, o pai. A palavra do pai será entendida mais tarde, a partir da mãe. Assim, "antes mesmo de ser um conteúdo semântico, a palavra é um objeto sensorial cujo estatuto é disjuntivo segundo o sexo do interlocutor: a palavra materna funciona na proximidade ao passo que a paterna se percebe no afastamento" (p. 52). A ontogênese afetiva que se passa entre os corpos aponta que a mãe é uma estrutura afetiva antes de ser uma estrutura de parentesco, ao passo que o pai nasce de uma vez, através da designação. O vínculo se tecerá em função das circunstâncias e do talento dos parceiros. Esta ontogênese diferencial segundo os sexos e o poder separador da função paterna explicam que a gestão da distância afetiva module os gestos e os comportamentos.

Assim, desde um ponto de vista da etologia do incesto, vemos que nos humanos, assim que os papéis familiares são bem definidos pelos gestos familiares que têm lugar, as palavras que dão forma e os discursos que dão sentido, a criança e o adulto vivem um mundo coerente para eles, e percebem claramente as categorias, experimentam sentimentos claros aos quais eles se adaptam por um código comportamental sem ambiguidade: "esta jovem sendo minha filha, se eu a tomo pela cintura, este gesto, modelado ao curso de uma ontogênese sentimental entre pai e filha só terá a significação de um gesto paterno" (p. 53). Mas se a ontogênese deste sentimento não foi claramente modelada, quando não se sabe quem é quem, quem sente o quê, como se saberá que gesto fazer, como se comportar? "Nas famílias com transações incestuosas, no seio das quais os estatutos afetivos e sentimentais são mal definidos, os códigos comportamentais são frouxos, o limite entre a afetividade e a sexualidade não é claro, um beijo na face pode ser interpretado como um convite sexual" (p. 53). Aí as relações não desenham fronteiras gestuais claras e, portanto, reasseguradoras. Se, ao contrário, os sentimentos foram claramente moldados ao curso da ontogênese, um beijar na boca acidental, mas frequente, entre mãe e filho, não provocará nem angústia, nem agressividade, só o riso. Os exemplos clínicos são numerosos para mostrar que uma dificuldade de modelamento entranha uma representação que provoca um sentimento insuportável de incesto.

O que é, pois, para a etologia, a família incestuosa? Famílias fechadas, nas quais os papéis, os gestos e os enunciados não são codificados. Não se sabe quem é quem, quem faz o quê, quem deve dizer o quê. Não se organizam rituais de interação: não se sai, não se convidam estranhos à família, nenhuma discussão sobre a aventura social, não se têm festas familiares nem rituais de mesa. "Quando o pai vai trabalhar, ele é anormalmente normal, submetido às regras sociais, e, não tendo nada a dizer, ele não as faz viver na família falando delas, privando assim as crianças de um modelo social. A mãe, ativa e transparente, não prescreve regras familiares: se come não importa o quê, não importa como, sem se reunir em volta da mesa, sem partilhar as tarefas, sem cuidar da toalete ou sua representação" (p. 57). Nestas famílias a representação do ato sexual não tem nada de sagrado. É um instrumento, um jogo interacional sem grande significação. A sociedade não tem nada a dizer ou a ver aí. O ato sexual não é nem socializado nem sacralizado, porque a representação familiar o transformou em um sentimento trivial.

Já o sentimento de incesto é como uma metáfora, uma representação em imagens da sexualidade entre próximos que provoca desgosto, do mesmo jeito que a prática de uma sexualidade interdita provoca um sentimento de horror. A modelagem deste sentimento se enraiza muito mais no discurso social que define o incesto do que no tecido do lugar que cria de proximidade afetiva, de intimidade, em que todo ato sexual se torna repulsivo. “Isto explica por que as crianças se embaraçam muito regularmente, quando elas percebem ou se representam os divertimentos sexuais de seus pais” (p. 63). Tudo o que perturba a tessitura deste laço ou toda modificação no discurso social arrisca de travar a conformação do sentimento de incesto. Esta alteração, no cérebro, no mito, na cultura, se enraiza em não importa qual estágio da construção do aparelho psíquico. A transgressão sexual entendida como incesto com sentimento incestuoso pode inexistir para um encefalopata, uma dama idosa, um esquizofrênico ou um pedófilo. Este último tem um cérebro intacto e, muitas vezes, grandes performances intelectuais, mas sua emotividade é construída de tal maneira que ele não pode representar as emoções do outro, “nem os problemas, nem os pensamentos que podem provocar os atos sexuais cometidos contra uma criança. Entregues a seus próprios desejos, a suas próprias representações, eles jogam com o corpo da criança com uma grande intensidade emocional... como um predador mata alegremente” (p. 64). Quando eles ou elas escapam da tirania de seu desejo, subitamente eles se olham no olhar dos outros e percebem que cometeram uma violência extrema. Só aí esta representação é possível. Pedem proteção contra si mesmos, contra as crianças, uma castração física ou psíquica, uma lobotomia. Mas quando param de tomar seu anti-hormônio, se submetem ao desejo, não experimentam nenhum freio emotivo, nem pensam na transgressão, pois não têm representação das emoções e dos pensamentos do outro. As pesquisas revelam que cinquenta por cento das prostitutas tiveram sua primeira relação sexual com o pai. É para concluir que o ato incestuoso as jogou na prostituição ou que a confusão de sentimentos e de papéis que tornaram possível o ato incestuoso permitiu igualmente o ato da prostituição, mais próximo da representação de instrumento que da representação sacralizada da sexualidade?

Outra maneira de perceber o sentimento incestuoso é através dos incestos alegados, que costumam ocorrer com a jovem de doze ou treze anos. Ele é possível pelo fato de o interdito pelo discurso social nem sempre provocar sentimento incestuoso e uma relação que não é interdita poder provocá-lo. De repente, quando ela percebe que o pai é um homem desejável, percebe, ao mesmo tempo, que, se ela realiza o seu desejo, ele será um crime sexual, um incesto. Se os papéis familiares são bem definidos e os gestos claramente codificados, não sendo possível confundir um gesto de pai com um gesto de homem, uma vez apaixonada por outro jovem, ela perderá a desconfiança e seus sentimentos pelo pai e pelo amado serão percebidos como muito diferentes. Mas se os papéis não são codificados ou moldados, o menor índice comportamental corre o risco de ser interpretado como uma tentativa sexual, porque ela atribui ao pai o sentimento que sente no fundo de si mesma. Cyrulnik afirma que estes incestos fantasmáticos são frequentes e correntes e basta o incesto ser colocado no lugar de vedete pelo discurso cultural, como acontecia na década de noventa nos Estados Unidos, para que se manifeste grande número de incestos alegados. É aqui que uma psicoterapia sugestiva descuidada pode transformar um fantasma numa recordação e ser a raiz de futura culpabilização.

É a confusão entre fantasma e recordação que estará em toda a problemática do abandono da teoria da sedução por Freud e as reformulações que seus seguidores realizaram para poder fazer caber novamente na teoria a compreensão dos efeitos psíquicos do sofrimento causado pelos incestos que aconteciam verdadeiramente. Veremos isto mais para frente.

Cyrulnik nos diz que os papéis sociais e familiares são necessários, porque modelam a capacidade de experimentar sentimentos e habituam a seguir um código comportamental, mas, ao mesmo tempo, são abusivos, o que faz poder relativizá-los ao se tornar adulto. Se este papel não é enunciado, nem experimentado, a identidade flutua sem categorização no nosso mundo íntimo.

Nossa necessidade de amar, que nos impulsiona a procurar o outro, deve se moldar aos efeitos do constragimento do meio. Um ambiente estruturado organiza esta necessidade, permite a coexistência afetiva, permite assim a criação de um mundo intermental. Se este não pode ser criado por falta (ausência) ou excesso (fusão) do outro, ele não permite a empatia. O incesto não é mais nomeado ou experimentado, porque ele se desdobra na banalidade do impulso sexual. Para alguns, que não se representam a tragédia incestuosa, ela é um assunto menor. Outros são atormentados por um sentimento de incesto, agora que a cultura não sabe mais prestar contas daquilo que ela interdita.

I.2c Uma visão pediátrica do incesto

A singularidade da visão pediátrica de Aldo Naouri (1994) inclui uma sólida formação psicanalítica. Ele acaba nos fazendo ver como sua clínica de bebês está impregnada de um olhar que vê no diagnóstico e resolução de um sintoma físico a participação da vida psíquica, do sofrimento, dos segredos e dos conflitos dos pais, seja como casal, seja cada um deles ou suas famílias de origem. É assim que conclui que as condições suscetíveis de assegurar a uma criança, desde o nascimento e através da vida, a melhor saúde física e o melhor equilíbrio mental possíveis, estão estreita e exclusivamente dependentes do respeito manifesto ou latente que cada um de seus pais marcam com respeito à lei do interdito do incesto.

Em relação à questão do incesto, ele propõe contribuir, com seu testemunho de pediatra, com uma descrição, uma avaliação e um exame das consequências da relação diádica mãe-criança, que não se restringe à idade precoce e cujos ultrapassamento e resolução colocam questões e consideráveis problemas a cada um, seja ele homem ou mulher, e ao longo de toda sua vida. O processo de relação e separação entre a mãe e a criança se dá num caldo de considerável violência, com idas e vindas em intensidades variáveis. Mesmo correndo o risco de temperá-la artificialmente ele propõe, dentro do campo dos fenômenos biológicos propriamente humanos, fazer uma clivagem entre o eixo que vai do bebê à mãe e desta a ele, para poder compreender o que se passa nesta díade inicial.

1.2d O eixo da relação diádica que vai da mãe ao bebê

Ele traz uma primeira reflexão já que só apenas há algumas décadas se começou a suspeitar da importância da vida fetal. Há vinte e cinco anos não se sabia nada ainda do recém-nascido. Assim, é relativamente novo poder dar o acento na vida fetal como ele fará a seguir. Naouri dirá que o desenvolvimento das performances nas áreas cerebrais sensoriais se dão com uma rapidez enorme, entre a décima segunda e a vigésima quarta semanas. Este estado é o que implica o feto, então, num sistema relacional elaborado. A sensibilidade vestibular, que o permite reparar na sua posição no espaço, o faz reparar na sua posição no útero, mas igualmente as posições que pode tomar sua mãe e todas as características da maneira singular com que se move. Ele possui mais sensibilidade olfativa nesta época do que no curso da via aérea, já que ele possui um órgão vomero-nasal que regridirá no fim da gravidez. Portanto, ele é capaz de perceber o odor de moléculas químicas dissolvidas no líquido amniótico. Assim, é possível a ele perceber, e mais do que tudo memorizar, o odor próprio da mãe, aquele que ele reencontrará mais tarde sobre toda a pele e particularmente no côncavo das axilas, na raiz dos cabelos, no entorno mamelonário e nas primeiras gotas de colostro. Faculta-o também de sentir o odor dos alimentos que sua mãe come, o tabaco que ela fuma ou o perfume que usa.

Esta percepção olfativa entra em estreita comunicação com o gosto das moléculas que transitam pelo líquido amniótico, que o pequeno consome profusamente. Desta forma pode-se dizer que "o feto participa por longos meses dos banquetes de sua mãe e que ele calca sobre as suas, senão suas repulsões, ao menos suas preferências" (Naouri, 1994, p. 95).

Já o universo sonoro uterino foi comparado a um *hall* de aeroporto. As borbulhas digestivas, os batimentos cardíacos e o sopro da corrente sanguínea nos grandes vasos dão lugar ao surdo rumor que se imagina. Ele trará efeitos no reconhecimento da voz materna. Desde o nascimento, o recém-nascido é capaz de discriminar a voz da sua mãe, que como feto ele registrou, distinguindo as suas características melódicas de todas as outras.

O interesse destas informações é triplo, pois permite, em primeiro lugar pensar que a vida relacional intrauterina é de uma riqueza incontestável. Em segundo lugar, permite perceber o ritmo descontínuo das informações que transitam nos órgãos sensoriais do feto. Há a vigília e o sono maternos, há a refeição e o jejum, o movimento e a imobilidade, a palavra e o silêncio. Não é, pois, impossível, que esta descontinuidade seja o germe do que permitirá, em seguida, a adaptação ao ritmo à volta e inscreverá a confusa, mas possível, consciência do escoamento e escanção do tempo, protoinscrição do instrumento dialético posterior. Por último, as aferências recebidas pelos órgãos do sentido e registradas pelas zonas sensoriais do cérebro do feto são, com efeito, provenientes todas, sem exceção, do corpo materno e só dele.

Assim, no plano sensorial, que vai contribuir em primeiro lugar à edificação de seu sistema relacional, o recém-nascido é literalmente programado unicamente pelo corpo da mãe e só sobre ele. Ele conservará tudo aquilo que manifesta uma sensibilidade tal, que lhe permitirá, durante sua vida, compreender sem o recurso da linguagem, tanto as mensagens mais tênues como as não formuladas a respeito de sua mãe. É isso que permite pensar que a mãe é, para o recém-nascido que chega à via aérea, uma espécie de aquisição, graças à qual ele pode investir, como se espera que ele o faça, o mundo em volta. A comunicação transita pelas variações infraliminares do tônus muscular materno e o gestual da mãe é o seu inconsciente posto em ato. A sensorialidade tátil e vestibular é a que tem um desenvolvimento mais antigo. Mesmo os adultos manifestam e exploram isso, seja no rubor da face, na pressão de um braço, nas mãos unidas, sem falar o que se reexperimenta na relação amorosa. Este programa inicial da relação sensorial deixa como efeito no indivíduo, para sempre, um traço indelével, que não é nem neutro, nem fixo, ou com um estatuto passageiro e histórico. "É um traço vivo como nunca e que refrata para cada um, durante sua vida e frequentemente de maneira desconhecida, a maioria de suas preocupações posteriores" (p. 99).

Este fio sensorial transnatal tecido entre a criança e a mãe vai, portanto, balizar, de uma extremidade a outra, o mundo perceptual, participar da edificação de um verdadeiro sistema de segurança e conferir à infância o caráter consolador de que se nutre toda a nostalgia. Nesta programação sensorial está presente o elemento constitutivo primordial da tentação incestuosa que cada um sente, a ponto de ser necessária uma lei que interdite a atuação, já que não existe ninguém para interditar.

1.2e O eixo da relação diádica que vai da criança à mãe

Ele revela o que Naouri chama de "propensão incestuosa natural da mãe" que é parte integrante e essencial do desejo feminino.

A gravidez não é um acontecimento anódino na vida de uma mulher. É uma etapa de tamanha importância, que ela vai revirar sua psique de maneira profunda e irremediável. Nos meses que dura, o corpo materno se põe a serviço estrito do corpo fetal, antecipando o conjunto de suas necessidades, a ponto de as satisfazer antes mesmo que elas se expressem. É deste desempenho que, no plano concreto, depende o bom desdobramento dos fatos e é deste tipo de performance que procederá a função materna ao longo da vida. Pode-se ver esta lógica da gravidez se prorrogar com a maior nitidez nas primeiras semanas e meses da vida. Em razão da imaturidade motriz do bebezinho, os corpos desencaixados têm toda a razão de buscar compulsivamente se juntar de novo.

A partir da sua maneira de compreender a gravidez, é interessante o trabalho que Naouri faz no pós-parto. Esta etapa é relativamente breve, dura o tempo da reparação do corpo, que comporta a involução uterina, que precede o retorno das relações sexuais. Para ele, é como se este corpo, ainda aberto, estivesse em toda parte, choroso de todas as partes e maneiras, da perda que lhe aconteceu. Etapa fundamental de seu trabalho de pediatra, aí ele traz uma atenção contínua, alerta ao menor índice, para se aventurar a escutar uma história que só quer ser dita, afastando, desta forma, o risco que pesa sobre seu pequeno paciente.

É aqui que a dupla formação como pediatra e psicanalista é fundamental. A experiência recente e propriamente fundadora do corpo na gravidez vai se aprofundar e a função materna animal da mãe vai ocupar o primeiro plano, a ponto de não deixar o lugar a nenhuma outra. Ele observa que é curioso como as mães usam o pronome reflexivo quando se referem ao bebê: "Ele me fez uma febre" ou "ele não me come nada". Isto acontece porque, assim como o corpo da gravidez evitou a eclosão da menor necessidade, o corpo materno vai se abrir a satisfazer tudo o que ele possa reparar, recuperando regularmente, de passagem e no campo, o benefício de sua ação. Como se cada gesto eficaz permitisse afastar um pouco mais a perseguição do sentimento de loucura desrealizante que se entreviu por um momento. Se é verdade que esta solicitude permite as reparações de segurança, ela tem por inconveniente fixar a ideia de que sua mãe é toda poderosa, que ela não lhe recusa nada, que ela não pode lhe recusar nada, que ela tem mesmo a vocação de não lhe recusar nada, porque seu desejo em relação a ela é de que não lhe falte nada.

Se alguma interposição não vem perfazer, ao menos um pouco, a aventura de pôr no mundo e a necessária disjunção que deve provir, se alguma interposição não vem fazer barreira à duração da solicitude que cresce sem descanso, a relação vai se demandar do mesmo modo e continuar se agravando. "À criança-rei, uma mãe-rainha, os desejos de um fazendo-se soçobrar nos do outro e vice-versa, uma confusão altamente danosa para os dois" (p. 107). A criança ocupará a vida da mãe, que só terá a ela como horizonte, de maneira que a mãe colonizará sua identidade à sua imagem ou à imagem e aos desejos que forjou da criança, o que dá no mesmo. "A solicitude figurará as paredes extensivas ao extremo de um útero enfim confortador e tranquilizador, pois o sistema de consolo, alívio e fidelidade mútuos permite vivê-lo como sempre pleno e definitivamente destinado a permanecer" (p. 107). Não se trata de casos raros ou especiais.

Podemos entender agora, na dedução etimológica feita acima por Naouri da palavra incesto a aproximação do sentido deste "ao que nada falta" do desejo de toda mãe de que a seu filho não falte nada, que ele chamará de propensão natural maternal ao incesto, pois, mesmo sem a nota genital, se aparenta a ele no movimento de apagamento das distâncias necessárias, que produz o incesto propriamente dito. Diz respeito a mães que recusam metaforicamente à sua criança a simples possibilidade de sair delas, as condenando assim a se prolongar para sempre no seu nicho uterino extensível ao infinito. Aos que vejam um tom de alarme ou perigo exagerados nisso que ele fala, já que tudo isso se resolveria espontaneamente na infância, ele reafirma que a propensão natural incestuosa é estritamente indispensável ao bebezinho e que ela dá certamente o mais alto potencial vivificante. Traz, então, o nome que, em sua opinião Winnicott deu a ela, Preocupação Materna Primária e diz que jamais a contestou. Mas o que ele diz é que deixá-la sem freio ou contraponto faz com que ela termine se tornando, com o tempo, propriamente mortífera. Se ela não for rapidamente atenuada, se ela não encontrar sua quebra, produzirá estragos e devastações sérios.

É por isso que, para ele, a noção de complexo de Édipo é insuficiente para explicar a maioria dos fenômenos, pois há a impressão enganosa de que se possa resolver ou ultrapassar o Édipo, o que não acontece jamais a ninguém, nem mesmo aos analisados ou aos psicanalistas. Em alguns sujeitos ele pode ser no máximo agenciado corretamente e em um bom momento. Em outros, pode ser trabalhado, remanejado, tornado consciente. Ele pode ser atenuado para ser integrado no cotidiano sem produzir muitos estragos, mas não é jamais resolvido e ultrapassado. Até mesmo Lacan, em sua opinião, não estava certo de que Freud havia rendido um grande serviço à psicanálise forjando este conceito.

Para ele o Édipo não é o que aparece na maioria dos discursos, uma historinha do menino que quer dormir com a mãe e que renuncia a este desejo magicamente porque o pai o dissuade ou a menina que descobre seu desejo de suplantar a mãe e que entra nos eixos ao descobrir os sortilégios da identificação. O Édipo é antes de tudo a consequência desta propensão incestuosa que reveste o entorno de uma história de amor infinitamente trágica da qual ninguém se restabelece. Tanto para a menina como para o menino, o objeto de amor é esta mãe onipotente, toda devotada e só ela. Que um ou outro possam encontrar um dia a metáfora paterna e se adaptar a sua incontornável realidade, também eles passam o resto da vida a esperar a sua desaparição. E o pai, por mais que ele seja "dado para a coisa", sozinho não pode fazer nada para tirar suas crianças deste doloroso conflito. Cabe à mãe nitidamente significar, tanto ao seu filho como à sua filha que ela tem outros horizontes para além deles e, particularmente como objeto de amor, ela tem seu pai, o que tem por mérito colocar o pai num lugar salvador para todo o mundo. O que requer da mãe, antes de mais nada, a renúncia total e deliberada à sua propensão incestuosa e não somente colocá-la em repouso. O que, segundo ele, acontece cada vez mais raramente nos dias de hoje, a ponto de gerar o que ele chama de sociedades de "efeito-mãe". Aí, a criança-rei é o emblema, pois elas se encarregam, na lógica consumista a que aderiram, a que não falte nada. Ali onde há falta, ela é imediatamente preenchida a fim de que não possa surgir alguma forma de desejo. Não é por acaso que nela se ancore o insolúvel problema da droga.

É por isso que Naouri insistiu nos fenômenos biológicos, para melhor compreender a maneira como a relação mãe-criança é agenciada pelos efeitos delineadores da estadia de cada indivíduo no ventre materno. Quando atitudes maternas que levam a satisfações sufocantes se reproduzem na geração seguinte e vão se fixando na reprodução do idêntico, elas terminam, ao longo das gerações, por provocar um deslizamento imperceptível da propensão incestuosa ao ato mesmo. Por isso, é frequente a cumplicidade das mães nos incestos de primeiro tipo, entre pai e filha, a não raridade dos incestos homossexuais entre mãe e filha e enfim a substituição que um pai faz da mulher com sua filha justificando-a pelo excesso de dedicação da mãe a outro filho, sem se importar com as suas demandas masculinas de carinho e sexualidade.

Por tudo isso, Naouri não tem nenhuma simpatia pelos movimentos que querem despenalizar o incesto e acha que nem mesmo a menção a isso é anódina. O incesto não é jamais sem consequências na vida das pessoas. Ele constitui uma confluência trágica do que vem das gerações precedentes e o que corre o risco de ser violentamente repercutido nas gerações seguintes. A tentação incestuosa e a repulsa com horror a ela são explicadas pela evolução do traço deixado na gravidez. A violência do movimento regressivo que se encontra em qualquer um tem a ver com o vivido do escoamento do tempo e com o estatuto interiorizado da morte. O fantasma que daí provém deixará crer que um retorno ao ventre anularia uma e outra. A tentação é geral porque este real concerne a qualquer um. Mas tem uma expressividade nuançada em função da repressão que se exerce da propensão materna incestuosa. Como o exercício desta repressão não pode ser feito pela mãe mesma, é necessário desenvolver uma instância estrangeira ao casal mãe-criança. Esta pode ser o pai, aquele que a psicanálise diz ser o portador da lei de interdição do incesto, à qual ele mesmo é submetido. Mas um pai pode ficar bastante tempo enredado à sua própria mãe na relação incestuosa e não poder cumprir corretamente seu papel. O corpo social, apelando para a universalidade e importância da lei, virá, então, sustentá-la, colocando a criança ao abrigo das más ações da tentação. Um pai que comete incesto com sua filha desloca para ela o convite ao incesto que foi feito a ele mais ou menos abertamente por sua mãe. É, pois, uma vingança contra sua mãe, com o sentido mortífero e assassino que a língua francesa contempla: *inces-tuer*.

I.2f Comentários psicanalíticos

Dentro da melhor índole multidisciplinar, as visões etológica e biológica têm por mérito fornecer novos aportes à compreensão da problemática do incesto. Trazem importantes interseções com a psicanálise, seja na influência à sua elaboração mesma, seja naquilo que o campo de sua observação e experimentação específicas trazem de novos dados. No entanto, especialmente no caso da etologia do incesto, parece que há uma simplificação da contribuição psicanalítica, em especial a freudiana. A psicanálise nasceu mesmo da questão do incesto, seja na sua primeira elaboração freudiana, enquanto teoria da sedução paterna, que levaria a um trauma recalcado e à sintomatologia histérica, seja no seu reacomodamento posterior, enquanto fantasia, que faz Freud reconhecer e dar toda a importância à existência de uma sexualidade infantil e do aparelho psíquico que dela se incumbia nas regiões daquilo que ele chamou de inconsciente. Ora, é esta interseção da fantasia infantil sexual, calcada na vivência autoerótica do corpo pela criança e no corpo a corpo com o adulto, em especial o da mãe, que se torna inconsciente através do recalcamento, calcada nas vivências triangulares com seus pais e a realidade dos acontecimentos sexuais ao longo da vida, que dá toda a magnitude da questão do incesto na psicanálise a ponto de fazer toda transferência, que sustenta a cura analítica, ser basicamente incestuosa em sua matriz. Que isso tenha em parte levado Freud a não refletir suficientemente sobre os efeitos psíquicos dos casos de incesto de fato cometidos, dando relevo maior à vida fantasmática, não nos permite, a meu ver, pensar que a questão não tivesse importância para ele. Ferenczi e os que continuaram suas descobertas trouxeram uma importante contribuição ao entendimento do trauma do incesto. Mas isso não quer dizer que a questão não estava posta a Freud, de uma maneira radical, a ponto de tê-lo feito, de alguma forma, formular o conceito de pulsão de morte como compulsão à repetição e retorno a satisfações que foram prazerosas alguma vez, retorno a um nirvana, cujo protótipo seria a estadia no ventre materno. Retorno à ausência de estimulações, ao inanimado, que as contribuições do pediatra Naouri nos permitiram entrever ser de uma consistência diferente que o nada ou a morte biológica. O conceito de complexo de Édipo e seu corolário, o complexo de castração, ganharam, então, um papel estruturante essencial como operadores de reviravolta no psiquismo, às voltas com o necessário reconhecimento de um fora de si que o ultrapassa sempre, tanto no sentido do mundo pulsional, como no sentido da realidade simbólica e material com que cada um tem que se haver. Trouxe, enfim, um ganho de consistência na compreensão do processo de simbolização que faz com que tenhamos que nos haver sempre com as várias dimensões temporais, com a ausência do que, ou de quem, já foi ou está por vir, com a finitude, mas também com o que ela nos proporciona de ilimitado, no plano de atualizações de virtualidades psíquicas e do desejo.

O que está colocado é que esta memória imemorial da estadia no ventre materno e dos primeiros tempos de via aérea coloca sem saída, para cada um, a possibilidade de tentar refazê-la no gozo masoquista dos aprisionamentos do desejo e da potência do desdobrar da vida na segurança ilusória da repetição das fixações fantasmáticas infantis ou transformá-la em contínua potência de criação que os destinos da sexualidade adulta e das sublimações culturais contemplam.

1.3 Notas sobre pesquisa em psicanálise[3]

A pesquisa "Psicanálise, mulher e violência sexual: Abuso sexual incestuoso, estupro e sedução", que trata do acompanhamento de casos de violência sexual a mulheres e meninas atendidas em instituições públicas, foi concebida e elaborada com "material de campo" composto de supervisões clínicas realizadas com analistas. A realização deste trabalho foi uma oportunidade de refletir sobre a supervisão e sua função na formação do analista, assim como sobre as questões éticas na utilização do material obtido na supervisão.

1.3a A teorização em psicanálise

No trabalho de pesquisa, procurei deixar os parâmetros de apreensão conceitual se delinearem a partir do material das supervisões, buscando evitar sua diagramação a partir de parâmetros teóricos escolhidos e preestabelecidos *a priori*.

Esta abordagem está relacionada com a maneira peculiar como se constitui o campo psicanalítico em relação aos outros campos de saber, determinando uma situação *sui generis* quanto à problemática do objeto, bem como quanto à constituição da relação prática-teoria. Neste sentido, esta concepção metodológica relaciona-se com a própria "natureza" da supervisão, com aquilo que a constitui de maneira peculiar no interior do campo psicanalítico.

3 Publicado como artigo na *Revista Percurso*, v. 7, n. 11, 1994.

Se o processo psicanalítico é aquilo que permite o acesso ao inconsciente, isso se dá através da fala de um, analisando, e da escuta de outro, analista. Fala-escuta que se abre para o que há de alteridade na fala. Isso implica se aproximar e priorizar esta outra forma de lógica que é a do inconsciente. É desejável que se favoreça este processo e tudo que dele decorre no interior do campo psicanalítico. Assim, as regras fundamentais da atenção flutuante do lado do analista (ouvir tudo sem prestar especial atenção a nada, principalmente àquilo que manifestamente e logicamente parece mais importante no discurso do paciente) e da associação livre do lado do analisando (falar tudo o que lhe ocorre sem se preocupar com lógica, ordenação coerente ou sequência, e sem censurar o pensamento) favorecem a criação de um campo nebuloso de onde vão se delineando as sombras e os contornos de ideias latentes que trazem o sentido de uma outra cena.

Tal sentido se constitui subitamente, de surpresa, num frágil instante, que como uma fenda faz aparecer o que na fala é alteridade. É a dimensão da temporalidade específica da psicanálise que torna possível esse sentido: o que antes estava só adquire sentido, é perlaborado, *a posteriori*. É num tempo após que o que já estava antes adquire sentido. A dimensão da sobredeterminação ou multideterminação do psíquico é outra característica fundamental da significação no campo psicanalítico, ou seja, o fato de que um fenômeno psíquico seja multideterminado em sua existência torna impossível que haja constituição de sentido de maneira simplista, criado a partir de um pensamento unicausal, mecanicista e linear.

O ato analítico, do qual são coparticipantes o analista e seu paciente, é um ato solitário, radicalmente singular, avesso à domesticação racional ou racionalizante (Menezes, 2001). Ele é praticado sem rede embaixo (Ropa, 1991). Na análise, o analista, sensibilizado com o que há do inconsciente neste processo através de sua própria análise e de sua formação, se serve do seu próprio inconsciente como instrumento. Devido a isso e à sobredeterminação do psíquico, o mesmo material interpelará dois analistas de maneira diferente, variando segundo a história pessoal e a análise de cada um. Cada análise é um processo singular, único e irrepetível e transcorrerá de modo inteiramente diferente, conforme cada analista e cada paciente, e a compreensão do que se passa nele, apesar dos encontros e interpenetrações, também é diferente para cada um dos participantes (Ropa, 1991). Às vezes, quando o analista julga que foi o conteúdo de suas falas que produziu efeito analítico, foi a entonação na qual as disse ou apenas uma palavra que trouxe tal efeito.

Quanto à teorização em psicanálise, é útil lembrar, antes de mais nada, o que Freud dizia: a psicanálise deve ser colocada em questão a cada caso. Para tal é importante conservar o estado de graça de um não saber. Só assim, passando pela ignorância do que sabe, é que o analista poderia estar aberto para captar a radicalidade subversiva dos processos inconscientes (Ropa, 1991).

Não se pretende, com essa postura, desvalorizar as teorias que instituem através do seu discurso articulado a atividade analítica, e assim mistificar o dom da escuta. Cabe, apenas, um alerta contra o uso da teoria como saber defensivo e megalomaníaco que obturaria as brechas e as lacunas necessárias ao processo analítico. Suportá-las faz nascer, hesitante, uma palavra singular, verdadeira ainda que fugidia e vacilante. Assim, se a teoria institui a atividade analítica, ela deve estar nas margens, na fronteira, envolta em brumas e não sob o foco dos refletores no momento do ato analítico e também da supervisão clínica, como veremos adiante (Menezes, 2001).

O trabalho de teorização em psicanálise segue a regra da atenção flutuante: não tentem compreender tudo de uma vez, dizia Freud, mas deem um tipo de atenção não tendenciosa para todo o ponto que surgir e aguardem desenvolvimentos posteriores. É, portanto, um trabalho de "teorização flutuante", de permanente construção e desconstrução de hipóteses teóricas, que em cada um dos seus passos permite que se estabeleçam novos elos entre o já conhecido de uma teoria e um ainda não conhecido ao qual nos confronta sempre o discurso do paciente. E é este não conhecido, este resto que sobra depois de qualquer teorização, que nos move a teorizar mais ainda (Ropa, 1991). Da mesma maneira, é um resto não analisado no analista que sustenta seu lugar de deixar sempre em movimento o processo analítico de seu paciente.

Assim, ao contrário do que se passa em outros campos de saber, em relação à apreensão da noção de objeto, em psicanálise o objeto é fugidio e se empobrece, quase se perde, se aprisionado *a priori* – esse tempo avesso ao inconsciente – por categorias e parâmetros teóricos.

Pretendi, portanto, deixar meu objeto de pesquisa ir se construindo a partir do material clínico e no interior da própria supervisão clínica. Assim como na supervisão o saber teórico fica na fronteira entre o conhecido e o desconhecido, também na pesquisa eu pretendi que minhas leituras e reflexões teóricas ficassem nas margens, junto com as minhas próprias questões inconscientes e as de minha análise, como pilares instituintes e não como uma rede aprisionante e aniquiladora do novo e da surpresa.

1.3b A supervisão psicanalítica

A situação de supervisão psicanalítica se configura quando um analista em formação vem pedir um acompanhamento de seu trabalho clínico a um colega que ele supõe ter um "saber-fazer" a lhe transmitir.

Essa suposição, fundamental para iniciar o processo de supervisão e condição de sua eficácia, é o que aponta também para os problemas e perigos que surgem na relação supervisor-supervisionando em psicanálise. Do lado do analista em formação, precisamos entender o que ele demanda. Do lado do analista-supervisor, precisamos entender como ele se coloca diante dessa demanda.

Em primeiro lugar, pode-se perguntar como se coloca o supervisor ante o que é um saber-fazer em psicanálise. Se ele vê a psicanálise como um saber acabado, a supervisão terá uma dimensão pedagógica e o supervisor se colocará no lugar de mestre devendo explicar o que está de fato se passando na análise do paciente (Menezes, 2001). Esse excesso de clareza, de compreensão, além de ser uma miragem, pode provocar o efeito nocivo de se constituir num corpo estranho parasitando a escuta do analista. O supervisor pode se colocar aí no lugar do duplo hipnótico e pode produzir um efeito massificante de produção de discípulos iguais a ele, em supervisões intermináveis (Menezes,

2001). A supervisão pedagógica, sobretudo se ela se coloca como exigência de formação e alimenta a hierarquia de algum grupo formal ou instituição de formação de analistas, pode produzir, assim, formas coletivas que estarão, sobretudo, ligadas ao reasseguramento e à resistência à análise. A demanda de supervisão será respondida, portanto, com o supervisor ocupando unicamente o lugar de mestre ou modelo identificatório, com o consequente risco de destituição do analista de seu lugar (Menezes, 2001).

Se, ao contrário, o supervisor vê a psicanálise e o processo analítico com as especificidades apontadas acima, o saber-fazer se problematiza e ele sabe que irá "formar" quem o está procurando em um não saber, pois não existe mestre que ensine o que é ou como é ser psicanalista. Na análise, o analista, sensibilizado ao que há do inconsciente no processo pela sua própria análise e pela sua formação, se serve do seu próprio inconsciente como instrumento. O supervisor ajuda o analista em formação a suportar a angústia do não saber e a sustentar a espera necessária para que haja revelação-elaboração dos processos inconscientes, sem inserir nesta brecha essencial um saber defensivo teórico ou prévio sobre o desenvolvimento do paciente (Ropa, 1991). Em vez de destituir o analista em formação por uma mestria atuada, ele deve dar possibilidade a ele, ao longo de alguns anos, de começar a encontrar os seus próprios recursos de escuta analítica (Menezes, 2001).

A demanda de supervisão pode se confundir com a demanda de análise. É verdade que o eixo privilegiado da formação do analista é sua própria análise pois, como já foi dito, é ela que o ensina a servir-se do seu próprio inconsciente, como instrumento. Mas a supervisão é também uma ocasião privilegiada para suscitar efeitos analíticos de abertura do inconsciente, dadas as características do espaço psíquico que nela se constrói, ou seja, a magnitude de mobilização transferencial em relação ao supervisor e o confronto pelo analista com seus próprios "pontos cegos", suas resistências e seus movimentos defensivos. São principalmente estes que estão dificultando o processo analítico com seu paciente, e o supervisor é convidado a ocupar um lugar tal que possa interferir em circuitos fechados. (Menezes, 2001).

Essa interferência, porém, não a faz enquanto analista, já que o supervisor se abstém de dar interpretações – confiando na análise do supervisionando –, o que reduz a magnitude dos fenômenos regressivos próprios à situação analítica. Além disso, os efeitos de análise são mediatizados pelo relato clínico, objeto de trabalho na supervisão, ainda que haja escuta atenta do que se produz na fala do supervisionando. Há mediatização, também, considerando-se o tratamento dado ao analista em supervisão como colega. Assim, o supervisor interfere por meio de palavras novas, novas metáforas, a partir das palavras escutadas no relato clínico, que abrem os canais de escuta do analista, ao quebrar os circuitos antes fechados pelo aprisionamento imaginário.

"A prática de supervisão situa-se na fronteira entre a atividade analítica e as teorias que a instituem e que lhe fornecem um substrato conceitual; situa-se na fronteira entre o singular e o universal, entre o devaneio associativo e o discurso articulado. E é necessário que permaneça nesta fronteira, como momento de prática teórico-clínica em *status nascendi*" (Menezes, 2001, p. 228). O supervisor não pode, portanto, deixar-se aprisionar narcisicamente em nenhuma das três facetas que a demanda de um saber fazer lhe coloca – a de analista, a de mestre e a de professor –, ainda que junto com o analista em formação deva por elas circular.

I.3c Questões éticas quanto à utilização do material obtido em supervisão

O material obtido nas supervisões revelou-se, em si mesmo, de uma riqueza enorme enquanto "momento de prática teórico-clínica em *status nascendi*" (Menezes, 2001, p. 228). A minha proposta quanto ao material clínico foi de apresentá-lo – ao menos em parte, devido à sua extensão –, pois ele é o principal objeto construído por esta pesquisa e que também a construiu. Apresentá-lo e não categorizá-lo, para que ele não se empobreça por um único enfoque metodológico, teórico e conceitual, no caso o meu, e possa abrir-se para inúmeras outras maneiras de apreendê-lo.

Esta minha postura ante o material clínico, já presente há alguns anos, foi reforçada pela leitura das conclusões provisórias da excelente pesquisa realizada por Maria A. Barchs em *Reconstrução teórica de um caso de família incestuosa*:

> Por inexperiência nossa em trabalho qualitativo, não imaginávamos quão exigente e amplo é todo este procedimento. Também influiria o fato da riqueza enorme dos dados recompilados, o que dificulta recortar ou deixar de lado textos muito compridos mas muito significativos para o entendimento do caso que estamos analisando. Por outro lado, temos com frequência a impressão de que, ao relacionar

> partes do texto em categorias e tirá-lo do seu contexto, se perde a riqueza de informação [...] só nas palavras dos atores sociais envolvidos se pode captar em detalhe o sentido do incesto para cada um deles e as múltiplas contradições afetivas que se geram na família. (Barchs, 1992, p. 7)

Também no caso da presente pesquisa, busquei apresentar as palavras da supervisão, ainda que transformadas numa narrativa, dada sua extensão, para que se pudesse captar em detalhe o sentido das questões colocadas pela violência sexual incestuosa e o papel delas na análise, bem como o papel da escuta analítica no entroncamento complexo entre o psíquico e o social, entre a fantasia e o ato incestuoso, entre as posições e os lugares no discurso familiar e a determinação deles na vivência incestuosa. Penso que é na apresentação do material das supervisões, no entroncamento entre o trabalho clínico e teórico que ela exige, que se verificará *in loco* a interpenetração dos atos sexuais de incesto e estupro e das fantasias inconscientes femininas na geração do sofrimento psíquico; da mesma maneira, é esta apresentação que permite evidenciar a singularidade de cada situação incestuosa no que se refere aos efeitos dela na história e situação existencial de cada um dos protagonistas, bem como na geração da situação incestuosa pela história de cada um.

Esta "apresentação" do material clínico acabou mesclando-se, no decorrer do trabalho com as próprias conclusões da pesquisa, o que não implicou sua categorização; tomar o material clínico separadamente mostra-se exaustivo e empobrecedor.

Contudo, enfrentei grandes obstáculos éticos quanto à divulgação deste material através da pesquisa, o que me conduziu a algumas reflexões.

Num primeiro momento, foi a questão da quebra de sigilo, explícita ou implicitamente presente no contrato terapêutico ou analítico, que me incomodou. Na literatura psicanalítica encontramos desde autores que não expõem seu material clínico à escrita até autores que privilegiam esta exposição por considerá-la essencial para o avanço de um campo que é clínico-teórico, alguns com a autorização do paciente e outros sem. Decidiu-se, como um primeiro cuidado quanto ao problema do sigilo, dar pseudônimos aos protagonistas das histórias, mudando os nomes de localidades, profissões e tudo o que pudesse identificá-los, mas tomando sempre o cuidado de preservar as características essenciais para o entendimento dos casos.

Depois, pensei que era difícil considerar a questão ética de uma maneira geral e, apenas no polo do paciente, como quebra de sigilo. Decidi abordar singularmente, caso por caso, qual o sentido da divulgação e sua incidência não apenas no compromisso do analista com o paciente, mas em termos de sua relação transferencial específica, ou seja, na facilitação ou obstacularização em relação à escuta do analista e a sua posição transferencial.

Quando se pede maior divulgação da clínica dos analistas, muitas vezes se esquece que não é em qualquer hora, para qualquer pessoa e em qualquer lugar, ainda que seja no interior do campo psicanalítico, que a divulgação de material de sessões tem efeitos benéficos ao analista que divulga. Muitas vezes, ouvir o que colegas têm a dizer sobre um caso clínico pode mais atrapalhar do que ajudar, seja a escuta do analista, seja a relação transferencial.

Mas, a posição oposta, a opção pela não divulgação de material clínico em qualquer circunstância, é também falaciosa pois a divulgação deste material pode ter, para determinados pacientes, um efeito estruturante, de reconhecimento social de seu drama ou de sua tragédia, o que é patente nos casos de violência sexual. Nestes casos, a denúncia através de órgãos públicos, instituições especializadas ou de meios de comunicação de massa teve muitas vezes este papel.

Assim, para Maria, protagonista de uma das análises supervisionadas, descobrimos, eu e seu analista, um sentido para a divulgação de seu material clínico, uma vez que não conseguimos contato com ela para pedir a sua autorização, o que foi nossa primeira tentativa. Ela havia feito um dossiê completo, que apresentou à Justiça, de seu Estado, pedindo divulgação e solução jurídica para seu caso, o que fracassou totalmente. Trouxe o dossiê para seu analista, assim como documentos e cartas endereçados a ela por seu pai, artigos de jornal e fotos, ou seja, tudo o que atestava a veracidade de sua história incestuosa. Pensamos que a divulgação de partes de seu trabalho analítico poderia ir ao encontro, de uma maneira diferente, de sua demanda de divulgação de sua tragédia pessoal.

Obtivemos de bom grado a autorização de Cristina e de sua mãe para a divulgação, o que foi acompanhado de sua satisfação em saber que seria para uma pesquisa. A mãe de Cristina havia tentado divulgar sua tragédia em um programa de rádio sensacionalista, o que foi entendido pelo analista como uma reação à impotência ante a impunidade do pai, que havia sido libertado da prisão e voltava a ameaçar; mas foi desaconselhada pelo analista, que apresentou como opção o encaminhamento para uma instituição que lida com a violência.

A pesquisa em psicanálise, quando se utiliza de material clínico a partir da supervisão, abre questões quanto à constituição de uma abordagem metodológica que esteja implicada com a constituição peculiar do campo analítico quanto à problemática do objeto e da relação prática-teoria. Durante a pesquisa sobre mulher e violência sexual, foi-se diagramando uma atitude metodológica que permitiu delinear cuidadosamente o lugar de onde se fala na construção do objeto de pesquisa. Além disso, permitiu um processo de elaboração conceitual que nasce do interior de uma reflexão que vai se constituindo através dos relatos clínicos, atravessada inclusive pelo seu impacto sensorial e imagético, que passa a não ser mais o que deve ser evitado, desprezado mas justamente o que pode ser considerado e perlaborado. No caso do tema desta pesquisa, o abuso sexual, tema multidisciplinar, a maneira de diagramar a pesquisa levando em consideração especificidades do campo psicanalítico, permitiu constituir uma abertura em outros campos de saber para o reexame dos determinantes psicoculturais do abuso sexual. Isto aponta que o arsenal conceitual psicanalítico tem muito a enriquecer, propiciando novos pontos de vista, quando trata de temas que fazem borda a outros campos disciplinares e quando trabalha situações analíticas fora de seu enquadre tradicional no consultório particular.

Como exemplo desta abertura, tem-se a proposta de incluir a apresentação dos relatos como parte importante da pesquisa. No campo das ciências humanas, com raras exceções em pesquisas contemporâneas em História, Antropologia e Psicologia Social, o material de pesquisa, seja ele oral, escrito ou visual, é tido como mero documento que serve para a constituição das ideias e conceitos e depois é secundarizado até mesmo desprestigiado e desprezado. Ao apresentar o relato clínico como parte integrante, o material de pesquisa aparece como o que relativiza a teorização feita a partir dele, sem tirar-lhe a importância, mas apenas apontando para a multiplicidade de possibilidades de criação teórica.

Parte I
A pesquisa

1
A cena incestuosa: o problema da vitimização[4]

"*Durante o período compreendido entre a puberdade e o matrimônio, devem as jovens solteiras eludir cuidadosamente o pai. Se ocultam quando lhe encontram na rua, não se sentam jamais a seu lado e observam estes costumes até os esponsais. A partir do dia de seu matrimônio, as relações entre elas e o pai ficam livres de toda proibição.*" (Sigmund Freud, *Totem e tabu*, 1913.)

4 Publicado originalmente em *Novos olhares: mulheres e relações de gênero no Brasil*. São Paulo: Marco Zero, 1994.

1.1 Hipóteses iniciais

Por violência sexual entendo uma situação complexa, desencadeada por um ato sexual, não necessariamente o coito, no qual uma pessoa estranha ou familiar utiliza-se do corpo de uma outra pessoa, ou ameaça fazê-lo, sem seu consentimento consciente.

Nos casos desta pesquisa, trabalhei com violência sexual contra meninas e mulheres, sendo as violentadas sempre de sexo feminino e os violentadores de sexo masculino.

Na maioria deles, os violentadores são pais ou padrastos (companheiros da mãe que moram na mesma casa). Nestes casos, falo em violência sexual incestuosa, pois o incesto fica caracterizado por serem relações sexuais entre pai e filha ou algum homem que simbolicamente ocupa para a menina/mulher o lugar de pai, ainda que seja apenas como parceiro sexual da mãe e ainda que seu próprio pai esteja vivo, presente ou não na sua vida.

A primeira hipótese deste estudo é de que o sofrimento psíquico da violentada era causado por um trauma que se devia não só ao ato sexual violento mas à imbricação complexa do ato sexual violento com as fantasias sexuais inconscientes.

Faz-se necessário um esclarecimento acerca da minha posição ética já que poderia se questionar se eu não estaria relativizando, ou tirando a responsabilidade e consequente culpabilização e condenação do violentador.

Evocando Freud (1900), ao finalizar a sua exposição inaugural do aparelho psíquico em *A interpretação dos sonhos*, ao se ver confrontado com a questão da importância ética a dar aos desejos reprimidos que assim como criam sonhos podem criar algum dia outros produtos, penso, como ele, que "a realidade psíquica dos desejos inconscientes é uma forma especial de existência que não deve ser confundida com a realidade material" (p. 720). E que "para a necessidade prática da estima do caráter de um homem bastam, na maioria dos casos, as suas *manifestações conscientes* ... em todo caso é sempre muito instrutivo ver o removido solo sobre o qual se alçam orgulhosas as nossas virtudes. A complicação dinâmica do caráter humano não resulta já explicável por meio de uma simples alternativa como o queria a velha teoria moral" (p. 720).

Penso que a oposição que Freud coloca entre realidade material e realidade psíquica pode ser ressituada, já que a própria materialidade da realidade não pode ser postulada independentemente de uma realidade simbólica. Esta é regida por códigos sociais produzidos por seres humanos, transformados por eles, como a maneira que acharam de viver em conjunto e subsistir como espécie diante dos perigos que os ameaçam desde a natureza e desde seu próprio mundo pulsional que deixado ao seu livre curso os levaria à autodestruição e à desagregação enquanto espécie. A cultura funda o processo de humanização por excelência e é fundada por ele. Ela repousa sobre a repressão das pulsões. Contudo, sabemos que Freud, ao final de sua vida, colocou em relevo o quanto a própria cultura produz destruição tanto da espécie humana, através, por exemplo, dos artefatos de guerra, como do sujeito, pela ação autodestrutiva do superego, instância formada da interiorização de uma hipermoralidade, coisa que soava esquisita nos anos vinte, mas que é de uma atualidade enorme.

Portanto, ao achar que os seres humanos devem ser julgados pelos seus atos conscientes, e através dos códigos sociais, nem por isso coloco alguma transcendência nestes códigos, já que as pulsões sexuais e agressivas escapam à domesticação pelos códigos sociais, o que torna muito complexa a realidade psíquica do ser humano. A própria sexualidade se posiciona sempre em relação à transgressão da norma social. A transgressão é intrínseca à constituição do desejo humano. Além disso, entre o céu da realidade simbólica e a terra da realidade natural, há mais coisas do que se possa suspeitar. Há uma realidade das relações intersubjetivas que não estão pautadas apenas pelos códigos sociais ou pela necessidade e que produzem efeitos imaginários que são sócios privilegiados da nossa realidade psíquica. Aliás, ao falar em pulsões agressivas aqui, não estou falando em uma natureza inata do ser humano, uma inclinação natural para a agressividade. Ainda que a diferenciação entre ódio, agressividade e destrutividade no campo psicanalítico seja complexa, penso que a violência não é uma qualidade natural e inata do ser humano, mas que ela se produz nas relações intersubjetivas a partir de seus efeitos imaginarizantes.

Portanto, se o agressor deve ser julgado pelo ato de incesto, que é crime do ponto de vista dos códigos sociais, já que ele transgride o fundamento mesmo da cultura (como procurarei mostrar mais adiante), se ele deve ser culpabilizado, punido e/ou tratado, a agredida não pode ser ajudada em seu sofrimento psíquico, ou o pode apenas parcialmente, se ela é escutada apenas como vítima.

Tocamos aí numa questão delicada. Talvez do ponto de vista jurídico e policial ela deva ser escutada e protegida como vítima de um ato agressivo de violência sexual.

Caso contrário, poderíamos corroborar a ideia comum preconceituosa e odiosa de que se a mulher foi violentada, estuprada, ela deixou, ela tem "culpa no cartório" (outro fator componente do trauma do ato sexual violento, fator de culpabilização pela reação do entorno social). Ainda assim, penso que precisaríamos encontrar um outro termo diferente de vítima.

Ao tentar ressituar o campo da moralidade, da transgressão, da norma e do código sociais e da culpabilidade estou tentando pensar em diferentes planos de efeitos psíquicos, numa certa quebra entre o que é o psíquico privado, análise das fantasias, por exemplo, e o que é o psíquico público, ou seja, que há coisas que são um movimento no social que produzem efeitos psíquicos estruturantes, simbolizadores, por exemplo, a prisão de um estuprador, ou até mesmo o contrário, a denúncia de um pai incestuoso pela filha produzindo desorganização psíquica.

Mas esta ideia de que a mulher participa do ato sexual violento, por mais odiosa que seja no contexto em que é usada, pode dar pistas na procura de parâmetros de escuta do sofrimento psíquico destas mulheres, quando elas vêm procurar ajuda terapêutica ou institucional. Agora, neste contexto, a vitimização da agredida pode muito mais atrapalhar do que ajudar. Neste contexto de ajuda ao sofrimento psíquico, devemos nos despir da toga moral, ainda que mantendo sempre no horizonte a função simbolizante e humanizante do tabu contra o incesto e, em vez de falar de agressor e sua vítima, falar em relação violenta entre o agressor e a agredida num contexto psíquico de inúmeras e complexas variáveis.

Senão como entender, interferir em certas situações, das quais cito alguns exemplos?

1) A moça violentada pelo pai não só tem um filho como após a impotência em conseguir ajuda nos planos jurídico e familiar, após fugir do pai e após inúmeras situações de sofrimento físico e psíquico, engravida novamente dele e recusa-se a abortar, dizendo ficar feliz quando engravida e amar seu pai.
2) A adolescente sofre violência sexual do pai dos 14 aos 18 anos, com requintes enormes de crueldade e não conta a ninguém, sentindo-se a única filha a quem o pai dava especial atenção.
3) O pai escolhe a filha com defeito congênito para estuprar.
4) Várias mães e filhas se arrependem de denunciar os pais incestuosos, levá-los à prisão; várias filhas se culpabilizam de que com a denúncia do pai ou padrasto à mãe, estragaram seu relacionamento. Mantêm, portanto, intensa ambivalência afetiva na denúncia.
5) Na família incestuosa estudada por Maria Barchs (1992), foi constatado que além do incesto pai e duas filhas, na geração anterior havia um tio incestuoso e na geração anterior a essa o avô (pai do pai) havia sido incestuoso também.
6) A moça procura ajuda em um posto de saúde em surto psicótico[5]. Após o surto, em trabalho psicanalítico, o conteúdo verbal de suas alucinações, an-

5 Agradeço a Carla Braz pelo relato deste caso.

tes incompreensível, vai ganhando sentido pelo relembrar que lhe é permitido de coisas que estavam repudiadas de sua memória. O que desencadeia o surto são possíveis complicações jurídicas que a impossibilitariam de assumir uma doação de sua mãe.

O que estava repudiado era ter mantido contato sexual com o pai aos 9 anos, por aproximadamente um ano, na ausência de casa da mãe, que trabalhava, ficando sozinha com o pai, desempregado então. O pai não chega a penetrá-la, masturba-se mexendo com o corpo dela e ejacula em suas pernas. O que ela se lembra é de que durante um tempo ela gostava daquilo, embora achasse nebulosamente que alguma coisa não estava correta. Até que um dia o pai lhe diz que o que faziam era proibido. Aí, ela lhe pergunta: "se é proibido, por que o senhor faz?" O pai diz que é porque é doente e só consegue com meninas. A menina lhe pergunta se então não fazia com a mãe (note-se que é sua primeira preocupação) e ele lhe diz que com a mãe sim, que era a única mulher com quem conseguia. A partir daí, obriga a filha a um acordo, no qual ela não diria nada para a mãe e nem para ninguém, senão ele a mataria (este será o conteúdo do surto, anos depois). A filha passa a dar dicas para a mãe, dizendo que se lhe acontecer algo é para procurar em casa. A mãe desconfia e através da investigação de uma tia, vem a saber do que se passava em sua casa em sua ausência e leva o caso à justiça e à polícia. Na sessão que antecede o segundo surto, recorda-se da situação do fórum, e descreve tudo pelo olhar da criança. Ao ser inquirida pelo juiz e pelo advogado sobre o que o pai lhe dizia, reproduziu a eles os diálogos e as piadas do pai, rindo inclusive destes relatos. O juiz e o advogado se retiram, dizendo não aguentar isso; ela então pensa: "Se eles não aguentam isto, o que dirá o resto". A partir deste momento, recorda-se ter sentido passar da posição de vítima para a de ré, além de se sentir repartida em duas meninas. A mãe também não quis saber diretamente o que se passou, ou seja, seu relato nunca havia sido escutado. A moça associa, em surto, uma outra lembrança/fantasia de quando tinha por volta dos três anos de idade: A mãe levou-a junto quando fez um aborto. Trouxe um vidro embrulhado para casa. Quando chega em casa, a menina desembrulha o vidro e vê que era um feto masculino. Pega o pênis, arranca e engole, pensando "Nesta casa não pode ter homens". Depois regurgita-o e põe no vidro, pensando que ele pode nascer em outra casa e precisar do pênis. Perguntando para a mãe sobre a veracidade deste fato, já em trabalho de análise, a mãe confirma o aborto, mas não que ela tenha ido junto ou a história do frasco.

Fora do surto, recorda-se de que quando disse para o pai que não queria mais se era proibido, o pai disse que ela não iria aguentar, que ela era boba se pensava que, uma vez deflagrado, isso poderia se interromper. Anos depois, perdeu a virgindade se masturbando, o que percebeu pelo sangramento. Pensou então que não seria aceita por homem algum. Passou então a ter atividades políticas e trabalhistas para construção de "um mundo onde pudesse fazer parte, onde pudesse quebrar as normas culturais e construir um mundo melhor, já que não me sentia pertencendo à cultura. Um mundo melhor para mim".

Neste pequeno relato, temos várias problemáticas, mas principalmente vemos como é difícil constatar o que funciona como traumático. É difícil dizer que o traumático é apenas o contato corporal do pai com a filha. Há várias outras facetas desencadeadas ou desencadeantes da situação incestuosa, que funcionam como traumáticas *a posteriori*.

A omissão e a condenação implícita da justiça a ela, que tanto a impactaram, podem ter ocorrido ou ser apenas uma recordação encobridora de sua própria culpabilização pelo prazer que sentia com o pai. Participação pré-consciente no prazer da situação com uma nebulosa sensação de proibido (típica da criança) mas que só fica reprimida, em um primeiro momento, quando o pai fala do proibido da situação (para ela, criança, pela sua fala está claro que é o pai quem tem que ter maior clareza do que pode ou não ser feito). A culpabilidade inconsciente pelas próprias fantasias de desejo também participa do que funciona como traumático.

A situação incestuosa envolve a mãe ou é desencadeada por uma situação anterior com uma marcação de lugares cheios de fantasias. Por ocasião do aborto da mãe, parece já haver uma percepção nebulosa de que algo de diferente ocorre na sexualidade que transita entre o pai e a mãe. O contato incestuoso com o pai, ele dizer que é doente, que só faz com meninas, não podia ser homem, pode ter ressignificado como traumática a situação do aborto da mãe, quando a paciente era criança. "Nesta casa não pode ter homens." A situação descrita do frasco pode não ser factível mas aconteceu, ao menos enquanto fantasia, portanto tem realidade psíquica. Ela, ou sua recordação reativada pelo contato incestuoso com o pai, traz a ressignificação da fantasia de roubar o pênis do irmão ou, por substituição contígua, do pai (mas de um pai que tem um pênis doente que ela não pode incorporar, com todo prejuízo que isto traz para a estabilidade de seu núcleo de subjetividade necessário ao acesso ao mundo simbólico? Ele não a penetra, lembremos, o que não a impede de fazê-lo penetrar, pela fantasia, na masturbação que a deflora após a fala do pai que a condena ao não esquecimento).

"Nesta casa não pode ter homens" porque a mãe incorpora o pênis do pai deixando-o doente? Assim como ela quase faz e depois desfaz? Portanto, vemos aí que a cena incestuosa não se dá em um cenário inócuo, mas povoado de conjunções de fantasias sexuais da violentada, e de fantasias quanto aos lugares dos progenitores. Para corroborar isso, há ainda a angústia que aparece de que poderia haver uma não filiação sexual para si mesmo (o pai faz ou não faz isso com a mãe?).

A masturbação compulsiva e a defloração parecem ter sido efeitos de uma sexualidade desligada, ou seja, de uma energia que não encontra ligação psíquica em representações, trazendo a possibilidade de simbolização. Sexualidade desligada que decorre da internalização do desejo e ato sexual incestuosos do pai, num primeiro momento vindo de fora e "sofrido" passivamente para agora atacá-la de dentro, onde ela completa o que ele não podia fazer e aquilo que ele condenou pela palavra ao não esquecimento por ela. Mas ela também sofre passivamente este ataque interno que tira fora de combate as defesas narcísicas que a protegeriam da invasão pelo seu mundo pulsional. Este parece ser o movimento mais forte, ainda que secundariamente ele pudesse estar apoiado nas suas fantasias edipianas em relação ao pai. Vemos o paradoxo que se instalaria aqui, pois este apoio seria uma forma de ligação da energia livre, portanto de elaboração psíquica, de simbolização, mas ele traria uma intensa culpabilidade inconsciente. Daí sua indignação com a condenação tácita de sua cumplicidade com o pai. Ela não podia fazer nada, além do que fez, para dar conta de uma conjuntura que rompe as suas possibilidades de elaboração. Esta faceta tem também um valor traumático forte, já que lhe tira a possibilidade de apoiar-se em uma instância jurídica que pudesse aliviá-la, remarcando lugares onde a ordem geracional fosse restabelecida dando uma direção ao trabalho de simbolização.

O surto psicótico ou parapsicótico (as capacidades metaforizantes na análise parecem apontar para um quadro histérico) é o efeito retardado que mostra que houve uma cisão do eu (a repartição em duas meninas), em que a parte atacada narcisicamente e fragilizada em suas defesas pelo ato incestuoso e ameaça de morte do pai apresenta, alucinatoriamente (imagem de morte por deterioração dos órgãos internos), o que ameaça a sua integridade, numa tentativa de cura que acha outros canais que não a alucinação, pela escuta analítica.

Assim, uma segunda hipótese se delineia: o ato sexual violento, especialmente o ato incestuoso, produz uma fragilização das defesas narcísicas já que ao haver uma internalização do desejo e ato sexual incestuosos, num primeiro momento vindo de fora e "sofrido" passivamente, há um segundo momento, sofrido também passivamente no qual o ataque é interno e tira de combate as defesas narcísicas que a protegeriam da invasão pelo seu mundo pulsional.

1.2 Maria

A narrativa do caso de Maria, fruto da sua fala, da de seu analista e minha e que apresento de maneira resumida, delineia e exemplifica a terceira hipótese deste estudo que diz respeito à questão da identidade confusa.

Maria veio procurar ajuda porque não tinha nenhuma amiga, porque a história que ela tinha para contar para as pessoas, a história da vida dela, ela não podia contar. Maria tem 30 anos, mora em São Paulo há cinco anos, vinda de outra região brasileira. É filha de José, que tem 50 anos, é solteiro, tem nível superior completo e é homem de grandes posses na cidade que habita. Foi criada por Chica, que tem 67 anos e tem curso ginasial completo, *até* os dez anos de idade. Maria é estudante universitária e trabalha meio período como escriturária. A mãe biológica de Maria deu-a para o pai criar aos seis dias de nascida. O pai, por pressão de sua própria mãe, entrega-a para Chica, que a cria dos seis dias até os dez anos, com pagamento pelo trabalho prestado na criação. O pai a via regularmente, mas nem descia do carro, só queria saber se estava gordinha e bonitinha. O pai vinha vê-la gordinha e bonitinha, como a bruxa má da história de João e Maria: pensando em "comê-la" quando chegasse no ponto. Começa a delinear-se a oralidade marcante, presente o tempo todo no pai e em Maria, como aparece depois com a metáfora "digerir a gravidez", e com o constante uso de drogas.

Maria foi morar com o pai aos dez anos. A casa era na própria fábrica que seu pai tem. Conta que conforme o tempo ia passando, ele ia aumentando a muralha que cercava a casa e a fábrica. O pai não lhe permitia ver TV, novelas, ler revistas nem sequer conversar, para não dispersar para o sexo. Levava-a e buscava-a na escola. Maria queria ser amada pelo pai. Fazia todo o trabalho doméstico, mas, por mais que se esforçasse, sentia que não o agradava. Se não fizesse salada, ele dizia que gostava de salada. Se fizesse dois ou três tipos de salada, dizia que não era bicho para comer tanto mato. A disciplina era rígida e ela apanhava por qualquer deslize. É interessante notar como a demanda de amor do pai feita por Maria vai favorecendo uma relação de domínio do pai.

Aos dezesseis anos, percebeu que seu pai ficava espiando quando tomava banho e quando ia trocar-se. A cidade era pequena e o comentário era de que sua mãe era prostituta e fora morar em uma cidade do sul. O seu pai dizia barbaridades de sua mãe, que Maria entendia como uma maneira de fazê-la não gostar de sua mãe.

Quando fez oito anos, sua mãe foi visitá-la. Assim que chegou à cidade, seu pai soube e foi buscar Maria na casa de D. Chica. Ele a levou para a fábrica e deixou-a trancada o dia inteiro, com guarda tomando conta da fábrica porque não queria que sua mãe a visse. Quando sua mãe verdadeira chegou, ela ficou de orelha na porta da sala em que estava para ouvir seus pais, que discutiam muito na sala ao lado. Seu pai destratou muito sua mãe. Esta dizia ter trazido uma boneca para a filha, e o pai dizia que ela não precisava, que Maria tinha tudo. Quando retornaram para casa, D. Chica mostrou a boneca que havia sido deixada pela mãe e o pai a estraçalhou na frente de Maria. Ela fala com muita emoção do momento do estraçalhamento da boneca. Era um momento extremamente sonhado por ela, que viu ser aniquilado, violentado. Ela fala que tinha um grande sonho, uma boneca dada pela mãe. Ela tinha "milhares, milhões" que o pai tinha dado, mas na verdade, ela queria uma da mãe. Não chegou a ver a mãe. Ficou quietinha, no quarto ao lado. Tinha muita vontade de conhecer a mãe e ver como ela era. A boneca aparece como elo de Maria com a mãe, poder construir e manter o momento pré-edípico, narcizante de ser a boneca da mamãe. O pai estraçalha a tentativa reparatória da mãe de narcizá-la de algum jeito como sua filha. Este foi o sonho mantido por Maria, apesar de a cidade dizer que sua mãe era prostituta, apesar das barbaridades que seu pai dizia sobre sua mãe. Parece que a oposição "milhões, milhares de bonecas do pai *versus* nenhuma boneca da mãe" fala de um núcleo conflitivo fundamental de Maria, já que os milhões e milhares do pai não são nada sem a da mãe. Ela mantém este sonho até hoje, já que esta frase se refere a uma percepção dela desta comparação muitas/nenhuma. Além disso, os seus vários nomes (milhões de bonecas) aludem que sem a boneca da mãe não dá para saber quem ela é.

Com dezessete anos Maria arrumou namorado e não comentou nada.

O pai, uma tarde foi buscá-la na escola e quando a viu com um moço, levou-a para um ponto na cidade onde os casais iam namorar e a violentou. Deu-lhe um golpe de revólver na cabeça, que começou a sangrar muito. Para parar o sangue ele arrancou a blusa dela e colocou na sua cabeça. Ficaram lá das seis horas da noite às sete horas da manhã.

Ele a violentou várias vezes, e como não parava de sair sangue de sua cabeça, levou-a ao hospital, dizendo que ela tinha caído e se machucado muito, fazendo Maria confirmar isto. Após esta noite, Maria ficou três dias em estado de prostração, não conseguindo fazer nada. Após uma semana, sem saber o que lhe havia ocorrido, foi ao médico saber; e este, percebendo seu constrangimento, escreveu em um papel: "é mulher". E deu a ela.

Maria raspou a cabeça no ferimento que o pai lhe fez. Quando crescia o cabelo ela raspava-o novamente. Ao raspar a cabeça no lugar da ferida provocada pela coronhada do pai para deixar uma marca aparente, ela manteve no concreto uma alusão de que havia uma ferida aberta para sempre a partir do estupro pelo pai.

Após quatro meses, percebeu que estava grávida. Durante estes quatro meses, o pai a tratava super bem, fazia de tudo para agradá-la. Não a violentava mais. Mas Maria não come, joga toda comida fora. Seu pai arrumou uma pessoa para vir trabalhar na casa porque ela estava neste estado. Ela tinha acessos de fúria e quebrava tudo na casa, jogava as coisas fora. Um dia jogou um cigarro aceso na fábrica para tentar queimar tudo. Houve de fato um princípio de incêndio que foi logo controlado. Quando contou para seu pai da gravidez, ele lhe deu uma surra e disse que o filho não era dele, que ela não prestava, que era igual à mãe, uma prostituta. Foi então que Maria resolveu adotar um comportamento de louca, segundo suas palavras. Ficava horas paradas sem conversar com ninguém e os empregados tinham medo dela, a evitavam. A mãe tinha dezessete anos quando "entrou na vida" e engravidou dele porque o amava. A mãe da mãe tinha uma casa de atender, uma espécie de bordel mais discreto, na cidade. Era voz corrente na cidade que a mãe de Maria era apaixonada por José e que este, a única mulher que amara havia sido a mãe. Deu o filho a ele e veio para uma cidade no Sul. A avó de Maria foi para o Norte.

Maria sentia que quando o bebê nascesse teria forças para enfrentar o pai. Quando o pai sabe da gravidez e lhe dá uma surra, quando lhe diz que ela é prostituta igual à mãe, que ela não presta, aqui ela se identifica com a mãe. A hipótese é que aqui começam a acontecer duas linhas de reação psíquica: uma, da fúria, da loucura, do querer se vingar do pai quando o bebê nascer, delineia, uma reação agressiva em relação ao pai. Ser engravidada pelo pai, na mesma idade que ele engravidou a mãe, o pai que ela acha que amou a mãe, a mãe que amou o pai, propicia a outra linha de identificação masoquista com a mãe, de repetição do destino desta, de alguma maneira.

Durante a gravidez não se falaram. Ele a levava para viajar, muitas vezes, andando de carro horas, sem se falarem, mas juntos. Uma noite Maria acorda e percebe que José passava a mão em sua barriga e olhava-a. Ela continuou fazendo de conta que estava dormindo. Ele dormia na cama e ela na rede. No final da gravidez voltaram a conversar. Na madrugada do nascimento do bebê, ele queria levá-la ao hospital e ela não quis. Ela foi a pé e ele atrás dela, de carro. Só entrou no carro quando não aguentava mais de dores. No hospital, seu pai pediu o melhor apartamento para ela ficar. Fez parto cesariana e ficou dois dias no hospital. A avó, mãe do pai, foi visitá-la. Sentia-se um bicho de exposição, um caso folclórico. Ela achava que todos na cidade sabiam que seu filho era fruto de sua relação incestuosa.

No quinto dia foi registrar seu filho no cartório. Soube então que seu pai havia registrado-o em seu nome e de outra mulher. Ela ficou furiosa, fez um escândalo até o juiz registrá-lo só no seu nome. Assim que o pai soube, fez um escândalo porque queria registrá-lo só em seu nome. Fez exame para provar paternidade. Maria abriu vários processos contra o pai. Este comprou todas as testemunhas. Então, o pai alega que ela é quem não era sua filha. Ela dizia a todos: "Como, se eu sou a cara dele?" O juiz mandou sua mãe vir do sul. Foi quando Maria a viu pela primeira vez. Maria achou-a muito vulgar. Sua mãe alegou que não poderia dizer que Maria era filha de José porque saía com muitos homens. Mais tarde seu pai lhe diz que deu dinheiro à mãe para ela não dizer a verdade. Disse a Maria: "está vendo como sua mãe é?"

Maria, com ajuda da irmã de seu pai, que era sua inimiga política, abriu vários processos contra o pai, que não deram em nada. Ela foi para a capital solicitar um juiz de lá, mas assim que este chegou, seu pai foi buscá-lo, almoçou com ele e já arrumou tudo. Ficaram três meses brigando na justiça, o filho morando na casa do pai e ela morando na casa de uma tia. Um dia seu pai chegou a ela e disse que não queria nunca mais brigar com ela e que ela poderia ficar com o filho, mas na casa dele. Queria viajar só com ela e o bebê. Maria aceitou e voltaram a morar juntos. Volta e meia ele passa a espancá-la. Um dia ele veio buscá-la, pegá-la para estuprá-la e ela não reagiu. Então, pela primeira vez ele não conseguiu realizar o ato, ao qual antes ela sempre reagia. Ele nunca mais a procurou, começou a namorar uma moça de quem Maria ficou com ciúmes. Começa a arquitetar um plano.

Seguindo seu plano, ela colocou um *baby-doll* vermelho e fez de conta que estava dormindo com a televisão ligada. Quando o pai chegou, ficou olhando-a muito tempo deitada no chão e depois levou-a para cama. Ele fez sexo com ela, pedindo a ela, pela primeira vez, para chamá-lo de pai. Ela diz que não sentiu prazer. Voltaram a brigar e a viver maritalmente. Aparece uma linha no material que aponta para o desejo inconsciente de ser prostituta igual à mãe, amada pelo pai como a mãe foi, que se junta com esse ciúme que aparece agora dela em relação ao pai.

Falou que quando ela não reagiu, o pai nunca mais a procurou, que ela sempre reagia quando ele ia pegá-la e que após o dia em que não reagiu ele nunca mais a procurou e que ela percebeu que a relação acabou ali. Foi, então, que começou a pensar na vinda para São Paulo.

Quando ela deixa de reagir, parece que ela deixa de se engatar também a alguma coisa do desejo dela em relação ao outro, como se ela percebesse que o desejo do outro é que ela reagisse, não que gozasse passivamente. Talvez ao não reagir tenha assustado demais o pai. Não se sabe por que ela vem para São Paulo: se foi porque no momento em que ela para de reagir ela se coloca claramente como objeto da violência, e é isso que o pai não tolera também, objeto inerte que não pode fazer nada e que sofre a violência, ou se foi a perda de interesse do pai por ela.

Um dia, ao fazer supermercado com o filho, tenta fugir; pede ajuda às pessoas da cidade, mas ninguém aceita fazê-lo, temendo seu pai, um homem muito poderoso. Até que ela consegue fugir para São Paulo, para a casa da mulher que cuidou dela, casa dada pelo seu pai, como ela soube mais tarde. Não sabe o que sentia nos momentos de violência. Sua fala se dá ora num tom enfadado, como se tivesse contado esta história mil vezes, ora chora profundamente. Emociona-se quando diz que queria casar-se vestida de noiva, que achava isso a coisa mais linda e que ela ia a várias igrejas ver casamentos de pessoas que nem conhecia. Perguntei a ela com quem queria casar-se e ela disse que não sabia.

O analista aponta a ela que no seu discurso ela diz chamar-se Maria, mas que as pessoas a chamavam de L., outras de "nina", uns filha de José, outras mulher de José e ela não sabia quem era ela no meio desses nomes e pessoas todas. Esta fala é muito determinante para ela ficar e aquilo não ser um mero relato enfadonho, triste, escabroso, que choca o outro. Com esta interpretação, parece que se sai do efeito de fascinação da história. A partir desta ideia do querer se casar vestida de noiva, é interessante pensar o contraste que se cria com a cena do *baby-doll*: nada tão distante da imagem de pureza (o branco do vestido) do que o *baby-doll* vermelho. Parece-me que no momento que o analista fala esta interpretação final, pega um nome como elo que vai juntando a história de Maria. Parece-me que é um momento em que esta história faz sentido para o analista, como aquele que vai escutar alguma coisa a respeito de uma procura: Quem sou eu? Como existir em uma história destas, que foi a queixa dela: como eu posso contar esta história para existir para um outro e para ter outros que existam para mim?

É como se o analista reverberasse para ela este pedido inicial em uma dimensão de voltar para ela o que ela procurava saber: quem era ela com todos estes nomes confusos, com todas estas pulsões confusas e essa genealogia confusa, onde é que ela estava.

D. Chica a acolhe ao mesmo tempo em que vai contando todas as informações sobre a vida dela. Ela sabia do incesto, acolhe Maria mas ao mesmo tempo a denuncia para o pai e expõe-na sempre aos outros. Disse que queria casar com o pai, porque ela acha que a mulher tem que casar com o primeiro homem da vida dela, que ele é bonito, que quando vê cena de sexo no cinema fica muito mal, a cena mexe com ela.

Mais angustiada e tensa, diz que quase não dorme. Fala que quando ela e o pai brigavam a casa ficava toda quebrada, ela quebrava toda a casa e tinha manchas de sangue pela casa que ele tirava dela por bater nela. O analista diz que a casa quebrada com manchas de sangue na parede era a externalização, o cenário do que estava dentro dela e dele. Dizer que é como ela sente dentro dela e dele coloca o analista num lugar não culpabilizador em relação ao pai de saída, já que não se coloca em um lugar de culpabilizá-lo como o inimigo dela, o agressor, o violentador. Isso parece ficar sugerido como atitude a tomar pela fala anterior dela em que ela diz que quer casar com o pai agora, no presente, que é o primeiro homem da vida dela, ou seja, por se saber que ele é um objeto de amor tremendamente valorizado por ela. É quase como se o analista percebesse que ficaria numa posição muito difícil se o colocasse, de saída, no lugar de agressor e inimigo.

Disse que queria casar com o pai, porque ela acha que a mulher tem que casar com o primeiro homem da vida dela, que ele é bonito, que quando vê cena de sexo no cinema fica muito mal, a cena mexe com ela e que pelo simples fato de a professora dizer na aula que a mulher seduz o homem ao passar *baton*, passou tão mal que teve que sair da sala de aula, pois achou que estava sendo falado para ela. Nos finais de semana, ela passeia sozinha, vai muito ao cinema e não confia em ninguém: quando algum homem aproxima-se dela, ela acha que quer sexo. Quando é mulher, quer saber da vida dela. Tem duas amigas, mas as relações são superficiais porque ela não pode contar estas coisas para as pessoas. Fala que quando reclama da vida difícil que leva em São Paulo, a D. Chica diz que se ela morasse com o pai não teria nenhum problema.

Maria diz que quando mudou-se para São Paulo, achou que iria resolver todos os seus problemas, que não iria mais se lembrar do pai, mas que pensa nele vinte e quatro horas por dia, no filho deles e no que aconteceu com ela. Diz que nunca mais homem nenhum porá a mão nela, que é muito agressiva e que já reagiu a duas tentativas de assalto, uma na rua e outra no ônibus.

Diz que o pai foi muito agressivo com ela porque, apesar do curso universitário, ele é rude, muito bruto. Ela também foi muitas vezes grosseira com ele. Ela acha que ele é bissexual, que pode fazer com o filho deles o que fez com ela. O inesperado desta fala transmite uma primeira impressão de ser uma fantasia encobridora do fato de ela temer que o pai possa estuprar o filho. É mais a capacidade que ela acha que o pai tem de repetir a relação incestuosa. Ela diz que acha que o pai é bissexual, mas em vez de ela dizer que acha que o pai tem um caso com outro homem, ela justifica através da bissexualidade do pai o ataque sexual ao filho, que seria sobretudo incestuoso. Ela diz que viu um dia ele excitado quando fazia carinho no filho-neto.

Ela fala o nome e o apelido de seu filho: “Bolinha”. Ela chamou-o de coitado e que todos o chamam de filho de J. e que ele era como ela, uma pessoa sem identidade. Ela disse, quando falou que era agressiva, que também batia no filho e que quando o pai estava bem com ela, ela fazia alguma coisa para deixá-lo irritado para ele agredi-la. E se ele a agredia, ela o agredia. Eles agiam um com o outro como se estivessem aprisionados em espelho, ora um ora outro é quem agredia. Há muita ambivalência dela em relação também ao próprio filho. Contou que o pai dizia que se ela quisesse muito o filho, teria ficado com ele e suportaria tudo para ficar junto do filho.

Ela fala da mãe: que no ano passado esteve na cidade onde ela mora e que ficou muito chocada, vê-la morar em um cortiço. É muito vulgar, pois usava shorts, blusinha de alça fina. Ela foi fazer uma proposta para morarem juntas em São Paulo, mas a mãe não quis vir, alegando que aqui se trabalha muito.

Bolinha é uma bela metáfora para um filho muito narcísico, um filho vivido como filho-monstro, meio animal, que nasce de um ovo. Essa ambivalência em relação ao filho é porque ela o vive quase como se não fosse dela.

Ela diz que tem muito ciúme deste filho, porque o pai gostou dele de cara, sem ele precisar fazer nada e ela teve que fazer muitas coisas para conquistar o amor do pai. Este é o momento que ela se coloca como irmã do filho que ela é mesmo. Esse é o momento da irmã. Parece que é difícil mesmo manter estas relações ambivalentes de amor e ódio que, enfim, qualquer mãe também pode ter com o filho, mas aqui tem que colocar este filho como uma bolinha, um ovinho, como a galinha, que coloca, mas não está entranhado nela, porque senão irá viver as entranhas deste amor que confunde o amor de mãe com todos os afetos e sentimentos de irmã em relação a esse filho-irmão, em relação ao pai.

Ela nem poderia amar muito este filho pois, além do ciúme que tinha por ele ter sido amado rapidamente, seria como se ela estivesse aprovando a gravidez. É impressionante porque, depois deste filho, ela ainda fez dois abortos de frutos da relação com o pai. Aqui entra toda uma constelação da fantasia como irmã, mais inconsciente. "Senão seria aprovar a coisa da gravidez" parece ser a ideia mais consciente, pré-consciente-consciente. A coisa mais inconsciente parece ser, "porque ele é meu irmão e meu pai gostou dele antes que de mim".

Ela tem vontade de se entender, de saber o que se passa com ela. Quando disse que o pai telefonou, disse que ele ligou a semana inteira, mas que quando ele não telefona, ela fica esperando. No ano retrasado, quando ela foi fazer inscrição na faculdade, diz que viu um homem tão parecido com o pai que passou mal e nunca mais voltou ao curso, na verdade o curso de que gosta, ligado a moda. Ela costura bem e é excelente desenhista de moda. O importante é que ela não volta mais para a escolha de desejo dela, quer dizer, esse pai, que ela não consegue deixar de pensar vinte e quatro horas por dia, ao contrário do que ela imaginava quando veio para São Paulo, esse pai que sidera, que comanda a vida dela em parte, não deixa então ela se engajar na escolha de desejo dela.

Morando na cidade de São Paulo, ela se sente mulher e não filha, mas não presta, tal como a mãe. Por esta identificação com a mãe ela pode ser a mulher a quem ele ama acima de tudo, que o que ele faz por ela é porque a ama e ele chegou a dizer para ela que fez " aquilo" – ela não fala estupro – porque ela gostava. O pai e D. Chica dizem que não tem nada demais ela morar com ele e criarem o filho juntos. Diante do que fez a ela e do que achava que poderia fazer ao filho, ela disse que o achava doente.

Tem algo que podemos notar na linha materna. Ela se sente mulher do pai, o pai que ela dizia que amava a mãe. Então, ela pode ser mulher quando ela fica igual à mãe, não prestando. Então, ele a ama acima de qualquer coisa e o que ele faz para ela é porque a ama. Aqui, o que vai chamando a atenção, é que ela fala que foi visitar a mãe e apesar de todo o juízo de valores, da vulgaridade da mãe, ela faz propostas para morar junto da mãe e esta não aceita. Como se ela quisesse reparar alguma coisa desta ruptura, desta distância e a mãe é quem não aceita. Apesar de tudo o que a mãe é e fez, ela queria ficar junto dela para reparar algo desta ruptura, mas como não dá porque a mãe não aceita, só resta a ela ficar com esta imagem de mãe, da mãe prostituta, com quem ela se identifica, porque no discurso do pai ou da cidade, era a mulher que ele mais tinha amado.

Ela dá ao analista uma rede de presente, feita em sua cidade natal. Após o agradecimento, ela quer saber se é louca ou culpada. Ela deu a rede, a própria palavra e o próprio fazer da rede. Sou louca ou sou culpada, mas antes ela dá uma rede, que é a rede que ela está buscando do significante e das significações que circulam ali, na sua análise. Dar esta rede ao analista, uma rede associada a ele, é a única esperança de que ela escape deste dilema, deste falso dilema ou deste dilema que não vai levá-la a lugar algum, pois primeiro acabou dizendo que ela era culpada, que não prestava, mas depois disse que o pai era doente, mas como o pai está com a casa quebrada, e ela também, ela quer saber se ela é doente também.

O analista lhe diz que isso não tinha a menor importância, que seu papel não era julgá-la e sim tentar compreender, junto com ela, porque ela reage assim, quais os motivos inconscientes de suas ações e reações.

Falou que o pai telefona de dois em dois dias, que além da casa que ele deu ele manda dinheiro também. Aí ela falou com muita emoção sobre a mãe, que ela é muito bagunceira, que mistura roupa suja com limpa, que não tem nada de bem material, que bebe e, provavelmente se droga. Diz que sente muita pena da mãe e que talvez o pai tenha desgraçado a vida dela como fez com a sua própria e que achava que as duas juntas poderiam dar certo porque o pai é caso perdido. Que gostaria mais de morar com a mãe do que com o próprio filho. Chorou o tempo todo na volta da cidade onde a mãe mora. A mãe, ela sabe depois que se suicida na frente do pai. Coincidentemente isto se dá num dia das mães, oito dias depois de ela procurar análise, mas ela só sabe do fato quatro meses depois.

Ela faz essa viagem de volta para as mães, porque aqui ela estaria perto da cidade da mãe. Ela vai para D. Chica e sua mãe. Aqui começa a aparecer a transferência materna também. Há o desejo de ela recuperar, como casa quebrada que se sente, o vínculo com a mãe. Aparece aqui esse elo do que está perdido com o pai do ponto de vista amoroso, o desejo de reencontrá-lo com a mãe. Isso mostra, pela negativa, que antes do incesto havia um investimento do pai como se ele fosse uma mãe.

Nessas etapas que antes da análise mesmo já são etapas de elaboração, de afastamento, de pedido de ajuda, de tentativas de ligação psíquica, a vinda para São Paulo funciona como um movimento dela autopreservador: ela vem para o lugar onde estão as mães para que elas possam protegê-la da violência excessiva sexual e não sexual do pai e da violência dela com ela mesma. Já que a justiça não pode, ela vem buscar as mães para que elas possam barrar uma violência paterna e secundariamente dela para consigo mesma.

Em algum lugar ela preservou a mãe que dera a boneca e ela veio ao analista pedir esta boneca. "Escuta-me, dá-me uma boneca e ajuda-me a aprender a ser mulher de um jeito diferente deste que sei." O que é complicado e que a ata mesmo a esse pai é ele ocupar para ela o lugar de proteção afetiva, um lugar narcisante para ela, desde muito pequena, lugar que é da mãe e do pai. Lembrando a cena em que ele vinha ver se ela estava gordinha, quer dizer uma mãe meio bruxa má, de certa maneira, tem alguma coisa que fica misturada aí. A violência é mesmo de um pai vendo crescer para comer, que foi o que aconteceu. A partir do momento que começa o trabalho analítico, ela desloca essa adoração do pai, ao colocar o analista mais no lugar da mãe. É quando ela pode dizer que ele ocupa uma energia psíquica dela muito forte. Ela falava: não consigo me esquecer dele, penso nele vinte e quatro horas. Ela pode deixar de adorar tanto o pai e, de certa maneira, se libertar dele, na medida do possível, quando o analista ocupa esse lugar materno, de uma forma tal, que ela se sente protegida pelo analista, em relação à violência do pai e dela. Violência e erotização da violência. Ela fala que é o amor dela com o pai que tem graça não é o filho, não é a promoção no trabalho, quer dizer, psiquicamente, a única coisa que está investida de libido e que ela sabe que ela tem que fazer o luto é o amor dela pelo pai, o amor deles.

Porque está presente muita violência e um enorme apego narcísico. Quando se tenta desgrudar há uma erotização dessa violência, ficando, então, um círculo infernal. Isso aparece no seu relato de que costuma ouvir o programa Gil Gomes, que ela escuta duas vezes durante o dia e ainda ouve de madrugada. Há um deslocamento presente aí que mostra o círculo infernal que ela está vivendo com essa erotização da violência. Mas ela está falando também da depressão que subjaz no seu relato de que não dorme, de que passa o tempo inteiro em contato com essa violência libidinizada, erotizada. Depressão por não conseguir fazer o luto desse pai, não conseguir ter raiva dele, porque está atada nesse casal fusionado e, por isso mesmo, violento. Fica bastante claro o que é a erotização do vínculo violento fusional narcísico e esse clima de cocaína, de maconha, esse clima de reencontro com alguma coisa extremamente arcaica, fusional.

Mas tem-se que pensar também que, se ela rememora durante a noite o ato, com toda intensidade revivendo-o, é um jeito que ela tem de ligar o trauma, de reter, de ligar, dele estar presente, dela estar controlando isso, de tal maneira que, durante o dia ela possa trabalhar e ser promovida. Há uma função positiva, por paradoxal que seja, que é a de ligação psíquica. Ligar aquilo que se ela não estivesse vinte e quatro horas por dia controlando poderia desagregá-la.

Quando ela diz que poderia matar alguém a facadas, a tiros, até virar peneira, ela pode começar a pôr para fora a sua violência. Ela quer assustar o analista. Ela está muito assustada com a violência dela; é mais fácil ela ficar com esse amor cúmplice, violento, autodestruitivo dela e do pai do que perceber a violência dela contra o pai. E aí, vem vindo para fora, pouco a pouco, a violência que está dentro dela no sentido de fazer uma separação com o pai, o que vai fazer sentido com um momento seguinte de sua análise em que ela diz que gostaria de poder ir com alguém para o motel. Também aqui ela faz uma separação com seu pai. Aqui ela começa a destacar a libido. No momento em que a violência dela pode sair, ela pode também falar que gostaria de ir com alguém ao motel, alguém, outro que seu pai. É quando lembra que o pai disse que alguém poderia matá-la. É um contrassenso, quer dizer, o pai, diz isso, como uma interdição paterna de que ela tenha alguém que não ele. Ela gostaria de ter alguém que não ele, quer dizer, é mentira que o amor vivido com o pai é a única coisa que deu graça porque tem muita violência. O pai a interditou, mas ela pode entrar em contato com esse desejo, quando ela separa a violência. Quando ela consegue se dar conta do desejo dela de matar alguém. E aí, então, se separa desse amor violento. Quando está com muita raiva do pai, ela corta o pai da foto.

Ao acolher a foto que Maria traz e dizer que ela se parecia com o filho-irmão, ao se aproximar do filhinho como um irmão, apesar da ambiguidade, o analista coloca o filho não como uma monstruosidade que não pode ser olhada – não pode se estabelecer elo entre ela e essa criança. Ela tem elos com essa criança, como irmão e como filho. A primeira reação, mais pelo simbólico, poderia ser monstrificar. Vai aparecendo a importância que vai tendo estruturalmente para ela, o fato de o analista ocupar uma função materna, para que ela possa aos poucos ir tirando o pai desse lugar. E uma função materna na qual a analista aparece não como bruxa má, mas como uma mãe boa, uma mãe suficientemente boa, se nós pudermos usar esse conceito winnicottiano. Sabe, assim que ao mesmo tempo, que o analista nesta posição não tem cumplicidade com o pai, como a mãe que a cuidou tinha, e que nessa total cumplicidade com o pai não podia barrar a violência do pai em relação a ela, podendo barrar a violência mais interna desse pai interiorizado, mas ao mesmo tempo, pode ir acolhendo-a.

Não dá para de repente o pai dela virar peneira, seja pela violência dela seja pela fala do analista. É mais fácil para ela, mostrar a sua violência a cumplicidade dela com o pai, do que encarar o ódio que ela tem do pai e, encarar a violência do pai. É muito interessante, porque ela pode ter feito mil processos, mil tentativas. Tem toda a questão política do nordeste, sem dúvida, mas em parte fracassaram porque ela não conseguia que o ódio do pai fosse maior do que a cumplicidade dela com o pai. Ela não conseguiu colocar o ódio contra o pai, em primeiro lugar, por causa do papel que esse pai teve na infância arcaica dela.

Para a psicanálise não existe uma aversão inata às relações incestuosas. Os primeiros desejos sexuais humanos são sempre de natureza incestuosa e estes desejos reprimidos desempenham um papel muito importante como causa de neuroses posteriores. Seu renascimento ou insuficiente repressão forma o núcleo de toda a neurose (Freud, 1913).

O tabu contra o incesto instaura o processo de humanização porque estabelece lugares geracionais diferentes que permitem, em primeiro lugar, um processo de narcisização da criança pelos pais, fundamental à sua sobrevivência e, posteriormente, no movimento de ultrapassar as fantasias sexuais em relação aos seus genitores, um processo de diferenciação e subjetivação. É lógico que este não é um processo de mão única, linear e progressivo. O filho reativa também as fantasias edípicas de seus pais. É por isso que o campo de subjetivação parece se constituir levando em conta várias gerações.

Quando Freud denomina o complexo de Édipo de nuclear é porque ele é a estrutura que encontrou em funcionamento dentro da cultura e que opera as marcações de posições e lugares nos seres humanos. O complexo de Édipo é um operador, um articulador que se precisa não só em uma geração, mas em uma geração se comunicando com a outra através de uma estrutura de marcação de posições e lugares inerentes à própria cultura (Lima, 1995).

Freud, em *Totem e tabu* (1913), aponta que as primeiras restrições consecutivas à introdução das classes matrimoniais recaíam sobre a liberdade sexual da geração jovem, isto é, sobre o incesto entre irmãos e irmãs e entre filhos e mães, enquanto o incesto entre pais e filhas não foi suprimido senão por proibições posteriores. Isto se deve em parte à transmissão matrilinear do totem, que se deu no início do totemismo, que não impede ao pai ter relações incestuosas com suas filhas. Por isso também se encontra, com menos frequência do que seria de se esperar, a proibição que existe entre os Wacabe do leste africano inglês (na divisão geográfica do início do século): Durante o período compreendido entre a puberdade e o matrimônio, devem as jovens solteiras eludir cuidadosamente o pai. Se ocultam quando lhe encontram na rua, não se sentam jamais a seu lado e observam estes costumes até os esponsais. A partir do dia de seu matrimônio, as relações entre elas e o pai ficam livres de toda proibição.

O sujeito percorre um árduo caminho para subtrair-se à atração do incesto.

> No neurótico achamos regularmente restos consideráveis de infantilismo psíquico, seja por não ter conseguido libertar-se de restos infantis da psicossexualidade, seja por ter retornado a eles (detenção do desenvolvimento ou regressão). Tal é a razão por que as fixações incestuosas da libido desempenham de novo ou continuam desempenhando o papel principal de sua vida psíquica inconsciente. Deste modo, chegamos a ver na atitude incestuosa com respeito aos pais o complexo central da neurose... A incredulidade em relação a isso se deve à profunda aversão que o homem experimenta pelos seus desejos incestuosos de épocas anteriores, total e profundamente reprimidos na atualidade. (FREUD, 1913, p. 1758)

2
Conclusões

As conclusões que se seguem foram tiradas a partir dos casos clínicos por mim supervisionados. Não pretendem ser generalizações, mas indicações de pontos recorrentes e casos exemplares no intuito de mostrar a existência de modos de sentir, pensar e agir não hegemônicos, mas possíveis dentro da problemática da violência sexual, em particular do abuso sexual incestuoso.

2.1 Procura de ajuda e demanda de análise

O fantasma da violência que pode se repetir interfere na procura de ajuda e pode ser tão nocivo quanto a própria violência sofrida. Este fantasma apoia-se em dois movimentos internos vividos como perigosos: o desejo de matar e o medo de ser morta. Vimos no capítulo anterior, aparecer em Maria, o temor de ser morta ou matar o pai.

2.1.1 Cristina

O próprio movimento de Cristina ir ao posto está perpassado pelo fantasma presente o tempo todo de que seu pai vai pegá-la novamente. Para que vá ao seu atendimento no posto, o analista deve trabalhar o medo que tem de vir ao atendimento e ser violentada novamente pelo pai, com um apoio na realidade (já que se descobre que ele havia saído da prisão através de ameaça de morte feita a um dos filhos) e outro apoio na fantasia. A família teme que, após sair da prisão, ele venha se vingar. A mãe já manifestou desejo de matar o marido ao juiz, que respondeu não ser preciso, pois ele estava tomando as medidas legais cabíveis ao caso. A vizinhança toda sabe do que aconteceu e tem alguns vizinhos que matariam esse homem, para ficarem livres de uma vez por todas desse ...fantasma. É o fantasma, ao mesmo tempo que é a própria violência. É por isso que a palavra do juiz é inócua, em certo sentido. Não se sabe se esse homem ainda tem desejo de vingança ou não, mas a própria violência assume uma proporção tão grande que cria e mantém o fantasma; ele pode aparecer a qualquer momento. Não se sabe o que é mais perigoso, se o desejo de matar ou o medo de ser morta. Tudo se amplifica. Quando Cristina retorna, após algumas faltas, a mãe vem se desculpar: estava muito ocupada às voltas com o marido que, volta, ameaça a família e agride o filho, obrigando-a a dar entrada na justiça o que a impede de trazer Cristina. O analista tem dúvidas se o atendimento não precisaria ser familiar. Só trabalhar com Cristina parece que não vai dar conta, pois todos da família a colocam em um lugar que a prejudica.

No primeiro encontro, Cristina fala o tempo todo. Diz que gostaria de voltar a estudar, a trabalhar e jogar vôlei. Conta que emagreceu muito com tudo o que aconteceu e que algumas pessoas quase não a reconhecem. Relaciona melhorar com engordar e diz que para isso precisa comer mais. Queixa-se do barulho que há em torno dela, que as pessoas mexem muito com ela e não a deixam em paz. Fala assim: "Cada um é cada um, porque não me deixam?". Gosta de ficar só, em seu canto, escrevendo. Ao dizer repetidamente ser uma pessoa muito revoltada produz a impressão de que desloca a raiva do pai para outras pessoas.

Num processo de adesão intensa ao tratamento, Cristina escreve para o analista uma carta: "Amanhã, quarta-feira, dia 9 de setembro, não tem ninguém que vai ao posto comigo. Se eu não passar com você, minha mãe já era. Espero que tenha uma pessoa que vá comigo, eu não posso perder essa consulta, Doutor Fulano, eu, Cristina só endireito com você". Essa carta é carregada de angústia. Cristina levou a carta para mostrar a angústia que passou, como ela sentiu que ia se desorganizar se não fosse à consulta, anunciando o descontrole. Fica muito angustiada em não poder ir à consulta. Precisa ir para poder se controlar, saber quem ela é, não se deixar exceder pela agressividade, seja a auto ou a heteroagressividade. Nesse momento é como se dissesse: eu me sinto bem na rua, eu posso ir sozinha, se não fosse o meu medo de que alguém mexa comigo, mexa no que é meu, eu me sinto bem.

Faz uso de anticonvulsivo para suas crises, que existem desde os oito meses de idade, em períodos de melhora e piora, que não estão muito bem caracterizados. Portanto, se ela tomar direito controla as crises. O fator emocional piora a síndrome convulsiva. Ela piora quando fica ansiosa e escrevendo muito. Freud dizia que a epilepsia era uma das síndromes na qual era possível captar a pulsão de morte desconectada e desfusionada. Tem a ver com um excesso de presença das angústias de um outro parental que não se pode ligar psiquicamente; então, ocorre o ausentar-se de si mesmo da crise como uma forma precária de defesa. É muito difícil, como no século XIX, diferenciar a histeria da epilepsia, mas é necessário ir tratando medicamentosamente como epilepsia e fazendo o trabalho analítico como histeria. Cristina já foi internada umas cinco vezes, em hospital psiquiátrico, por causa de agressividade em relação à família e a si própria (ela se belisca e se machuca, chegando a provocar marcas).

A partir de seu pedido de não poder deixar de vir ao atendimento, vimos a necessidade de trabalhar com esse fantasma ser morta/matar, seja com ela, seja com a família, para que ela possa vir sozinha sem depender de vir com alguém.

A demanda de análise (pedido que tem mais a ver com motivações inconscientes que é muitas vezes diferente do pedido explícito de ajuda) diz respeito, em primeiro lugar, à possibilidade de uma escuta que acredite no envolvimento em uma situação de violência sexual. Segundo Ferenczi, o trauma nestes casos se instala quando um adulto, poderíamos dizer um terceiro na situação, não acreditou no relato da criança que, então, introjetou, pôs para dentro a culpa do adulto agressor, que passa a atacar a criança agora desde o interior de seu espaço psíquico operando muitas vezes uma renegação ou recusa: uma parte acredita no que aconteceu outra renega. Como veremos adiante, por várias razões, muitas vezes é a própria justiça ou a polícia e com frequência a mãe que falham em cumprir esse papel de um testemunho organizador que funcione como um protetor regulador de papéis. O analista, então, com sua escuta benevolente e amoral que funciona como um terceiro que testemunha, já que não lhe cabe a ética do mal acontecido, pode permitir o complexo trabalho de desvendamento e ligação psíquica que as situações traumáticas necessitam. Mas a demanda de análise tem sempre a ver com uma conjunção do acontecimento dito traumático com o mundo fantasístico e a história de quem demanda, o que acarreta que, como em qualquer análise, ela é sempre singular.

Vimos no capítulo anterior que ao desvendar a demanda de Maria de saber quem era ela no meio de seus vários nomes, que pareciam várias pessoas, seu analista foi tomando um nome como elo que vai juntando a história dela. É um momento em que esta história faz sentido para ela, o analista como aquele que vai escutar alguma coisa a respeito de uma procura: quem era ela com todos estes nomes confusos, com todas estas pulsões confusas e essa genealogia confusa, onde é que ela estava. Vimos também como, ao dar uma rede de dormir de presente ao analista logo no segundo encontro, ela deu à rede de palavras e o próprio fazer da rede da circulação dos significantes e significações entre ela e o analista, na sua análise. Além disso, a rede faz pensar em repouso, na possibilidade de apostar num lugar onde possa "pensar sobre si" e também dormir e sonhar. Como veremos adiante, é a destruição do espaço psíquico que permite o devaneio e o sonho o pior efeito da violência sexual incestuosa.

Já antes da análise são possíveis etapas de elaboração, de afastamento, de pedido de ajuda, de tentativas de ligação psíquica. A vinda de Maria para São Paulo funciona como um movimento autopreservador: ela vem para o lugar onde estão as mães para que elas possam protegê-la da violência excessiva sexual e não sexual do pai. Já que a justiça não pode, ela vem buscar as mães para que elas possam barrar uma violência paterna. O desejo de encontrar uma mãe que barre a violência do pai e que barre também o quanto ela está enredada nesta violência do pai que não é só concreta e física aparece logo na análise. O fator promotor desta análise foi a maneira como o analista ocupou este lugar. Esta análise parece que rapidamente soube lidar com situações muito difíceis. O analista sustentou o lugar transferencial, que era uma construção dela, que nem a mãe verdadeira nem a de criação poderiam fazê-lo porque a abandonaram na rede desta violência. Uma porque não veio morar com Maria e a outra porque diz que ela tem que ficar com o pai. O analista não fez nem uma coisa nem outra. Se ela não enxergasse essa possibilidade que lhe era oferecida de construir este lugar materno de quem barra, ela não poderia dizer todas as coisas que diz. Em supervisão, o analista sustentou bem o meu engodo: não era de um lugar paterno interditor que ela precisava, mas de um lugar materno, de uma mãe interditora da violência paterna. Ela vive ali com o analista, pela primeira vez, a figura de uma mulher protetora. Uma lei violenta que prende pai e abre processo não teria funcionado com Maria neste momento em que ela procurou a instituição embora talvez tivesse funcionado como organizador de lugares no momento em que abriu processo em sua terra natal que se viu frustrado pela política paterna.

2.2 O trabalho analítico na violência sexual

Há um antes e um depois do abuso incestuoso. Tudo se condensa neste ponto. A mesma cisão interna promotora de um funcionamento paranoico aparece na temporalidade com que uma história é ressignificada com o acontecimento violento sexual.

Para Cristina e sua mãe, parece que o tempo foi concentrado num ponto, e tudo é antes ou depois desse ponto. Como se dos catorze aos dezoito anos fosse uma coisa condenada, e há um antes e um depois. Cristina veio para atendimento acompanhada pela mãe, que participou de algumas entrevistas com a paciente. Em uma delas, Cristina veio mancando e contou que a mãe havia lhe batido. No final da sessão foi chamada a mãe de Cristina para conversar e ela disse que a filha havia ido em sua direção com uma faca, para matá-la. Não achou alternativa, senão bater em Cristina, que nesta hora concordou com a mãe fazendo sinal com a cabeça. Ela tem um comportamento estereotipado (uma espécie de tique). Impressiona o seu nível de comportamento, sua infantilização e a dependência que mantém da família. Depois do que aconteceu, parou de estudar e trabalhar. Tem-se a impressão de que foi a partir do momento em que o fato se tornou público, a partir da denúncia feita pela família na delegacia. Parece ter sido, então, rotulada como "a incestuosa", o que parece ser outra violência. É como se tivesse ficado cristalizada nesse lugar.

Antes dos episódios incestuosos com o pai, as crises eram controladas e Cristina frequentava escola, trabalhava, tomava remédios que controlavam suas crises e tinha uma vida normal. A partir desse momento, tem algo de bem regressivo: ela para de trabalhar, ela para de frequentar a escola, onde ia bem: sabe ler e escrever, ela escreve muito até, ia muito bem em matemática e fazia esporte. É alguém que em função da doença recebe aposentadoria do INAMPS.

Em casa, os irmãos mexem muito com ela e suas coisas. As irmãs pegam as suas roupas e têm inveja. A denúncia foi de iniciativa primeira da irmã menor. Foram Cristina, a mãe e a irmã fazer a denúncia na delegacia. Souberam do incesto quando Cristina apareceu com os dentes quebrados. Após a denúncia ela foi fazer o exame de corpo delito. Entre o momento da denúncia e a prisão do pai foram cinco longos anos. O pai ameaçava-as de morte. Ficava rondando a casa armado. Foi preso após denúncia de que estava nos arredores da casa ameaçando a família.

É difícil acreditar na justiça com tanta morosidade. Segundo elas, ele foi condenado a vinte anos de prisão, e isso tem a ver com os requintes de crueldade praticados pelo pai.

O pai levava Cristina para ficar na casa da avó paterna e nessas estadas Cristina apanhava.

Os pais eram separados. O pai vinha sempre buscá-la e levá-la para a casa da avó na periferia. Ela tem outras irmãs, mas só ela fazia esse passeio. Quando casado, ele sempre manteve relações com outras mulheres, e nunca ajudou nem teve um envolvimento maior com a família. Parece que a avó paterna fazia vista grossa para o que acontecia e um tio aconselhava Cristina a sair de lá. A única coisa que a mãe achava esquisito é que só Cristina, nunca suas irmãs, quem ia nesses passeios e quem ganhava presentes. A irmã mais nova, que tomou a iniciativa da denúncia, também tem o problema convulsivo. Parece que existe uma rivalidade com essa irmã. Ela teme a inveja dela com relação, por exemplo, a um namoradinho. Também fala do ciúme do pai para com esse rapaz.

Quando na carta ao analista aparece "não façam barulho com isso que me aconteceu, não mexam no que é meu", parece que ela registra o incômodo de se falar tanto no que aconteceu, pois parece que piorou com a denúncia, com este barulho que a irmã fez. Paradoxalmente diz que iria denunciar a ineficiência da justiça em um programa de televisão. O analista aponta a ela que isso seria totalmente inadequado, e aponta também o quanto incomodava esse barulho familiar, o quanto ela piorava quando isso aumentava.

Há uma diferença entre participar de um programa sensacionalista de TV ou rádio por exibicionismo ou como defesa contra a impunidade da justiça e da polícia. A denúncia e o depoimento na TV ou rádio são válidos como uma forma de apelo desesperado, de defesa contra um risco de vida pela impunidade, pela libertação de um homem perigoso da cadeia. Mas a intervenção do analista foi no sentido de encaminhar a mãe a uma instituição mais protetora e eficaz para lidar com o risco de o pai ser libertado por impunidade policial. A mãe não a levou.

Ela veio depois de muitas faltas, entra na sala e mostra de novo o corpo todo machucado, inchado. Diz que o irmão bateu nela com a vassoura, que ela não aguenta mais barulho, que ela é uma pessoa revoltada, magoada. Acontece algo nessa família em que o pai agride o filho, e este agride Cristina, que está sempre machucada. Cristina não sabe por que ela é assim. Ela diz que nasceu em agosto, o mês do desgosto. O que é estranho é, ao mesmo tempo em que ela fala que está revoltada, ter uma passividade tal, que fica apanhando em casa, dizendo que não gosta de barulho, mas não faz nada para sair disso.

Cristina diz que não vem sozinha ao posto porque tem medo que o pai a pegue, a machuque, que tem muito ódio dessa pessoa, chama essa pessoa de carrasco, que ele arrancou os dentes dela a sangue frio. Em um dos dias em que ela manteve relações, antes de fazê-lo, ele pegou um alicate e arrancou os seus dentes da frente. Ele a cortou com gilete nos genitais. Ela se deixou arrancar o dente e ser cortada com gilete. Ela demorou anos para contar para a família que ela tinha relações sexuais com o pai. Ela ficou anos nessa aceitação submissa. Deixa o irmão bater nela como repetição da relação com um carrasco, com muita identificação com o agressor e benefício secundário por ser a preferida.

Ela contou de visitas que faz ultimamente, sozinha, à avó paterna, em cuja casa o pai estava morando. A irmã e a prima vão buscá-la ou o tio a manda embora. Tem um comportamento bem infantilizado, com uma dicção de criança e fica o tempo inteiro olhando para o lado, fazendo o sinal negativo com a cabeça. Em seu relato, fica tudo confuso em relação ao tempo, se o pai está preso ou solto. Parece que ela vai buscar alguma coisa nessa casa da avó e do pai. O irmão bate nela talvez porque ela vai lá. Ainda que não dê para confirmar seu relato, é importante o analista entrar nesta realidade psíquica, seja fantasia ou não, para que ela sinta confiança e possa falar das coisas agradáveis que ocorriam entre ela e o pai. Fazem muito barulho pelo estupro e não deixam que ela fale quais eram os outros benefícios que ela tinha na situação, para que ficasse quatro anos sem falar nada do que ocorria.

Ela contou um dia do ciúme do pai com relação a seu namorado. Nessa época parece que ele começou a manter relações sexuais, mas não se sabe se ela começou a piorar, ficar regredida como uma menininha, com as relações ou com a denúncia do pai à polícia. A questão diagnóstica é complexa, mas um bom termo, ao em vez de psicótica, epiléptica ou neurótica, foi utilizado pelo analista, quando diz que ela está muito regredida.

A questão é saber todas as determinações dessa regressão, que não é unidirecional, é multideterminada. Ela está como a menininha, que ela ficou diante do pai, na situação de sair com ele para passear, com isso tudo que se passa quando ela sai para passear. É interessante entrar nesse clima, analiticamente, e deixá-la trazer as imagens (por exemplo: "Ah, hoje eu fui na casa da minha avó paterna encontrar meu pai." "E como é que foi? Por que você queria ir lá? E como é que era, você sair com o seu pai?"). De alguma forma não vai aparecer diretamente, mas parece que a parte ativa dela que volta a buscar a sedução quer ser falada de alguma maneira. Por isso, que o barulho à volta a perturba, porque ele lhe diz que ela não pode ter essa vontade de voltar para perto da cena do crime, e alguma coisa dela a compele, como compulsão a repetição, a voltar. Não vai ao posto sozinha, porque tem medo do pai, mas vai à sua casa. É importante que ao falar, o analista não tome esses dados como dados de realidade e reconheça a ela que, apesar do medo de encontrar com o pai e ele fazer-lhe mal, parece que também quer vê-lo, quer ir lá onde passeou tantas vezes com ele, ao invés de checar a realidade, cercar o perigo, que é esse o barulho familiar. Parece que ela quer dizer que tanto barulho familiar impede o analista de escutar o que ela quer dizer a ele, o que seria importante dizer: esse barulho que diz que ela não pode andar sozinha pois o pai pode pegá-la, e de fato pode, é um barulho que uma parte faz, mas parece que tem toda uma outra parte que gostaria de estar com o pai.

Esse barulho está, portanto, sobredeterminado. Pode provir do superego, mas também pode ser barulho da sexualidade. Mas a família entra na linha superegoica e ela parece dizer: tanto barulho me atrapalha a elaborar as várias facetas do que aconteceu. O barulho não é uma sensação alucinatória, ele vem metaforizado, com uma queixa. Ela fala do barulho do rádio, da televisão, do jeito deles, do barulho cotidiano. Será que era mais silencioso quando ia com o pai, sozinha?

Alguma coisa da compulsão à repetição mesmo acontece no movimento psíquico de Cristina, pois a demora em vir à tona a violência aponta para uma extrema erotização da situação realizada por ela. Não sabemos se por um valor narcísico, por um valor edipiano, por valor de competição ou não, por alguma coisa de desvalia dela, que se via compensada. É interessante, então, deixar emergir o lado positivo desse contato com o pai, porque ela demorou quatro anos para denunciar, estando em situações de extrema violência. É necessário acolher o lado dela que não condena o pai, e que até volta para a cena do crime, para descobrir melhor o que se passou entre ela e o pai. Ainda que seja perigoso que ela visite o pai na casa da avó paterna, seja na fantasia, seja na realidade, não adianta cercar pelo princípio de realidade que é o que a família faz. A surra que o irmão lhe aplica pode ser a expressão de um sentimento de medo familiar diante das repetições dela. Há um masoquismo muito intenso dela, que se apresenta em sua fenomenologia assim: me bate para eu parar com aquilo que me faz mal. Ela se automutila. Ela se belisca e tira pedaços do braço, do rosto.

É importante não se deixar fascinar pelo horror da violência para conseguir, na escuta, atingir outras fases da vida dela que esse episódio veio ressignificar. Para sair da repetição e da estereotipia é importante criar no interior da fala na situação analítica enfoques inusitados como tentar olhar esse pai não carrasco, porque só vai dar para entender o pai carrasco, olhando para o pai não carrasco. Esse pai deve ter tido uma função narcisante para ela, de alguma maneira, enfim, que o analista precisa passar a ocupar.

Esse barulho é dentro dela, é um barulho superegoico, que a manda repetir. Há que entrar na repetição para deixar emergir outros ângulos. Deixá-la falar dessas visitas, descrevendo-as para olhar outras coisas que não a agressão do pai, que aconteceram concomitantemente. Por exemplo, esse pai que vai conversando da casa dela até a avó, que a escuta, a agrada, faz essas barbaridades, mas depois a trata bem.

Há também a preferência do pai por ela, de ganho imaginário na sua questão rivalitária em relação às irmãs e à mãe. Aparece muita raiva em relação à mãe. Como é essa relação? Como que Cristina é a escolhida pelo pai? Em que contexto?

Cristina queixa-se da inveja que os outros têm dela. Aparecem traços de uma culpabilidade pelo lugar de privilégio que ocupou na relação com o pai.

De qualquer forma, fica bem marcada a importância de se fazer um trabalho que leve em conta o plano fantasmático, o que vem sendo negligenciado pela maioria dos trabalhos institucionais, por isso sua relevância.

É difícil implicar Cristina com seus sintomas, mas vai havendo pouco a pouco uma melhora em relação ao passado, porque já não mais precisa ser internada e começa também a participar mais das atividades domésticas.

A mãe não queria saber do que acontecia, apesar de estranhar as atitudes de privilégio do pai em relação a Cristina. A regressão desta se dá após a denúncia; faz um apelo à mãe para que a barre e encontra uma mãe que barra. A infantilização é um benefício secundário. Agora ela encontrou a mãe que barra (como se o agora estivesse de alguma forma se ligado ao antes). Antes ela dava conta sozinha; mal, mas dava. O que será que acontece que, a partir do momento em que a mãe barra, ocorre a infantilização? É preciso ver como era a relação com essa mãe antes e como ela é agora. Resgatar os elementos de participação da mãe nisso tudo, mesmo que seja participação pela não participação. Tem-se que desmontar algum imaginário que ela se criou, mas, para isso, precisa ver de onde ela o criou. A coitadinha está agora numa situação invejável, é a queridinha da mamãe. Por exemplo, numa das sessões a mãe conta ao analista que, enquanto foi internada por um problema de saúde, Cristina ficou em casa presa – amarrada pelos irmãos. Quando a mãe dela chegou e viu isso, ficou penalizada. Esse fato fala muito sobre a relação de Cristina com a mãe, de como precisa que esta esteja ao seu lado, para protegê-la.

Cristina sonha que havia morrido e que tinha uma Kombi anunciando pelo bairro sua morte através de alto-falantes. Fala no sonho da sua morte masoquista. O barulho excessivo é para matar uma parte masoquista extremamente forte, extremamente resistente. Essa parte masoquista é uma parte de muita onipotência, de narcisismo negativo ("eu sou a invejada"). Esse masoquismo, esse narcisismo negativo, aparece, seja como sintoma, seja como defesa contra um sofrimento psíquico maior, como medo de fragmentação, de psicotização. A sensação de impotência do analista se relaciona com a pergunta de como tirá-la disso que a protege de um sofrimento maior, mas que a faz sofrer tanto. A saída parece que é acolher esta criança masoquista onipotente, acolher para abrir uma brecha. Impotência do analista diante de um movimento de erotização da violência e onde ela faz uma fantasia de santificação pelo sofrimento. Ela fica com muita raiva quando o analista tenta tirá-la desse lugar. Quando pede uma indicação de dentista no posto para tratar de uma infecção na boca, isso tem um sentido analítico: mostra o quanto é erotizado o pedido dela para ir à dentista. Ela deve estar sofrendo muito com a boca infeccionada e, ou ela erotiza isso, ou erotiza a ida ao dentista, o sofrimento de arrancar o dente, que é o sofrimento incestuoso.

O trabalho analítico aqui, como sempre, é descondensar, promover ligações psíquicas. O percurso a refazer para ligar psiquicamente uma experiência de estupro, que é traumática, é refazer o percurso da sexualidade para ele incluir o estupro como uma violência sexual. É o único caminho psíquico. Parece que é todo o percurso da sexualidade que deve funcionar para ligar esse montante de excitação desligada. São as fantasias sexuais que vão ligar psiquicamente. O estupro não deixa de ser violento mas precisa ser entendido – psiquicamente e não racionalmente – como sexual para ser incorporado psiquicamente. Para tanto, precisa-se entender qual a mensagem sexual enigmática do agressor. A violência sexual também é alguma coisa da ordem do não sexual – da ameaça de vida. Mas quando passa para o psiquismo, passa a ser da ordem do sexual. A violência é da ordem do não sexual, mas é sexual, é um não sexual/sexual, quer dizer, ela precisa reconhecer o sexual no outro, bem na linha da primeira teoria da sedução freudiana. E aí, de alguma maneira, há a conjunção com a fantasia sexual inconsciente que não quer saber, este é o problema, se foi ou não desejado o estupro, já que para a pulsão sexual, que se expressa numa representação fantasística inconsciente, o que importa é encontrar um objeto parcial que a satisfaça na realidade ou na fantasia; ela, portanto, aproveita a situação. Refazer todo o percurso da sexualidade para sexualizar o evento, seja sexualizado enquanto uma invasão sexual do outro, portanto, com aquilo que é enigmático das razões ou desrazões sexuais do outro, ou enquanto ligação dessa excitação com as próprias fantasias, para depois se ficar com a percepção de um ato de violência. A percepção e confronto com o algoz como última etapa.

Sexualizar a situação liga a violência minimamente, para que se possa apoderar psiquicamente da violência, não escolhendo o estupro, porque quem o sofreu não teve escolha. Não escolher psiquicamente para haver mudança, para ligar a violência. Não escolheu nestas circunstâncias, mas poderia escolher em outras. É o caso da moça que foi estuprada pelo próprio namorado, ou o de Joana, que foi seduzida pelo professor, que será apresentado a seguir. Aqui há um engodo e ele é o traumático: esperar uma coisa e ter outra justo da pessoa que se achou tranquila em relação ao ritmo da sexualidade ou não envolvimento sexual. O traumático como a surpresa entre o esperado e o ocorrido.

No capítulo anterior, vimos como Maria, ao rememorar o ato com toda a intensidade, revivendo-o, encontra um jeito de ligar o trauma, de ele estar presente e ela controlando-o de tal maneira que durante o dia ela possa trabalhar e ser até promovida. A rememoração tem uma função paradoxal positiva de ligação daquilo que se ela não estivesse controlando vinte e quatro horas por dia poderia invadi-la de dentro e desagregá-la totalmente.

2.3 A situação triangular

Deve-se pensar o incesto numa situação triangular, com a mãe ausente ou presente. A mãe também participa da construção da atmosfera incestuosa. O sentido da ação incestuosa se constrói entre pai, mãe e filha; não dá para culpabilizar ninguém do ponto de vista psíquico. Se a mãe é omissa, o ódio é grande, acrescido que fica das raivas e ressentimentos das fantasias pré-edípicas e edípicas.

Num caso supervisionado posteriormente à pesquisa por mim, a paciente pedia para a analista saber direito a regra de três, tanto no sentido da proibição do incesto com o pai, de seus desejos e os do pai, como da mãe, já que esta era uma mãe omissa, mas extremamente simbiótica, a filha até tinha o mesmo nome da mãe acrescido de um raro “filha”.

Em Cristina, a agressividade contra a mãe, numa relação sadomasoquista que fica camuflada totalmente pela situação estrondosa e barulhenta do incesto, a faz induzir a mãe a flagelá-la e se relaciona com o próprio ódio em relação à mãe. A situação paranoide, por mais que esteja ligada ao pai, deve sua intensidade a esta situação primitiva com a mãe: o ódio em relação a ela que a deixa ficar perseguida pelos próprios impulsos de matar a mãe.

2.3.1 Miriam

Miriam fez parte de um atendimento de um educador de rua a partir da denúncia à instituição de que uma menina estaria vivendo maritalmente com o pai. Ela tinha uma série de irmãos, cerca de 11 irmãos, sendo ela a segunda filha. Teria vivido maritalmente com ele, tendo relações sexuais e, a partir de um certo momento, dormindo na mesma cama que o pai durante cerca de dois anos, dos 11 aos 13. É a partir dos 13 anos que ela teria começado a querer sair dessa situação. Ela estava com 15 anos.

A queixa foi de uma irmã dela, que estava fora de casa, casada. Ao chegar lá, pela segunda vez, o educador encontrou o pai, a mãe e ela, parte de uma família de classe média baixa, diferenciada dos atendimentos habituais deste educador. O pai estabelece antes um contato por telefone dizendo: “Não, tudo bem. Podemos conversar, eu não tenho nada a esconder”, mas ele diz de uma forma de quem quer se defender de alguma coisa. Ele poderia ter falado assim: "Não tem nada de errado com a minha família, não vou conversar com vocês", mas ele permite que haja aproximação. Então, ele abre um espaço e há primeiro uma conversa inicial com os três, em conjunto. É interessante ver a disposição deles nas cadeiras. Miriam fica encostada em uma parede, numa situação sem saída pela disposição das cadeiras, o pai fica entre ela e a mãe. Nessa conversa, a mãe se coloca em uma situação de quem não consegue fazer nada, brava e desgostosa, mas conformada.

A menina queixa-se de sentir-se sufocada, de não poder estar saindo, de não poder ter amigos, não poder ir mesmo à escola onde estava tendo dificuldades. É interessante que, quando os educadores começam a falar da relação entre os dois, ela fala: "Ah! Porque com 13 anos eu comecei a...", ela deixa entender que foi aos 13 anos que ela começou a ter esse movimento de tentar sair do lugar. Ninguém falava nada, até essa irmã falar. A mãe soube a partir de um certo momento e teria se retirado. A atitude de mãe teria sido de não dormir mais com o pai, o que abriu a brecha para a menina passar a ficar com ele. Ele fala assim: "Ah, porque eu sou um bom pai". "Eu sou um ótimo pai, não bebo, não fico com as mulheres, eu só trabalho e fico com a família." Na história que ele relata, conta que o próprio casamento com essa esposa dele já tinha tido um componente incestuoso porque antes ele era casado com a sua irmã mais velha. Esta era "uma mulher que não prestava, uma prostituta" e, então, ele resolveu separar-se dela e convidou a atual esposa para fugir com ele para uma outra vida no sul. Ele teve relações sexuais completas com a filha e dormiam no mesmo leito. Foi a única filha "incestada". Mesmo durante o trabalho que foi feito pelos educadores, parece que eles já não estavam dormindo mais na mesma cama, mas deu-se a entender que ainda tiveram relações sexuais naquela época.

2.3.2 Joana

No caso de Joana, 16 anos, a própria queixa tinha a ver com a mãe: não era o crime de sedução feita pelo professor da menina, mas melhorar a relação das duas. A própria denúncia deu-se apenas no momento em que a mãe foi trabalhar. A motivação para Joana fazer terapia é a ausência da mãe. É no momento em que a mãe sai de casa para trabalhar que vem à tona o evento da sedução em uma relação mestre/aluna que durou dos 9 aos 13 anos. Numa primeira entrevista, em vez de falarem da queixa, como seria de se esperar, ainda que com constrangimento, elas falam da relação delas: a mãe querendo melhorar a sua relação com a filha e esta querendo falar que não está gostando de a mãe se afastar. Chama a atenção o fato de Joana só ter se queixado da sedução do professor no momento de a mãe sair para trabalhar. A ausência da mãe detonou o perigo da sedução. Tudo aponta para seu mundo fantasmático e para um momento específico de sua adolescência: uma dificuldade de se afastar da mãe, pois coisas relativas à sexualidade podem acontecer, mas um desejo de se afastar da mãe para, na transferência ao analista (que é o motor do tratamento, já que se transfere para a pessoa neutra do analista a energia psíquica, as cenas fantasmáticas e as imagos parentais), poder falar desses medos que ela tem em relação à excitação/anestesia muito grande que ela sente.

Ficou dois meses em terapia. Vem encaminhada à instituição para fazer terapia em grupo, com outras meninas que sofreram violência, a qual acaba não acontecendo. Fica poucos meses, em trabalho individual. O atendimento trouxe questões existenciais e adolescentes: de dificuldade de relacionamento com os amigos, da solidão que o amadurecimento traz, da distância com a mãe e da dificuldade de relacionamento com o resto da família. A violência sexual que ela teria sofrido seria a sedução de um professor de desenho de sua escola, do qual dizia gostar muito. Tinha uma relação muito legal com ele e ele teria tentado um envolvimento maior com ela. Na primeira entrevista não entra em detalhes, dizendo o que realmente aconteceu, mas enfatiza que era como se ela tivesse se iludido de que ele exerceria o papel de professor quando, na verdade, ele estaria querendo se aproveitar sexualmente dela. Ela, então, teria feito alguma coisa ingenuamente.

A queixa vem de que essa pessoa teria dado revistas pornográficas para ela, para prepará-la para um investimento sexual, na biblioteca, estudando ou tendo aula com ele. Ela não fala dessas revistas, vem pela queixa mesmo e não vem com a mãe, vem sozinha, se colocando como a pessoa que vem pedir um tratamento.

A instituição havia passado uma queixa de que ela teria sido seduzida entre os 9 e 13 anos, sem que tivesse havido uma relação sexual carnal. Os psicólogos da instituição acrescentaram que a relação da mãe com a filha estava mal, que a mãe trabalhava em uma empresa o dia inteiro e que a filha Joana estava se queixando da ausência da mãe. Joana estava com 14 anos quando houve a queixa e tinha uma irmã mais nova de 7 anos, uma irmã casada e um irmão de 17 anos. A mãe começou a se preocupar com a perda da filha e dizia que estava disposta a tentar melhorar essa relação. É mais ou menos nesse contexto que ela chega para o atendimento, se colocando como a pessoa que vem pedi-lo.

Ela entrou com a mãe na primeira entrevista, que domina a conversa, interrompe muitas vezes a fala da filha. Joana, na sessão seguinte, quando está só, traz um discurso em que ela diz que quer e não quer. "Eu quero me entender melhor, tenho tido reações estranhas queria saber o porquê. Umas horas fico muito emocionada e outras não sinto nada, como se estranhasse a mim própria."

Parte da queixa é bastante própria da adolescência, esse querer e não querer. "Não quero porque não sei como vai ser", do lado que ela diz que não gostaria de vir, "porque não sei como vai ser, estou achando estranho estar aqui". A mãe conta que Joana perguntou-lhe se iam colocar fios em sua cabeça e, então, riram nesse momento. O analista comenta: "Você achou que iam colocar coisas na sua cabeça". Joana se mostra preocupada com a maneira como será o processo. O analista esclarece que pensa em formar um grupo, após algumas entrevistas individuais com cada uma. Ela sorri e diz que gosta das pessoas da sua idade, perguntando, então, sobre o dinheiro, o pagamento. A mãe fala da sua dificuldade, que ela ficou 13 anos sem trabalhar e voltou a trabalhar atualmente e que a situação estava muito difícil. Ela trabalha em uma empresa como auxiliar de escritório, o pai não ajuda, não dá nada para elas também. É separada e tem outros filhos. O analista pergunta da relação entre as duas. Joana dá a impressão de que vai falar, mas a mãe toma a palavra e diz que Joana é boazinha e que não dá trabalho, mas que chegaram a brigar outro dia; e que a briga teria sido assim: "Até quando que vai ficar esse objeto aqui?" E Joana teria respondido, sobre um objeto dentro da casa, que ela tinha deixado em tal lugar: "mais dez dias". E diz a mãe: "Aquilo me subiu a cabeça, fiquei com raiva, dei uns tapas e aí passou". E ela continuou falando um pouco mais, a respeito da sensação da briga. Joana tenta falar, mas a mãe não deixa, não dá brecha. Em uma brecha no discurso da mãe, o analista pergunta: "E você, o que acha?" Ela diz: "Eu queria entender melhor as minhas reações; nessa briga não senti nada. Foi como se tivesse batido a cabeça e não sentisse nada. Sabe como? Foi estranho, queria entender melhor".

A mãe fala sobre a menina. O analista pergunta no final o que Joana estava achando, uma vez que antes estava estranhando. Ela diz que prefere dizer no outro dia, quando estiver sozinha.

O analista fica com a impressão forte de ela não querer falar na presença da mãe. Por isso a ele parece ser uma adolescente bastante saudável, com iniciativa e vontade de reconhecer seus desejos. Ela disse que sua dificuldade é não saber dizer não; ela permanece toda a sessão com uma revista de história em quadrinhos na mão; o analista fica com vontade de falar a respeito, mas não acha ser o melhor momento. Tem vontade de falar porque a queixa que foi trazida pela mãe sobre a sedução do professor era que ele teria colocado revista pornográfica para ela, como se fosse um indício, um caminho para seduzi-la sexualmente.

Elas não mencionam nada na entrevista sobre a sedução apesar de saberem que o analista sabe dela através do encaminhamento da instituição. Sabem que será montado um grupo de meninas em situação semelhante. O interesse sobre o grupo e as fantasias sobre este faz voltar o assunto e conversa-se sobre isso.

É muito interessante nessa primeira entrevista, o fato de que estão presentes, ao mesmo tempo, alguma coisa muito típica da adolescente e uma pergunta que é própria dela: tem horas de anestesia, que ela se sente como se tivesse batido a cabeça e não sentisse nada, e horas em que vem uma emoção muito forte. A queixa formulada por Joana de medo de que coloquem coisas na sua cabeça e que é captada e devolvida a ela pela fala do analista refere-se também à própria pessoa do analista no tratamento. Tem medo de que ele coloque coisas que não são propriamente os fios de um eletroencefalograma, como formulou inicialmente à mãe, mas ideias semelhantes às pornográficas que o professor colocou em sua cabeça.

É muito interessante que não esteja presente a queixa da sedução, que nem ela nem a mãe falem sobre isso e o que aparece como motivação do tratamento para a mãe é a relação mãe-filha e para Joana é a ausência da mãe. Quer dizer, chama muito a atenção que ela diga que a queixa dela é que a mãe não fica com ela e a mãe completa que faz 14 anos que fica com ela e que agora está saindo para trabalhar. Isso também nos dá um contexto para essa ausência da queixa em relação à sedução, quer dizer, é no momento em que a mãe sai de casa para trabalhar, que aparece o evento da sedução que durou dos 9 aos 13 anos. Em vez de elas falarem da queixa como seria de se esperar, falar constrangidas, falar de viés, elas falam da relação delas, a mãe querendo melhorar a relação dela com a filha e a filha querendo falar que não está gostando da mãe se afastar.

Pode ser que Joana se queixa da ausência da mãe, porque é na ausência da mãe que se dá a sedução, mas pode ser que a ausência da mãe é que detonou o perigo da sedução. O problema da sedução é o detonador de uma outra questão entre elas, um jeito de segurar a mãe perto de si. Transferencialmente, em relação ao analista, aparece a sedução dela, logo de saída, no desejo de agradar e de se encaixar, reproduzindo algo da relação com o professor: não saber dizer não, estar sozinha sem a mãe e se sentir meio carente, querendo uma proteção, mas sentindo também um possível desejo. Ela se queixa da ausência da mãe e termina dizendo: "Eu não quero falar na presença da minha mãe, quero falar só com você", frase que diz de uma passagem que ela está fazendo na adolescência, de largar a mãe e de poder ficar junto com um homem, falar só para um homem, coisas dela, coisas que ela não quer que a mãe saiba, que não quer que a mãe fale por ela. É muito bonito como ela começa dizendo "eu não quero que a minha mãe se afaste de mim", "eu quero que ela fique perto" e no final, ela diz: "Eu quero falar coisas minhas sem a presença da minha mãe". É bonito esse jogo da ausência e da presença. Tudo aponta para o mundo fantasmático dela e para esse momento específico. Uma dificuldade de se afastar da mãe, pois coisas relativas à sexualidade podem acontecer, mas ao mesmo tempo, um desejo de se afastar da mãe, para poder falar desses medos que ela tem em relação a essa excitação muito grande, a essa anestesia.

Na segunda entrevista, ela falou bastante e diz ser difícil falar dela na presença da mãe, embora conte tudo para ela. Não gosta de falar sobre o problema da sedução, que tem tido que falar em todos os lugares pelos quais passou.

É como se houvesse alguma coisa, que quisesse ser esquecida, ser passada por cima. "Não gosto de mentira, gosto de falar as coisas, gosto de me emocionar, de jogar, de ir ao cinema." O analista pergunta que filmes ela gosta de ver, e ela diz: "Ah, gosto de comédia ou de romance, mesmo que chore no filme, eu gosto". Ele tem a impressão de que ela está falando de alguma coisa triste, mas que dá prazer e, ele pensa, talvez, o que ela não quer lembrar, é porque dava algum prazer e que é difícil ser reconhecido. Ela conta que tem um grupo de amigos na igreja, que são verdadeiros amigos, que dá para contar tudo e não há mentiras entre eles. Diz que acha ótimo sua idade. "Não quero ser uma adulta que minta, que seja ambiciosa, que perca esse lado de criança. Os adultos perdem esse lado infantil e não quero isso. Um jeito de ser profissional." Aí, ela fala assim: "Ah, não. Não é bem essa a palavra, ela se corrige, talvez fazer coisas por dever, por obrigação".

"Minha mãe teve relação com um homem muito tempo, e eu não sabia. Na verdade, eu não queria ver a realidade, o que estava acontecendo. Só quando os meus pais se separaram e depois eu vi os dois, ela e outro na cama, é que juntei as coisas. Ela dizia que era um amigo e eu quis acreditar, mas tudo bem, hoje entendo diferente. Sei que há uma traição e um caso ou um romance, uma coisa assim que ela fala. Minha mãe é desse jeito, meu pai, então, aquela questão de mentira parece que estava muito vinculada à relação com a mãe, meu pai vejo de vez em quando, e ele é difícil, bebe e acha que o procuro por dinheiro. Tem dias que vou lá e não falo nisso, ele gosta de me mostrar para as pessoas. Ele gosta de irritar, e gostaria de me mandar para Maranhão, para uma escola, pois acha que sou a filha que pensa mais. Privilegiava-me frente aos meus irmãos, mas eu forçava ele a olhar igualmente para mim e para meu irmão. Dizia que não aceitava, se ele não fizesse o mesmo com o meu irmão. Eduquei ele, mas hoje, meu irmão não quer vê-lo nem pintado. Em casa é o inverso, minha mãe faz tudo para o meu irmão, e diz que é porque ele é homem e já me acostumei. Não sei por que, mas meu irmão não gosta de mim, talvez por causa dessas coisas. É porque eu também era histérica, nós brigávamos muito, coisas de irmão. É porque eu pegava as coisas, ele me batia e eu ficava com muita raiva dele, falava para mim mesma, que ia matá-lo. Acordava à noite, ia até a cama dele, mas mudava de ideia. É interessante isso, bem de criança."

Ela entra na trama edípica do pai, quer dizer, ela é a filha predileta do pai, o pai faz todo o investimento masculino sobre ela, por outro lado ela inveja o irmão, porque ele ocupa um lugar privilegiado perto da mãe. É muito curioso que ela não fala da sedução, mas vai falando de toda trama edípica, que está presente. A traição da mãe com outro homem, a negação dela. O analista fala: "você disse que não quer falar sobre o que passou, mas é a primeira coisa que te vem quando falo para você falar de você. É algo que quer esquecer, mas que parece que está muito presente." Ela fala que não quer lembrar, que queria esquecer na verdade...

Ela pergunta: "Você sabe por que estou assim?" O analista diz saber pouco do que se passou com ela e que o psicólogo da instituição que a encaminhou falou por cima. Ela diz não ter falado tudo para ele e que vai contar. "Eu fazia teatro em uma biblioteca de estudos e o professor ficou me seduzindo, eu tinha nove anos, com revistas pornográficas e outras coisas, foi isso." Aí, o analista espera para ver qual o assunto que ela fala em seguida. Ela fica quieta, ele pergunta da biblioteca e depois de suas amizades, se contou isso para as amigas etc. Teve a sensação de que não era o seu movimento estar contando como foi. Achou melhor não insistir já que ela conta por alto e de forma agressiva.

Demonstrou alívio e prazer em falar de si, sobre outros aspectos, a mentira, as amizades, o que gosta de fazer etc. Ela disse que está no primeiro colegial técnico em propaganda. Não tem conseguido estudar, fazer provas, criar.

Na primeira sessão, fala da importância de estar viva podendo trazer suas coisas para cá, para conversar. Joana diz que queria entender por que está engordando e por que tem reações diferentes. Ela está suave, é um dia muito quente, coloca a mochila no colo e puxa a camisa para descobrir o corpo. O analista tem a impressão de um medo seu, de uma aproximação amorosa, tanto que o tema seguinte é a desconfiança de como ele vai agir, se como o professor da biblioteca ou não. O ato de ela ter desgrudado a camisa do corpo parece que instala uma ambiguidade, como se fosse um ato ao mesmo tempo vivido pelo analista como sedutor. É curioso como o interesse do analista por ela presentifica a sedução, um contexto erótico. Há o temor, mas também algo quer se repetir neste contexto para ver o que acontece.

Joana dá a impressão de uma adolescente com a sedução própria de uma adolescente; como se estivesse procurando conhecer, como é possível ter uma outra relação com um adulto, diferente do pai e diferente do namorado, como se aquilo ali fosse alguma coisa nova, testando uma relação que não sabe muito bem o que significa para ela mesma. Ela fala que desconfia da igreja que lhe pede dinheiro sem explicações. Começa a se diferenciar daquele grupo com que convivia, quanto ao dogma cristão de dever amar todas as pessoas, percebendo que tem um desejo diferente. O analista fala de duas forças: de respeitar a si própria, seus desejos e respeitar o dever, como se fossem desejos diferentes dela. Talvez, em relação ao professor também isso se coloque. A ambiguidade da sedução, porque a sedução está sempre ligada a fazer algo que o outro quer. Uma angústia de ter que fazer o que o outro quer ou alguma coisa que era do desejo dela, um teste do desejo dela. Como se ela tivesse dado voto de confiança para ele e não tivesse percebido que certas atividades dele já tinham o intuito de sedução.

Joana testa com o analista se não vai se aproveitar dela, não vai sugá-la em todos os sentidos, monetário e sexual. É muito delicado falar diretamente do que aconteceu, mas é muito delicado também não falar, porque o analista sabe, e ela sabe que ele sabe e, é isso que está motivando a vinda. É importante, para que o analista saia deste lugar transferencial, que fale, porque há muita desconfiança, ela está testando essa nova situação, mas ela está testando essa nova situação com um homem que não é pai, nem namorado, depois de uma situação em que ela se sentiu enrolada, enganada. Não é o caso de ficar num interrogatório dos detalhes, uma espécie de *voyeurismo* sádico, mas é importante falar, a partir de seu lugar transferencial, de como ela está receosa e desconfiada, que o analista falou que iam estar em grupo, mas está sozinho, que parece, que esta situação de estar sozinha com ele traz muita desconfiança para ela.

Na sessão seguinte ela conta um sonho assim que chega. "Aqui era do lado da escola. As pessoas queriam vender uma loja aqui, eu vim confirmar com uma pessoa que achei que era você, mas não era. Eu entreguei uma carta para esta pessoa e depois descobri que era você, era a outra pessoa. Você disse que a carta não podia ficar com ele. Me deu um berro sobre emoções, e disse que esta carta não podia ficar com outra pessoa que disse que era eu. Fiquei curiosa. Mostrei para uma amiga que viu o reverendo Moon lá (neste livro)". O analista pergunta a respeito disso: "O que te chama a atenção no reverendo Moon?" "Eu vi uma figura dele numa revista sobre religião que eu não acreditava. O que vai me dizer sobre isso? Quero respostas." O analista diz a ela: "Há coisas que você valoriza e há coisas que acha besteira". Ele estava pensando na revista do reverendo, mas há também a associação com esta revista que o bibliotecário teria dado para ela. O livro fica erotizado a ponto de se tornar uma revista pornográfica.

Estão presentes uma desconfiança e uma pergunta, mas há um movimento dela de erotização da situação. No sonho, está mais ou menos colocado como a relação transferencial ao analista está enormemente erotizada e como isso é perigoso. Parte dele tem a carta, ela gostaria de dar uma carta com as emoções dela em relação a ele para que lesse. Ele diz que não pode e dá um livro sobre emoções. E aí, é muito interessante essa figura do reverendo Moon, porque, por um lado, o reverendo pode estar aludindo ao analista-reverendo que não está enxergando que ela tem uma série de emoções, que o impedem de colocar-se nesse lugar tão neutro, de quem não é o destinatário da carta, das emoções, mas, por outro lado, o reverendo Moon é aquele que se aproveita das pessoas. Ele, de fato, foi uma pessoa que, na posição de chefia de uma seita religiosa, prometia mundos e fundos aos crentes, mas ele também tirava mundos e fundos da pessoa; enriqueceu-se ilicitamente. É, portanto, um reverendo pervertido que faz relação com o professor, no episódio da revista.

Aqui também seria um momento de falar, a partir do lugar transferencial, que ela não sabe se pode confiar em outras pessoas, que ela tem medo do que pode acontecer ali entre eles. Não sabe se ela pode confiar no analista, se pode trazer as emoções, mas, ao mesmo tempo, é como se ela entendesse que alguma coisa de perigosa pudesse acontecer.

O sonho que ela traz é um sonho de emoções transferenciais, daquilo que ela esperava de explicação, de esclarecimento das emoções dela na análise. Emoções essas ligadas principalmente à figura masculina. Tem um sentido de sonho de começo de análise. Como se esperasse que o analista lhe desse um livro para as emoções dela que estavam em jogo nessa situação, em que talvez pudesse até ter erotizado a relação com esse professor, ter gostado de ser seduzida, mas se esse professor embarcou e mostrou a revista mesmo, como aparece no sonho, na imagem do reverendo pervertido, ela abre o livro que o analista dá para ela e vê o reverendo pervertido. O reverendo Moon é uma condensação do analista e do professor. O livro das emoções diferente, mas equivalente onírico da revista com conteúdo sexual. A amiga é uma representação dela mesma.

Ela gostaria que o analista falasse alguma coisa desta carta, que ele devolvesse para ela alguma coisa. É como se ela dissesse: "Eu gostaria de falar muitas coisas, dar uma carta, mas aqui não flui como amigo, tem coisas que pode, tem coisas que não pode". Ela gostaria que o analista desse um livro das emoções dele, mas aí pode ficar difícil, perigoso, virar uma revista suspeita, perversa: que religião é essa? que religião seria essa, analítica, se o analista mostrasse as suas emoções? O resto da sessão é associação ao sonho, ela quase que vai traduzindo em linguagem de vigília aquilo que o sonho mostra no estado mais ligado ao pensamento latente. Existem dois caminhos em relação ao sonho: o primeiro indica poder escutar o sonho e deixar rolar a sessão. Neste caminho, o sonho é um paradigma da sessão. O sonho é um material privilegiado, mas o resto da sessão compõe e se liga ao sonho; o sonho cria o clima, o onírico da sessão e o resto da sessão, de certa maneira, é associação ao sonho e/ou um segundo caminho, no qual o sonho é um pedaço da sessão também, e produz um movimento de associação livre espontâneo ou a pedidos do analista. Às vezes, pode-se pedir a associação de um fragmento que chamou a atenção ou de dois ou três. Ou digamos, se todo o resto da sessão é uma fala defensiva, volta-se para o sonho, mas às vezes, como nessa sessão, ela é uma associação ao sonho. O que se segue é: "Minha amiga diz para eu trazer os sonhos para a análise", porque aparece a amiga com o reverendo Moon. "Moon" é da noite, a lua. Está, portanto, ligado ao sonho.

Como se dentro da questão histérica ela quisesse uma aproximação, com essa figura mais velha, mas também não quisesse alguma coisa que fosse uma relação sexual direta. Relação com uma figura paterna de quem quer estar mais próxima, quer calor, quer afeto, quer a expressividade, mas também não quer. Tem alguma coisa que ela não sabia e que é perigoso porque desperta a sexualidade. Quer se aproximar do analista, que ele dê alguma coisa para ela, mas tem medo, acha perigoso. Repete na sessão alguma coisa que aconteceu lá fora. Ela gostaria que as emoções do analista fossem as de um reverendo, mas não as de um reverendo Moon. Há uma fantasia histérica em jogo, é uma histericização da situação. É como se ela procurasse tirar o analista de um lugar, na linha paterna, mas nessa brincadeira ele pode sair desse lugar mesmo e a situação tornar-se a revista pornográfica. Ela reproduz com ele um jogo que ela faz de sedução com o professor, a atuação de certa forma, até normal, das suas fantasias de menina, mas o perigoso é o homem em questão mostrar suas emoções e elas serem não as de um reverendo, mas as de um reverendo Moon. Aí, ela se assusta muito com aquilo que a sedução dela provocou. Há uma conjunção da fantasia sexual com o não entendimento da mensagem pelo outro, quando, ao em vez de emoção, está presente alguma coisa perigosa, noturna, sexual, erotizada.

É difícil discernir, nesse caso, o que houve de toda uma atuação das fantasias dela em relação ao professor, mas fantasias da menina, da adolescente. Qualquer professor medianamente teria que estar preparado, ou qualquer pai, vamos dizer assim, porque a menina não deixa de tentar seduzir o pai, o que ele não pode é ser, de fato, seduzido. O complicado é justamente quando a resposta do outro é erotizada. Uma coisa seria esse professor se afastar se se erotizasse com a situação. Desviar, dar um tempo, conversar e delicadamente dizer alguma coisa, tomar algum tipo de atitude, justamente não entrar na sedução. O complicado é quando acontece a resposta do outro e essa resposta é erotizada. No estupro familiar, em que, de fato, a menina está cheia de fantasias inconscientes, se de alguma maneira, o adulto, o homem, não ocupa o lugar da interdição é difícil, embora ele sempre vá poder dizer que foi seduzido, o que pode ser verdade em relação às fantasias inconscientes.

O traumático é a conjunção da resposta erótica do outro com a culpabilidade das próprias fantasias sexuais incestuosas e não só a resposta erotizada do outro. Essa menina poderia até ter levado adiante esse namorico com o professor sem caráter traumático para ela. Precisaria muita escuta dos dois envolvidos para poder julgar este professor. É uma situação em que os encontros se repetem três vezes por semana, muito diferente de um professor que tem uma relação com uma aluna ou que a beija e o que vai mostrar uma revista pornográfica. Pode ter um lado perverso, mas seria muito difícil indiciar esse professor antes de escutá-lo muito, junto com a escuta de sua aluna e tentar outros caminhos que não o indiciamento.

No filme *Passagem para a Índia* há uma cena em que o homem indiano vai a julgamento. A moça ocidental está apaixonada por ele e eles vão para uma caverna onde estão estátuas hindus em posições eróticas. Estátuas de deusas trazem todo um clima em que ela acaba indo para a caverna com esse professor, esse guia, que gosta e está interessado nela. Ocorre, então, uma situação lá que ele vai se aproximar dela e ela tem uma espécie de ensonhação, uma espécie de delírio e sai correndo assustada. É claro, o clima é erotizado, amoroso, entre eles, dele com ela, mas então, ela volta e acusa-o de tentar seduzi-la.

Ela vai falar as três situações que foram muito difíceis na vida dela. Uma estadia na casa da amiga, a morte do namorado da mãe e a situação com o professor.

A primeira situação diz respeito a uma estadia de um ano na casa de sua amiga, onde tem uma relação difícil com a mãe desta e uma desconfiança desta de que ela estaria grávida. A segunda situação diz respeito ao sofrimento com a separação dos pais. Muito ligada ao pai, sente-se enganada pela mãe que tinha um namorado antes da separação, que ela só percebe mais tarde que eram namorados, quando os viu na cama. "Nunca falei isso, mas sempre quis jogar na cara dela, como uma espécie de agressão. Ele me podava muito e minha mãe obedecia, me incomodava isso, eu não tinha a mesma liberdade, quando ele foi morar em casa. Aí, ele falou do meu corpo para minha mãe e ela o colocou para fora de casa." Ela mostra uma certa satisfação ao contar isso. O analista fala: "Duas situações que acreditava ser de um jeito e descobria ser de outro. Primeiro a amiga, depois o pai, namorado da mãe". As duas situações são altamente erotizadas, altamente triangularizadas, edipianizadas. Em uma estão presentes filho, pai, mãe e filha, pai, mãe e gravidez; na outra estão presentes uma cama e uma fala do corpo.

Ela superou a resistência e confiantemente começa a contar as três situações difíceis. Todas elas erotizadas e com muito sofrimento, pela fantasia e pela situação em si. O analista não precisa intervir já que ela está falando e está falando coisas do mundo psíquico dela, coisas fortes, coisas que realmente a incomodam sempre. A segunda e a terceira situações que ela conta são situações erotizadas e em que, na verdade, a situação com o namorado da mãe é muito mais temível, de que essa que se sabe sobre o professor, pelo risco de seduzir o namorado da mãe ou ele sentir-se seduzido por ela.

Ela não fala muito dessa situação, mas expressa alguma coisa da sexualidade dela, das fantasias apavorantes e angustiantes temerosas, nas outras situações, fantasias de gravidez, a fantasia de sedução do namorado-pai. Há algo aqui, na situação da biblioteca, mais violento porque acontece a ação do outro. Há alguma coisa nessa situação que a torna mais insuportável do que as outras. É tão constrangedor quanto a mãe expulsar o namorado por causa dela, toda a situação do corpo dela, embora, altamente gratificante do ponto de vista narcísico, mas muito angustiante em relação à competição com a mãe. É tão perigoso e tão constrangedor quanto a situação da biblioteca, ou até mais, em certo sentido, é mais próximo. A situação da biblioteca torna-se mais tabu, talvez porque ela está direto com o homem, a mãe está ausente. Na situação com o namorado e com a mãe, ela está ali dentro como a excluída. Ela rivaliza com a mãe para tentar ter um espaço. Ela queria a atenção da mãe e do namorado, e a mãe só dava atenção para o namorado. Dava todo o privilégio para o namorado. quando o namorado faz menção de olhar a filha e não a mãe, a mãe chega a falar assim: “Ah, bom. Você está olhando minha filha de uma maneira diferente, então, você vai embora”, quer dizer, a mãe dela deixa o namorado. Tem um triângulo ali que está posto com a disputa. Ao mesmo tempo em que é um alívio o fato de ele ter ido embora, é angustiante, porque ela precisa, de alguma forma, desse terceiro, para não ficar sufocada nessa relação com a mãe.

Há alguma coisa da situação que é da atividade do outro, da atividade direta do outro em relação a ela, que se torna violenta, que se torna inesperada, de alguma maneira. O ato de mostrar a revista, alguma coisa nessa cena é de fato vivida como constrangedora, violenta, mais do que nas outras que, de certa maneira, são tão violentas e constrangedoras, mas ela pode falar das outras duas e dessa não.

Ela diz: "Fico com raiva de alguém que fez coisas legais, me ensinou a desenhar, a atuar e a escrever com uma caligrafia melhor, e depois de ter tentando outras coisas. Ele faz minha cabeça para o que queria. As coisas boas eram para me seduzir. Aí, estragou tudo, como se perdesse o que tinha feito de bom". "Não tenho ódio dele, mas as coisas que passei, de ter achado uma coisa e descoberto outra." O que é difícil nessa situação é o engano. O que incomoda é o desvelamento de alguma coisa onde houve um engano. Pode ser que a mãe a tenha enganado, mas uma coisa é ela, a mãe, contar para ela e outra diferente é um dia ela perceber, sem a mãe ter falado nada.

O que dói na sedução é que invalida as boas coisas. Ela fala: "É o cara que me deu muitas coisas legais, me ensinou muito". Ela estava ligada a ele numa relação mestre-aluno e ela reinterpreta esse "ensina coisas legais" como sedução e isso é dolorido. Como se ela tivesse que pagar sexualmente as coisas legais. Isso é o violento, isso que é vivido como agressivo mesmo. É como se as outras duas experiências difíceis, toda a fantasia dela, todas as rivalidades, as triangulações, fossem mais explícitas para ela. As três situações são altamente erotizadas. De certa maneira, ela vai aos poucos se aproximando dessa situação que agora, então, ela pode voltar a contar ao analista, depois que ele acolheu o desejo de morte, de fuga. Ela pôde dizer da decepção dessa situação, em que não há muito uma contaminação com as fantasias dela. As fantasias estão presentes aqui na coisa da gravidez e lá com a mãe e o namorado, mas nessa situação quer dizer, não que não esteja presente, é lógico que está, mas talvez o que é traumático e aí sim, o que é violência, é, de certa forma, não esperar, é a confusão de línguas, como diria Ferenczi. Ela estava com uma linguagem de ternura em relação a esse professor, enquanto ele vem com a linguagem paixão, gentil, adulta, enfim. Há algo de traumático mesmo, que é difícil de falar. Parece que se passou algo mais por esse caminho do que uma confusão com fantasias edípicas ou fantasias incestuosas, que estão muito presentes na experiência com o namorado da mãe, ou mesmo na experiência com a amiga. Porque mesmo quando ela diz "só quando se perde se dá valor", que o analista lembrou do namorado da mãe, essa fala aponta que o namorado talvez estava muito investido num lugar de terceiro. Essa experiência com o professor foi de outra ordem. O engano, que é o traumático, é que é difícil para ela traduzir as coisas legais que ele fez em sedução. É isso que ela diz: "Eu não tenho raiva dele, mas estou muito decepcionada, eu não consigo fazer essa tradução", porque se ela fizer a tradução, as coisas legais que ele fez perdem todo o valor, o autovalor que ela deu para elas. "Não tenho ódio dele, mas das coisas que passei, de ter achado uma coisa e descoberto outra." Ela gostaria que ele gostasse de uma criança.

Ela fica com raiva desses homens mais velhos que prometem um lugar de pai e depois querem se aproveitar das crianças. Porque enganam as mães. Porque é a mesma decepção das duas. Se o namorado tivesse feito um comentário mais inocente, vamos dizer assim, ele não teria ido embora de casa, e se poderia pensar o quanto não é o ciúme e a inveja da mãe, que transformam um possível elogio em outra coisa. Dizer "Nossa que corpo bonito o da sua filha" não quer dizer que "eu vou transar com sua filha". Há uma ambiguidade aí.

O que importa é que para ela é assim: os homens mais velhos traem porque gostam das criancinhas, prometem uma coisa e dão outra, os homens mais velhos não sabem se autointerditar diante da sedução da criancinha. Se ela estava em uma relação de admiração, ela deve ter sido altamente sedutora, mas a sua decepção é que homens mais velhos não sabem se autointerditar. A demanda ao analista é aquela dirigida ao pai ou a quem ocupe seu lugar: o analista aguenta o tranco da sua sedução? Sem lhe decepcionar, dando-lhe coisas boas e depois se aproveitando dela, da sua sedução, do seu amor transferencial? Algo assim: você aguenta o meu amor transferencial, para poder me dar coisas boas, mas sem me decepcionar, amando-me sexualmente de volta?

Talvez haja uma chave entre essas três histórias, um acreditar e um desiludir-se com as pessoas. A interpretação em transferência estaria voltada a algo que se repete nas histórias e também com o analista e que se formula sem precisar necessariamente falar do que acontece ali na sessão. No começo do tratamento, quando se trata de estabelecer a neurose de transferência, às vezes é melhor privilegiar o transferencial para estabelecer a neurose de transferência. A primeira coisa no tratamento analítico é deixar que o próprio tratamento se torne o sintoma, transformá-lo, segundo a ideia freudiana, em neurose de transferência. Quer dizer, a neurose de transferência deixa de ser sintomática e passa a acontecer ali. O analista serve de *relais*, um dispositivo eletrônico onde rebatem todas as descargas; é aquele que vai ocupar vários lugares transferenciais das imagos do sujeito.

O que o professor fez foi desvirginá-la, mas nesse sentido violento de homem que mata a sua criatividade, aquilo que a fazia especial aos olhos dela mesma, na hora que a trata como qualquer uma; para ela era uma relação especial, uma relação investida, uma relação que tinha a ver com criatividade e parece que é isso que ela sentiu ser morto pelo professor. Tem que desejar o normal, o habitual, porque o que a fazia especial aos olhos dela mesma foi morto na hora que ela foi tratada como qualquer uma.

O professor matou alguma ilusão, que a fazia sentir-se especial (pelo menos, aos olhos dela, mas provavelmente, ela também acreditou nisso, aos olhos dele). Ele tinha destruído as coisas boas. É disso que ela está falando, que ela não sabe muito bem, o que ela faz, que ela vai para um padrão, porque ela sente que as coisas boas – as coisas boas aí, entendidas como as coisas especiais dela, a sua criatividade, não numa linha megalomaníaca, narcisista, mas no sentido da sua marca, uma coisa de adolescente mesmo, investir em uma série de coisas que são suas marcas – ficaram apagadas.

2.3.3 Flávia

Flávia tem quinze anos e vem com a mãe à instituição após denúncia de abuso sexual por parte de seu padrasto. Muito meiga, muito tímida, muito defendida, numa situação de muita passividade. A primeira impressão que dá é de que realmente teria passado por um abuso sexual. Um certo pânico, um certo terror, diante da situação de entrevista, ficou muito quieta, muito calada e se angustiando muito com esse silêncio, com essa situação de estar falando de si. A mãe de Flávia não lhe dava espaço com o padrasto e se colocava ao lado dele, quando da denúncia. A perda do marido pela mãe foi um peso para a menina, que se sentiu responsável pela separação.

Foi encaminhada por uma sugestão da instituição. Elas moravam bem longe, era um dispêndio grande para fazer terapia e para Flávia era um esforço muito grande. O analista teve algumas conversas com a mãe e também com a irmã. Ela tinha mais uma irmã mais velha, e que, segundo ela, se defendia bem melhor. Essa irmã morou com elas durante um tempo e aí, quando o padrasto teria começado a investir também nessa irmã, esta teria fugido de casa, encontrando recursos para se proteger. Foi morar com a tia, estava levando uma vida pouco saudável e acabava saindo com qualquer pessoa. Ela própria dizia que não tinha condições de ter tido uma reação. Respondia muito mais às coisas quando perguntada do que falava abertamente; ela falava de uma situação extremamente angustiante, que dava a impressão de um terror, de se sentir sem saída. Não via nenhum prazer em estar vivendo. Sentiu isso também antes da denúncia e de ela encontrar uma saída: depois de guardar para si esse segredo durante um tempo, mas se sentindo extremamente mal e sufocada com ele, escreve no seu caderno que precisa contar para alguém e deixa o caderno exposto de modo que a mãe pudesse ler. Quando a mãe o faz, elas conversam e é a primeira abertura da situação.

No primeiro momento, parece que a mãe até não se coloca ao seu lado na situação, se mostra em conflito, muito triste, mudada e, só no segundo momento, ela começa realmente a ficar do lado da filha. E aí, entra em conflito com o marido. Ela diz que durante um tempo, inclusive, Flávia tentou defender um espaço próprio ante esse padrasto, só que a mãe se colocava muito do lado do padrasto e uma das grandes mágoas de Flávia era falar mal dele, se colocar contra o marido da mãe. A perda do marido da mãe para a Flávia era um grande peso, sentia-se mal com isso, como se ela estivesse sendo responsável pela separação entre a mãe e o marido. E aí, por último, acabou havendo o encaminhamento para a instituição por uma irmã mais velha, que já era casada.

Parece que houve ato sexual, apesar de ter dificuldade de falar detalhes. Ela fala de um boneco, como se ela tivesse a sensação de ser um boneco. Ela dá a impressão de estar extremamente fragilizada, precisa ter muito cuidado, muita cautela. Por isso é que não houve espaço nem possibilidade de haver uma investigação maior do que se passou concretamente. Mas ela fala como se tivesse uma sensação de estar no lugar do boneco, um boneco inerte, sem ação e que está sendo usado. Ela não transpassa satisfação alguma, prazer algum, no que aconteceu.

2.4 A cumplicidade familiar

Há uma cumplicidade das mães dos pais incestuosos. A configuração familiar do pai e sua relação fantasística com sua mãe não justifica o incesto do ponto de vista jurídico ou social, mas deve trazer elementos para entender como o *acting* do estupro/incesto foi possível. Em Cristina, a sua avó sabia do que se passava entre ela e o pai e acobertava, já que era na sua casa que se dava a relação sexual. Em Maria, a sua avó não deixou o pai criá-la, e quando do incesto culpabilizou-a dizendo ao seu filho que ele havia criado uma cobra. A avó implicava com todas as namoradas do pai. Uma hipótese que me parece plausível é pensar que nessa relação avó paterna/pai/filha, a filha ocuparia, na fantasia, para o pai, o lugar da menina que ele foi ou gostaria de ter sido para a mãe. Outra hipótese, e que é corroborada por um estudo citado abaixo, é o pai viver na filha, de maneira projetiva, seus impulsos homossexuais inconscientes em relação a seu próprio pai que, nos casos de Cristina e Maria, eram figuras ausentes havia muito tempo.

É importante, nos casos de abuso sexual incestuoso, que o analista encontre um lugar não culpabilizador em relação ao pai ou a qualquer pessoa, ainda que isso seja difícil. O analista de Maria incluía frequentemente sensações e sentimentos de Maria em relação ao pai, colocando-se de saída num lugar não culpabilizador do pai, como inimigo da filha, seu agressor e violentador. Isso fica sugerido como atitude a tomar pelas falas ambivalentes, por exemplo, que quer casar com o pai agora, no presente, que é o primeiro homem de sua vida, ou seja, por ele saber que o pai é um objeto de amor tremendamente valorizado por ela. É quase como se o analista percebesse que ficaria numa posição muito difícil se ele o colocasse de saída no lugar de agressor e inimigo. Como vimos no capítulo anterior, tomar a sua preocupação com o pai, não crucificá-lo e incluir isso na interpretação, foi fundamental para Maria ficar na análise.

A situação familiar, e mais particularmente a do triângulo mãe/ filha/pai, é apontada como envolvida diretamente no clima incestuoso no estudo de Maria Barchs (1992) de uma família em que o pai havia mantido relações sexuais com duas filhas.

Ambos os progenitores se encontram afetados no incesto pai/filha, visto que o incesto revela um frágil equilíbrio em uma família que tenta evitar a desintegração total. A filha afetada assume uma grande quantidade de funções parentais, enquanto os pais mantêm uma aparência de uma suposta competência em seus respectivos papéis. Frequentemente a família se desestrutura quando vem à luz a realidade do incesto. Pode-se considerar, no caso do incesto pai-filha, que, em algum nível, os atos incestuosos são realizados com a cumplicidade familiar. O pai é induzido pela sedução consciente ou inconsciente da filha e pela cumplicidade de uma hostilidade comum contra a mãe. A mãe força a filha a suportar a pesada carga de assumir o papel de esposa e amante do próprio pai, libertando-se dessas funções. Toda essa disfunção serve como defesa contra a alteração da estrutura familiar. O incesto, como uma relação não institucionalizada, reduz as tensões familiares ao evitar o confronto com os conflitos subjacentes. Esta manobra tem êxito enquanto cada indivíduo puder dissimular por meio dela certos conflitos. Assim sendo o incesto: a) permite o alívio de necessidades pré-genitais de dependência dos pais; b) evita os sentimentos de insuficiência sexual; c) é um mecanismo de vingança contra a mãe; d) é uma estratégia para reduzir a angústia de separação; e) mantém uma pseudoaparência em relação aos papéis de cada um na estrutura familiar; f) permite que o pai vivencie, projetivamente, na figura da mãe ou da filha, traços paranoides e impulsos homossexuais inconscientes relativos a seu próprio pai(avô paterno) (Freedman *et al.*, *apud* Cohen, 1992).

Algumas condições favorecem que uma família não estruturada viole o tabu do incesto: instauração da filha como figura feminina central, deslocando a mãe; algum grau de incompatibilidade sexual entre os pais, com tensões sexuais não liberadas pelo pai; impossibilidade do pai de procurar satisfação sexual fora do núcleo familiar, tentando manter a aparência externa de patriarca estável e competente; medo da desintegração familiar e de ser abandonado devido a essa desintegração formando então uma parafamília; aceitação tácita da mãe não participante, que absolve a transgressão e funciona como cúmplice da relação incestuosa pai-filha. Trata-se de uma variante patológica da família polígama (Lusting, *apud* Cohen, 1992)

2.5 A violência de uma ausência

Em Cristina, a mãe se omite por ignorância, ainda que estranhe que seu ex-marido só passeie com uma filha e lhe dê presentes. Esta vista grossa das mães torna-se cúmplice, como é o caso da mãe de criação de Maria. Mas vimos, no capítulo anterior, como em Maria a ausência de sua mãe, desde o início de sua vida, está presente o tempo todo. Vamos retomar alguns aspectos que apontam os efeitos violentos de sua ausência. Quando ela ficou criança grande e a mãe veio visitá-la, trazendo-lhe uma boneca, seu pai não deixou que elas se vissem e estraçalhou a boneca que sua mãe lhe deu na frente de Maria. Esta cena será marcante, estará sempre presente. Quando ela foge para São Paulo, deixando para trás a sua relação e o seu filho incestuosos, ela inicia uma viagem rumo às mães. Em um certo momento da análise, quando ela fica sabendo que sua mãe morreu, descobre-se que ela veio procurar ajuda oito dias após a morte por suicídio da mãe, ainda que ela não soubesse. A mãe morre no dia das mães. Quando Maria sabe desta morte tem uma sessão pungente na qual formula uma questão afetiva crucial para seu analista, através da pergunta dirigida a ele, se tem mãe viva: quer saber se o analista sabe que ela está sentida, ao contrário do pai, que não sabe. Pois este lhe diz: "Por que está tão sentida, se nunca teve mãe?" Se o analista sabe que está sentida porque perdeu sua mãe, porque para seu pai não existe eco ou ressonância de sua tristeza, pois sempre lhe refletiu a imagem de uma mãe morta, ao dizer sempre e apenas barbaridades sobre ela. Não é a primeira vez, com a morte da mãe, que ele lhe manda uma foto da mãe morta. A foto da mãe morta no velório concretiza uma atitude que ele sempre teve de enviar a ela uma mãe morta e, no entanto, ela conta como, de certa maneira, imaginou isso e foi como um bebê tentar alcançar o brinquedo, a boneca que a mãe lhe deu, a mãe, para pedir ajuda. Quer saber se o analista vai poder acolher seu luto. A boneca aparece como elo de Maria com a mãe, poder construir e manter o momento pré-edípico, narcisizante de ser a boneca da mamãe. O pai estraçalha a tentativa reparatória da mãe de narcisá-la de algum jeito como sua filha. Este foi o sonho mantido por Maria, apesar de a cidade dizer que sua mãe é prostituta, apesar das barbaridades que seu pai dizia sobre sua mãe. Parece-me que a oposição "milhões, milhares de bonecas do pai *versus* nenhuma boneca da mãe" fala de um núcleo conflitivo fundamental de Maria, já que os milhões e milhares do pai não são nada sem a da mãe. Ela mantém este sonho até hoje, já que esta frase se refere a uma percepção sua (ou da analista) desta comparação muitas-nenhuma. Além disso, os seus vários nomes (milhões de bonecas) aludem que sem a boneca da mãe não dá para saber quem ela é.

Antes da análise, só restava para Maria a identificação, como mulher, com uma mãe que não presta, já que assim ela fica igual à mãe para poder ser amada por seu pai, acima de todas as coisas, e aí o que ele faz a ela é porque a ama. Isso por dois caminhos: um, porque, no discurso do pai ou da cidade, sua mãe era a mulher que ele mais tinha amado; o outro, porque é como se ela quisesse reparar alguma coisa desta ruptura com a mãe, desta distância e a mãe é quem não aceita ao não ir morar com ela. Só resta a ela ficar com esta imagem de mãe, da mãe prostituta.

Mas na análise, ela pode fazer um apelo à mãe na transferência ao analista: "Mãe, olha o que me aconteceu desde que você me abandonou". Isso a salvou. Ela poderia só ter uma raiva enorme tanto do passado desta mulher como pelo fato de ter convidado a mãe para morar junto a ela e esta não ter aceitado, mas esta imagem enraivecida não aparece. Em algum lugar ela preservou a mãe que deu a boneca e ela veio ao analista pedir esta boneca. "Escuta-me, dá-me uma boneca e ajuda-me a aprender a ser mulher de um jeito diferente deste que sei." Desejo de recuperar o vínculo com a mãe já que o vínculo com o pai estava perdido. É tão intenso isto, que ela diz que gostaria mais de morar com a mãe do que com o próprio filho. Ela faz essa viagem de volta para as mães, porque aqui ela estaria perto da cidade onde a mãe estava morando, e onde sua mãe substituta mora. Quando começa a aparecer a transferência materna, aparece o desejo de ela recuperar, como casa quebrada que se sente, o vínculo com a mãe. Aparece aqui esse elo do que está perdido com o pai do ponto de vista amoroso, o desejo de reencontrá-lo com a mãe. Isso mostra, pela negativa, que antes do incesto havia um investimento do pai como se ele fosse uma mãe.

2.5.1 Luiza

Em Luiza, a mãe lhe dando para outra pessoa aos sete anos produz a ausência que ela vai tentar depois repor, buscando os irmãos em São Paulo e talvez tenha produzido também o estranhamento que existe entre ela e o irmão que se tornará seu amante. Luiza é uma moça que ficou um tempo na instituição e que foi atendida pela equipe. Ela veio porque ficou sabendo da instituição através de uma vizinha, que ouviu no rádio. Veio dar queixa de agressão por parte do irmão. Primeiramente a sua queixa era que sofria constante agressão por parte do irmão com quem morava. Tinha muito medo dele, pois ele andava armado e usava drogas.

A mãe teve sete filhos e deu alguns. Ela foi dada, com sete anos, a uma mulher que a criou, a quem chama de madrasta, que a maltratava muito. Isto se dá em outro estado. Em um certo momento, ficou grávida de um rapaz, mas casou com outro que não o pai da criança. Foi morar em uma roça. Esse homem a maltratava muito. Resolveu, então, escrever para os irmãos verdadeiros pedindo ajuda. Tem dois irmãos em São Paulo. Um casado, crente e outro; como esse casado não podia ir buscá-la, este pediu para o outro ir. Ele a traz para morar com ele numa casa. Começa a se mostrar muito controlador de sua vida, a agredi-la e a ter relações sexuais com ela. Seu filho começa a chamá-lo de pai. Ela vai pedir ajuda à instituição que lida com a violência contra a mulher. O irmão a espancava, esmurrava, mordia, dizia que ele queria matá-la aos poucos. Propôs-se que ela fosse à casa abrigo, mantida pela instituição porque havia um risco de vida grande. Foi então que fez uma denúncia na delegacia e foi para a instituição.

Na época, com 17 anos, comportamento de menina, era muito difícil conversar com ela sobre o abuso sexual. Ela ria o tempo todo, não falava muito das coisas que ela sentia, era um riso meio nervoso e ela não se dava conta do que estava acontecendo, da história de maus-tratos que vinha tendo desde pequena.

Então, durante o tempo todo em que ficou na instituição, ela não se empenhou muito numa possibilidade de vida independente, de ter a sua casa, cuidar do seu filho; não saía para procurar outro emprego, já que teve de sair do emprego de doméstica que era perto de sua casa. O tempo todo que esteve na instituição, sempre estava às voltas com o namoradinho que prometia coisas a ela e seu projeto era de uma saída para si através de um homem. Depois de um tempo, ela sumiu da instituição-abrigo, que teve que registrar um boletim de ocorrência. Ela não mostrou nenhum compromisso com a instituição, que estava ainda no começo, meio desestruturada, bem como a sua equipe. Teve dificuldades de relacionamento com uma mulher que estava lá. Foi um momento complicado e nesse tempo, teve um dia que seu irmão apareceu lá, na frente da casa, junto com um amigo seu armado. Ele sequestrou esse seu amigo, que a tinha levado lá, e machucou, bateu para ele dizer onde era a instituição. Veio a polícia, mas ele fugiu; ela ficou com esse amigo, procurando para ver se o achava. Este foi um momento tenso. Todos esses acontecimentos mostraram também para a instituição a sua fragilidade diante de tanta violência. Há que se ter um compromisso maior do que a instituição estava tendo. Por exemplo, ter um guarda na instituição.

Luiza teve então um seguimento meio irregular. O que marca mais o seu atendimento é sua dificuldade de entrar em contato com as coisas. Sua tendência era mostrar-se infantil, ficar com o namorado e não mudar sua situação. A instituição pedia um aproveitamento rápido e não era o seu jeito. Queria-se muito dela, mais do que ela estava revelando ser possível. Uma pessoa que está acostumada com esse nível de violência desde os sete anos de idade pelo menos, fora a violência de ser dada por uma mãe, não vai mudar rápido. A instituição pede um saber voluntário do tipo "tenho consciência que se você trabalhar é melhor do que ficar dependendo de homem". Isso não funciona.

A relação com o seu filho era muito ruim, pois batia muito nele, não ligava muito mesmo para o menino e batia nele, tendo muita dificuldade de relacionar-se com ele. Como ela mesma não teve uma mãe, também não sabia cuidar diferente do que fazia.

Ficou-se sabendo, através das vizinhas, que ela tinha voltado a morar com esse irmão. Depois de muito tempo, ela fez um retorno para pegar umas roupas que ela tinha deixado, mas se aproveitou a ocasião para conversar um pouco com ela. Ela conta que voltou a morar com o irmão, que ele voltou a fazer tudo que fazia antes e que depois de um espancamento, ela deu parte na delegacia. Depois de um tempo, ele foi preso e ela amigou-se com um novo companheiro e que estava trabalhando como doméstica em um apartamento próximo a Av. Paulista. Durante a semana, deixava o filho com a cunhada e ia buscá-lo nos finais de semana. Fala que está muito preocupada com o filho, que o irmão tem chamado o seu filho para ir visitá-lo na prisão e que ela não sabia se deixava ou não, que seu filho está apático, muito quieto, que brigava pouco para uma criança da idade dele e que chamava o tio de pai. Ela nunca tinha conversado com o filho sobre tudo isso que aconteceu. Seu filho foi morar com o pai verdadeiro que veio para São Paulo. Ela nunca conversou com ele sobre essa confusão.

Conversou-se um pouco com ela a respeito da dificuldade que seu filho deveria estar sentindo diante de todas aquelas mudanças e confusões. Quem era o tio? Quem era o pai? Ele precisava de um atendimento tanto quanto ela. Conversamos um pouco sobre a importância daquele atendimento para eles. Chegou-se a marcar um retorno, mas ela nunca mais voltou.

Não se conseguiu despertar nela alguma coisa que a fizesse começar a trabalhar um pouco essas questões dentro de si. Isso se deve, em parte, à falta de estrutura da instituição que reforçou, pelas suas más condições de habitação e convivência, a dificuldade de vincular-se de Luiza.

Ela preferiu voltar a morar com o irmão. Poderia ter ido para a Cochinchina, mas foi morar com o irmão. Há um movimento de repetição: por que essa moça tem que estar com o irmão de sangue? A instituição só estava podendo dar uma acolhida material, quando era necessário um trabalho profundo e um tipo de acolhida que mostrasse um outro tipo de maternagem que talvez pudesse romper alguma coisa da repetição da violência.

A instituição se propõe a dar abrigo apenas por três meses. Talvez fosse necessário um esquema nesses três meses que desvinculasse o abrigo físico – material – do trabalho da instituição. Talvez essa moça precisasse trabalhar e antes de ir para o abrigo, passar na instituição, duas ou três vezes por semana, fazer um acompanhamento psicológico e um acompanhamento jurídico. Ao sair do abrigo, continuar a frequentar a instituição que é diferente da instituição-abrigo. Quando vários profissionais estão envolvidos juntos, talvez fosse interessante ter apenas uma pessoa da equipe que funcionasse como referência ou responsável para a pessoa que está sendo atendida. Uma espécie de maestro da orquestra. Ela pode ou não ser o psicólogo, mas qualquer problema que aconteça é sempre para ela que se reporta. No caso da paciente em questão, seria importante uma pessoa assim para desvinculá-la, para tentar romper alguma coisa de muito repetitivo nessa relação com o irmão. Há uma cumplicidade inconsciente nessa vivência marital com o irmão. Ela não procura o outro irmão e não conta para o filho durante dois anos e meio. Por exemplo, ela permitiu que ele chamasse o tio de pai. Não conversou com ele que seu tio não era seu pai. Ela não sumiu da instituição-abrigo para qualquer outro lugar.

Se ela sempre busca uma saída para si indo morar com um homem, sem conseguir ficar sozinha, na linha da fantasia repetitiva do príncipe encantado, a instituição-abrigo também ocupa este lugar principesco, prometendo um castelo de coisas para ela, enquanto ela estava lá. Isso também dificultou a ela vincular-se às propostas da instituição-abrigo.

O trabalho de orientação, atendimento psicológico, poderia ser feito fora da instituição-abrigo, a não ser em casos de urgência ou nos primeiros dias ou semanas, para facilitar a adaptação ou trabalhar questões emergentes na convivência dos abrigados.

A psicanálise, através do conceito de compulsão à repetição, permite entender por que ela volta para a casa do irmão, por que ela vai e volta para a casa do irmão que ela denunciou. Além disso, a culpa em relação à denúncia, o tormento pela prisão do irmão estão muito presentes.

Muitas vezes, marcar o atendimento psicológico pode se tornar um vício burocrático da instituição. A preocupação institucional poderia ser menos com o retorno ao atendimento, sua duração e mais de entrar na situação de um primeiro encontro, como se fosse a única vez que se veria a paciente. Por exemplo, no caso de Luiza, poder-se-ia entrar na sensação de que ela estava atormentada porque, então, ela vai estar afetivamente engajada e se ela conseguir através disso fazer um elo com quem atende, o desejo de retornar partirá dela. A aflição, por parte de quem atende da equipe, de que o caso é grave, é complicado, o que aliás diz respeito a todos os casos, tanto quanto a necessidade de tempo, impede o enganche afetivo de fato.

2.6 Repetição e regressão

Estarei usando o conceito de repetição neste item em dois sentidos: em um primeiro, como repetição na transferência ao analista de conteúdos psíquicos, mais exatamente repetição das imagos parentais compostas numa relação intersubjetiva permeada pelas fantasias inconscientes, repetição essa que se dá de maneira inconsciente e que cabe ao analista, ao ocupar um lugar que recebe transferencialmente, desvendar o conteúdo psíquico em questão, nos vários momentos da análise, torná-lo consciente, ou contribuir para que a dupla analista/paciente o torne. Repetição, aqui, como cerne da técnica analítica, já que se trata de propiciar a repetição do mesmo para promover repetições diferenciais ao promover, pela repetição, a recordação e a perlaboração, ou seja, a elaboração psíquica que perpassa um conteúdo fantasístico, dissipando-o. Em um segundo sentido, ligado ao primeiro, uso repetição como compulsão à repetição, ou seja, como repetição dos conteúdos desagradáveis que não foram ligados psiquicamente, ou seja, não foram elaborados. A repetição aí, como tentativa de inscrição psíquica, de simbolização, em uma rede de representações psíquicas que possibilitam sentido. A compulsão à repetição se manifestaria tanto em relação à repetição de conteúdos psíquicos infantis desagradáveis como de acontecimentos traumáticos, pois estes criaram um excesso de energia que não pode ser ligado ou escoado e que busca estes dois caminhos (escoamento e ligação) o tempo todo. A compulsão à repetição também diz respeito à repetição de posições e lugares intergeracionais.

Em Luísa há a repetição da relação incestuosa com o irmão, mesmo após procura de ajuda institucional. Em Maria, há três gravidezes incestuosas, uma enquanto em análise, embora só uma levada a termo. No caso de Cristina, ela deixa-se bater pelo irmão numa repetição da relação com o pai-carrasco. Há a identificação com o agressor, além do benefício secundário de ser a preferida, mas há intensa culpabilidade. Masoquismo intenso de Cristina do qual a família tem medo. Fenomenologicamente, ela estaria pedindo: "Me bate para eu parar com o que me faz mal". Cristina também volta a visitar a avó paterna, onde o pai estava morando. Exibe um comportamento infantilizado e o tio a manda embora, sendo que as irmãs é que vão buscá-la; o analista suspeita que pode estar contando algo de sua fantasia de desejo de tornar a ver o pai, mas o que importa é que ela é verdadeira psiquicamente. Cristina repete na transferência, ao exibir eroticamente os machucados, a provocação dos mesmos prazeres que o pai tinha com os machucados. O pai arranca os dentes para ver nela a castração que é impossível ver em si. No caso de Miriam, o incesto entre pai/filha repetia algo já incestuoso do pai ter se casado com uma irmã da primeira esposa. Joana repete, na aproximação transferencial ao analista, uma maneira de averiguar se este vai fazer como o professor da biblioteca, atos ambiguamente sedutores. Testa o desejo dele, toda uma situação de sedução. Desconfia se o analista não vai aproveitar dela em todos os sentidos, sugá-la em todos os sentidos, monetário e sexual.

A compulsão à repetição é um dos fatores que provoca uma regressão aos conteúdos psíquicos infantis, que é multideterminada. Há que pesquisar as determinações desta regressão. Em Cristina, ela fica como a menininha que ficou diante do pai na situação de sair com ele para passear, com isso tudo o que se passa quando ela sai para passear. A infantilização aparece como benefício secundário, ou seja, um benefício colateral em uma situação que provoca intenso sofrimento. Agora ela encontrou a mãe que barra. É como se o agora estivesse de alguma forma ligado ao antes. Antes ela dava conta sozinha, já que passou quatro anos sem contar a ninguém sobre o incesto e as violências físicas. O que será que acontece que a partir do momento que a mãe barra a violência, indo denunciar, ocorre a infantilização? É necessário ao analista entrar no clima para ela trazer as imagens de como era com o pai. Falar da sua parte ativa que volta para buscar a sedução. É por isso que o barulho volta a perturbá-la, porque o barulho diz a ela que não pode ter essa vontade de voltar para perto da cena do crime e alguma coisa de si a compele a voltar. Esse barulho é, dentro de si, um barulho superegoico, ligado a um intenso apego ao pai, que manda ela repetir. Com Cristina há alguma coisa mesma da compulsão à repetição, que pela demora em aparecer – quatro anos – é uma situação que foi extremamente erotizada por ela. O pai de Cristina (assim como o de Maria) deve ter tido uma função narcisizante para ela que o analista precisa passar a ocupar na transferência. Quando Cristina pede um dentista à analista, e sabendo nós que o incesto foi denunciado porque o pai lhe arrancou todos os dentes, entende-se este pedido de dentista como ajudá-la a repor os dentes para que ela saia dessa situação de dependência, amor e ódio em relação à mãe e resolva a questão de que era mais gorda e agora não come, a questão gorda/comida que está do lado da mãe, que seja de uma maneira diferente do que ficar se submetendo masoquisticamente ao sadismo do pai, na ilusão de ser assim a preferida, a escolhida. Cristina encena a fantasia masoquista apontada por Freud (1919) em *Bate-se em uma criança*, que esconde um tempo inconsciente "É a mim que meu pai ama", "Eu sou a preferida". Como diz Laplanche (1988), tempo que traduz na linguagem do amor algo que é da ordem do sexual. Talvez toda a situação paranoide em relação ao pai se apoie nesta situação mais primária em relação à mãe. Ele arranca os dentes e ela volta a ser um bebê grudado ainda mais à saia da mãe. Muito fragilizada, vem pedir outra solução porque a que encontrou foi catastrófica.

Em Maria, o que fica difícil para matar o pai, rasgar seu lugar nas fotos é que ele ocupa o lugar da mãe, narcisizante, desde que ela era muito pequena. Há uma adoração ao pai que com a transferência ao analista se atenua. Função materna do analista: Não bruxa má, mas mãe suficientemente boa. Não é cúmplice com o pai, como a mãe que a criou, que, portanto, não poderia livrá-la da violência com o pai. O analista, ao mesmo tempo em que acolhe a vivência da violência com o pai, barra a violência mais interna deste pai interiorizado.

Como sempre, numa análise, não adianta cercar sua problemática pelo princípio de realidade, já que há uma armadilha daquilo é fantasia e do que é realidade. Em Maria, quando o pai sabe da gravidez e lhe dá uma surra, quando lhe diz que ela é prostituta igual à mãe, que ela não presta, aqui ela se identifica com a mãe, repetindo o destino desta, de alguma maneira. Nota-se que o pai engravidou as duas na mesma idade. Ser engravidada pelo pai, experiência que se repetirá, aponta para o desejo inconsciente de ser prostituta igual à mãe, amada pelo pai como a mãe foi, que se junta com seu ciúme em relação ao pai.

2.6.1 Arlete

Assim, em Arlete, aparece a repetição de uma mesma marcação de lugares em três gerações (uma filha mulher de um primeiro casamento). Arlete foi procurar a instituição porque queria um lugar para ficar com os filhos e os irmãos. Estava provavelmente grávida de seu quarto filho, muito embora fosse ainda uma adolescente. Contou que o pai de seus filhos era seu avô-padastro. Sua mãe havia morrido no ano anterior. No momento da queixa estava morando com o avô, seu marido, segundo ela, no mesmo quintal que a avó. Contou que morava com ele desde a primeira gravidez, quando foi expulsa de casa por seu padrasto.

Segundo Arlete, todos os tios são filhos de seu marido, sendo que apenas sua mãe era filha de sua avó com outro homem. Arlete, como a mãe, é a única dos irmãos que não é filha do padrasto, sendo a mais velha deles. Não fala de seu pai biológico.

Queixa-se que o padrasto bate muito nos irmãos, como já fez com ela e é por isso que quer levá-los. Também diz que briga muito com o marido e que ele a tem mandado embora de casa. A avó, por sua vez, bebe e briga muito com ela e os filhos. Sobre o marido-avô-padrasto, conta que é catador de papéis na rua e que, às vezes, é bom com ela. Se não tivesse filhos tentaria ir morar com o padrasto, mas ainda assim um dos empecilhos seria sua atual mulher, que não gosta dela. Sua mãe registrou seus filhos em seu nome, com exceção da última filha, que foi ela mesma quem registrou.

Vemos que há sempre uma filha que tem uma ligação especial com a mãe, há uma que é diferente sempre. A mãe era a única filha do primeiro casamento. O pai está ausente na relação de Arlete com a mãe e desta com o pai. A filha menor de Arlete foi registrada no nome da mãe, ainda que tenha o pai conhecido, o avô. Há uma repetição, pois está sempre presente uma ligação especial de uma filha com uma mãe, nas três gerações.

O marido de Arlete briga muito com a avó, agride-a fisicamente e ameaça-a com a venda do quintal e da casa em que moram. A avó bebe e agride Arlete e os bisnetos. A sua mãe sabia da situação toda, mas Arlete acha que ela não tinha o que fazer. Quando ia para a sua casa, o avô ia atrás para pegá-la e trazê-la de volta. Há também um agravante: o padrasto a expulsou de casa quando engravidou pela primeira vez. Parece não ter noção das situações, é simples e ingênua, não demonstra raiva do avô-padrasto, nem da avó.

Ela teve o filho aos doze anos, o que quer dizer que engravidou aos onze. Ela disse que gostaria muito de livrar os irmãos do padrasto, de sair de onde mora e ter uma casa onde pudesse ficar com todos, além de trabalhar. Não conhece nenhum adulto que pudesse se encarregar dessas crianças todas, ter a guarda delas, pois é menor e não pode se responsabilizar pelos irmãos e filhos. Disse que não estaria mais aguentando as brigas e agressões no quintal em que vive e que por isso procurou a instituição.

Esse caso foi atendido juntamente com a assistente social. Ela diz que não aguenta mais brigas e agressões, sendo que parece ser esse o desencadeante da procura. Ela quer sair desse lugar e tirar os irmãos e filhos do padrasto, se colocando como aquela que cuida. Ela cuida de todos. Foi explicado a Arlete sobre o risco de adoção de seus filhos e irmãos se houvesse denúncia e que isso era uma decisão sua, que se respeitaria qualquer que fosse sua decisão. Ela nos respondeu que não havia procurado o SOS Criança por esse motivo. Arlete não quer se separar dos filhos e dos irmãos.

Contou que a avó teve nove filhos com seu marido, o avô-padastro, sendo que sua mãe não era filha dele. Sua mãe tinha uns cinco anos quando a avó foi morar com o avô-padastro. Ela já havia feito tentativas de suicídio, por três vezes, por achar que desse jeito não vale a pena viver. Diz que o que a mantém viva são os filhos e os irmãos, pois gostaria muito de poder criar todos eles.

O pedido psicológico que é feito parece ser: "deixa-me viver com meus filhos e meus irmãos, e mantê-los vivos, que é o único jeito de eu estar viva, pois não aguento essa situação de violência." Não é uma casa concreta que é pedida só, mas ajudá-la a manter esta casa interna, seu próprio corpo.

Ela contou que saiu da casa da mãe e do padrasto depois de ter o primeiro filho, pois o padrasto não a queria mais lá. Foi então morar com o marido. Esse padrasto sempre a maltratou, chegando a espancá-la, como faz com seus irmãos. Falou, então, sobre a possibilidade de estar grávida novamente, pois estava tendo enjoos. Arlete nunca fez pré-natal, só vai ao posto para levar os filhos para a consulta. O padrasto expulsa-a de casa, em vez de denunciar o avô. Ela que é a culpada! E ela ainda vai morar com o avô. Isso tudo na primeira gravidez. Se tivesse ficado afastada dele, não teria engravidado outras vezes. Há algo aqui que empurra para a repetição.

Investigou-se com ela se não conhecia algum adulto que pudesse se responsabilizar pela guarda das crianças. O problema é que os tios, que são adultos, são os filhos de seu marido. São irmãos dos seus filhos. Arlete ficou de conversar com uma tia, que era a mais próxima, para saber se ela poderia ajudar.

Paralelamente a instituição que a recebeu estava procurando uma outra instituição que pudesse acolher seus filhos e irmãos juntos. Deu-se um encaminhamento prático e parece que isso a assustou.

Há muita ambivalência de Arlete para com o marido-avô-padrasto, pois parecia se sentir acolhida por ele e, afinal, é ele que a sustenta e a seus filhos. Numa segunda entrevista, ela chorou. Depois disso, não veio mais, apesar dos telegramas mandados. Uma solução prática para esse caso é muito difícil, pelo menos até ela fazer 18 anos. Ela vem com uma demanda prática que já no próprio pedido parece estar ligada à fantasia; veio conectada com o limite da realidade, seja a dela, seja das instituições, seja jurídica. Será que não era o caso de tentar entender qual é a sua demanda pessoal, para dar uma acolhida para essa moça, de uma violência já sofrida?

Há uma compulsão à repetição, que deve estar apoiada em muitas ligações afetivas, emocionais, com várias identificações e, de qualquer maneira, com o marido, a situação estava mais ou menos boa. O fato do desencadeante da procura ser a quarta gravidez, que a assusta, além de ser uma atrás da outra, é que é a primeira vez que a mãe não está viva. Já a última filha não está registrada no nome da mãe. A mãe morreu quando ela já devia estar grávida ou tinha acabado de dar à luz. Parece que ela tinha uma boa relação com a mãe. Há algo de obscuro em relação ao luto da mãe que a faz procurar ajuda nesse momento, dessa última gravidez, ligada ao fato de a mãe não estar mais viva. É algo da sua relação com a mãe que está em jogo no fato de querer tomar conta dos irmãos.

Novamente, neste caso, vemos como a equipe – psiquiatra e assistente social – fica aflita com qual atitude pragmática se tomar, o que a impede de entrar nas circunstâncias de como foi essa violência sexual, por que ela voltou e por que ela achava que só podia morar com o avô. Há uma gravidade que, logo de início, se percebe que não há o que fazer, em termos práticos. O que tinham a fazer ia contra o seu desejo, que era encaminhar para a adoção dessas crianças por outras pessoas, o que ela jamais deixaria. A escuta institucional ficou presa à sua idade, quando na verdade, no pedido que faz ela diz: "Olha, não só sou capaz de cuidar dos meus filhos, como quero ir trabalhar, e cuidar de meus irmãos, o que não tenho é casa para eles". Quer dizer: ela tem 16 anos, é menor de idade, são seis crianças, três filhos e três irmãos e ela está num estado psíquico bastante onipotente para lidar com essa situação. Tinha muita coisa para se pesquisar na sua subjetividade, que a fizesse manter-se na instituição e encontrar um caminho de mudança. Há que pensar como essa moça vem pedir condições psíquicas, uma casa maior para ela poder tolerar essa situação, da ausência da mãe; ela não veio ainda pedir um pai. Os pais estão fora dessa jogada, ela não vem pedir uma função paterna, nesse primeiro momento, pai entra meio como padrasto, de um jeito incestuoso. Os pais estão de fora, não importam muito, o negócio é a mãe. Ela quer tirar os irmãos do pai. É lógico, ela procura uma instituição, do lado do social-simbólico, portanto, mas através de uma mulher, a diretora da creche. Ela vem buscar uma acolhida desse desejo de ter essa casa maior para poder acolher todos esses filhos-irmãos da violência. A instituição tem de encaminhar para adoção porque é incestuoso, porque é estupro incestuoso. O encaminhamento para fora acaba resultando no seu abandono.

Se tivesse havido supervisão clínica institucional, iria ficar mais fácil perceber na primeira escuta, que encaminhamentos mais práticos eram difíceis e arriscados. Perceberam que ela não ia topar e não é função da equipe obrigá-la a isso, já que a instituição não tem função legalista. E isso é uma vantagem do serviço. Era um caso para atendimento psicológico gradual, ouvindo e esclarecendo melhor a demanda, porque não dá para logo propor o atendimento, já que a sua demanda está no plano concreto.

Quando ela adquirir confiança, então, pode-se mostrar qual é a outra demanda. Talvez seja o caso de se esperar dois anos, até que seja maior de idade, não tirar a sua esperança, mas aportar a percepção de que ela vem buscar, em relação a essa sua casa, algo muito difícil, com muita violência para fora, de fora, para ela e dela com ela mesma, além do acontecimento da morte da mãe. Havia dúvidas de como o serviço deveria atuar nesse primeiro atendimento. Ainda é confuso qual deve ser o profissional a fazer esse primeiro contato. Havia confusão das funções no atendimento por dois profissionais diferentes. É importante pensar na especificidade do local, da instituição e que, enfim, não é um consultório. O que a instituição pode fazer por essa pessoa, no plano jurídico, no plano social, e no plano psíquico? A vantagem da primeira entrevista ser feita pelo psicólogo, em função psicoterapêutica, é que ele tem mais facilidade em transitar em vários lados. Mas é importante uma agilidade de encaminhamento, não ficar só com a escuta psicológica, mas também tê-la na mão.

Só um trabalho mais profundo ligado a um outro tipo de acolhida, que não a acolhida material – no caso de Luiza a casa-abrigo e no caso de Arlete, o oferecimento de adoção de seus filhos e irmãos, última coisa que ela queria do ponto de vista psíquico – ou seja, a escuta desta repetição e do que a promove pode romper com esta repetição.

2.7 O "privilégio" de uma escolha e o abandono da escolha de desejo

Como são escolhidas as filhas incestadas? É frequente a presença de defeito físico ou doença. Em relação aos outros irmãos, no caso de Cristina, aparece fortemente a inveja que ela imagina das irmãs só que deslocada para outras coisas. Isso se relaciona com um lugar de privilégio que ocupou em relação ao pai e que ela imagina desejado pelas irmãs só que estas não gostavam do pai.

A consequência da sedução é o abandono da escolha de desejo. Eis uma fala de Joana: "Antes eu tinha muita criatividade com desenho e com redação, hoje não, depois do que aconteceu. Não quero mais fazer curso técnico". O que o professor fez foi desvirginá-la, mas nesse sentido violento do homem que mata a sua criatividade, aquilo que a fazia especial aos olhos de si mesma, na hora em que a trata como qualquer uma. Para ela era uma relação especial que tinha a ver com criatividade e é isso que sentiu ser morto pelo professor. Não há outro jeito do que ser normal porque o que a fazia especial aos olhos de si mesma morreu na hora em que foi tratada como qualquer uma.

No caso de Maria também, após vivência alucinatória, abandona o curso de moda. O importante é que ela não volta mais para a sua escolha de desejo. Esse pai, que ela não consegue deixar de pensar vinte e quatro horas por dia, ao contrário do que ela imaginava quando veio para São Paulo, esse pai que sidera, que comanda a sua vida em parte, não deixa então ela se engajar na sua escolha de desejo.

2.8 Pai carrasco/pai patrão – relação de domínio e violência

A demanda (um pedido não necessariamente consciente, ora inconsciente, ora pré-consciente /consciente) de amor feita ao pai favorece uma relação de domínio do pai. Ao raspar a cabeça no lugar da ferida provocada pela coronhada do pai para deixar uma marca aparente, Maria manteve, no plano concreto, a alusão de que havia uma ferida aberta para sempre a partir do estupro feito pelo pai. Quando criança, o pai vinha vê-la gordinha e bonitinha como a bruxa má da história de João e Maria: pensando em comê-la quando chegasse no ponto. É o que faz. A sexualidade oral está muito presente em metáforas como digerir a gravidez e em atos como drogar-se.

Quando o analista ocupa transferencialmente o lugar da mãe, ela pode deixar de adorar tanto o pai pelo reforço de sua função narcisizante materna. Pois o pai ocupou para Maria o lugar de pai e de mãe, ainda que ela tivesse uma mãe de criação, mas que era paga por ele e totalmente sua cúmplice. Função narcisizante no sentido de que era ele quem lhe oferecia o apoio primordial de um outro que dá uma primeira imagem para o investimento de libido que permite a construção primeira de seu eu. A função materna do analista permite que se instale para além da bruxa má – imagem fantasística dessa mãe abandonadora e desse pai/mãe sufocante que não lhe permitem existir – uma mãe suficientemente boa, que não é cúmplice do pai como a mãe que a criou e que neste lugar não pôde livrá-la da violência.

Assim, nos casos de abuso sexual incestuoso, o analista pode ir barrando a violência externa do pai, que insiste em se repetir (em Maria e em Cristina), e a violência interna desse pai interiorizado, à medida que pode acolhê-la e a todas as representações a ela associadas. Há proteção em relação à violência do pai e da filha em relação a si mesma.

Quando Maria deixa de reagir na ocasião em que o pai veio assediá-la, parece que ela deixa de se engatar também a alguma coisa do seu desejo em relação ao outro, como se ela percebesse que o desejo do outro é que ela reagisse, não que gozasse passivamente. No momento em que ela para de reagir, ela se coloca claramente como objeto da violência e é isso que o pai não tolera também, objeto inerte que não pode fazer nada e que sofre a violência, fazendo com que ele perdesse o interesse sexual nela.

"Eternizar o momento do estupro", "não me interessa o amor de meu filho, nem a promoção no trabalho, só o amor "a" e "do" meu pai interessa, pois ele é violento", são algumas frases que mostram o grau de quase exclusividade de investimento psíquico imaginário (no plano do jogo intersubjetivo das fantasias) nesta relação. Há muita violência porque não é possível desgrudar deste apego narcísico. Quando se tenta desgrudar, há a inauguração de um círculo infernal da erotização da violência que se desprende, deixando a filha ou o casal pai/filha entregue a uma depressão perversa: Maria não dorme, passa o tempo inteiro em contato com esta violência erotizada, droga-se, quebra tudo, ouve programas de rádio que falam só de violência, o pai não para de telefonar, não para de escrever, as cartas são plastificadas. Cristina não dorme e volta à "cena do crime" em fantasia ou em ato. Em Maria, há a erotização de um vínculo fusional, narcísico e violento em um clima de cocaína e maconha, de reencontro com alguma coisa fusional e arcaica talvez substituta de sua privação de mãe. A depressão perversa ocupa o lugar da impossibilidade de fazer o luto pelo amor do pai, que pudesse dar lugar à raiva. Há muito susto com a própria violência tanto em Maria como em Cristina: é mais fácil ficar com o amor cúmplice, violento, autodestrutivo em si mesma e com o amor do pai, do que perceberem a própria violência contra o pai. No momento em que a violência de Maria pode sair, ela pode destacá-la da libido e dirigir esta a outro objeto amoroso: diz que gostaria de ter alguém para ir ao motel com ela, apesar da interdição paterna para isso. Mas ela pode entrar em contato com esse desejo sexual, quando ela consegue se dar conta do seu desejo de matar alguém. Então se separa desse amor violento, capaz de ter raiva do pai para poder desejar outro homem.

2.9 O filho/irmão

O analista de Maria aproxima-se inicialmente do tema do filho tratando-o como seu irmão. O filho não é uma monstruosidade que não pode ser olhada, com o qual ela não pode estabelecer elos, pois ela os tem seja como irmão seja como filho. A sua relação com filho incestuoso é de que a irmã repudia o filho "porque ela teve que lutar pelo amor do pai a vida inteira e o irmão/filho não". Maria fala de como usou todas as armas de sedução para ter o amor do pai e o irmão/ filho teve o seu amor desde o começo. Ela repudiou o filho através do ódio de irmã, pela competição, pela disputa em relação ao pai. O amor que ela precisa continuar depositando no agressor esconde esta coisa muito mais marcante, o amor ao pai, que antes escondia o ódio, e agora esconde uma coisa mais degradada que é a sensação de ser bicho, um animal: se coloca fora do humano. Será que o ciúme do irmão a salva do surto? O ciúme do irmão permite traduzir na linguagem afetiva um evento que é da ordem do sexual. Por trás desse nascimento, está a sensação de não ser mulher, não ser humana, ser um bicho que come o filho aberrante, repudia, faz sumir aquele filho, que era prova da relação incestuosa, mas sobretudo o filho que a afastava do pai. Esse seu amor ao pai declarado ao analista é muito desafiante, amor defensivo em relação à sensação que a teria levado necessariamente ao ódio assassino em relação ao filho e ao pai. Aqui entra toda uma constelação da fantasia como irmã, mais inconsciente. Também existe uma linha no material clínico, a partir de uma fala sua, de dissimular o amor ao filho, pois mostrá-lo é como se estivesse legitimando o incesto. "Senão seria aprovar a coisa da gravidez", esta parece ser a ideia mais consciente, pré-consciente/consciente. O mais inconsciente parece ser "porque ele é meu irmão e meu pai gostou dele antes que de mim". Mas, por outro lado, a irmã tem uma sensação leve de repúdio ao irmão que vai tirar o amor. Ela traz esse sentimento narcísico da irmã para tamponar, camuflar, deixar mais leve em relação a essa sensação profunda de ter se sentido um bicho, uma vaca, um porco, um não humano parindo, que poderia ser tomado de um ódio assassino que a levaria a comer a coisa aberrante. Existem ódios assassinos, coisas do reino animal, não do reino humano e isso fica encoberto por essa pseudo-humanização que está no seu amor ao pai, na disputa com o irmão/filho em relação ao pai, como se estivesse pseudo-humanizando com afetos porque ela não tem afeto algum, é bicho, porca.

Parece que é difícil mesmo manter estas relações ambivalentes de amor e ódio que, enfim, qualquer mãe também pode ter com o filho, mas aqui precisa colocar este filho como uma bolinha, um ovinho, que nem a galinha, que coloca o ovo que não está entranhado nela, porque senão se vai viver as entranhas enlouquecedoras deste amor que confunde o amor de mãe com todos os afetos e sentimentos de irmã em relação a esse filho-irmão, em relação ao pai.

2.10 Fantasia da menina – sedução paterna

A menina não deixa de seduzir o pai ou seu substituto. Ela demanda ao pai: "você aguenta o meu amor, minha sedução para poder me dar coisas boas sem me decepcionar me amando sexualmente de volta?" O que a menininha pede? Que o pai aguente o amor, se seduza por ela, banque o seu percurso de menina a mulher mas não viole a lei do incesto, se autointerdite. A linha divisória é muito tênue. No caso do incesto mãe-filho há uma consequência violenta, já que a pena do incesto é "a morte" no ventre materno, ou a perda do pênis pela ameaça de castração proferida pelo pai. Por isso "não morrerás, não comerás o produto de teu ventre". No caso de incesto pai-filha não há pena violenta. No limite, é impossível discernir entre fantasia histérica que deseja a sedução paterna e o ato de sedução paterna. Mas na fantasia de sedução da menina, o que é imaginado como sexual está colocado muito mais como desejo de um encontro afetivo, encontro amoroso. O pai adulto não pode violar o tabu do incesto, é o que a cultura pede ao pai, que regule seu desejo. Ele pode fazê-lo de maneira superegoica ou desejando a regulação de seu desejo pelo amor a uma mulher adulta, a mãe de seus filhos ou uma substituta. Para tanto, este homem precisa ter superado o temor à penetração e a fantasia de um interior do corpo feminino que é visto como uma câmara mortuária e terrorífica. Senão, se ele não escolher a via do caçador de tesouros misteriosos no interior do corpo feminino, via que o leva a aceder à feminilidade em si e em sua mulher, e a desempenhar um papel fundamental na condução de sua família, ele sempre preferirá "o gosto e a consistência da carne fresca" das adolescentes, ficando apenas no plano das máscaras e com a ilusão de ter alcançado a fonte da juventude. Fonte que se esgota rápido com a sua sensação de solidão e infelicidade.

O complicado, portanto, é quando a resposta do outro é erotizada. Pois aí há a conjunção da fantasia sexual com o não entendimento da mensagem pelo outro. Em Joana, em vez das emoções que gostaria de provocar e que são da ordem da ternura e do afeto, há algo de perigoso, noturno, sexual, erotizado. Se o homem adulto não tem interiorizado a interdição a situação se complica, embora ele sempre possa dizer ter sido seduzido. A menina não pensa na resposta erotizada do outro. Na sedução, o traumático é a conjunção da resposta erótica do outro com a culpabilidade das próprias fantasias sexuais incestuosas. Não é só a resposta erotizada do outro. Há algo da situação, que é da atividade direta do outro em relação a ela, que se torna violenta, inesperada. O que é difícil é o engano. O que incomoda é o desvelamento onde houve um engano (Joana diz: "fico com raiva de alguém que fez coisas legais, me ensinou a desenhar a atuar e a escrever com uma caligrafia melhor e depois ter tentado outras coisas. Ele fez minha cabeça para o que queria. As coisas boas eram para me seduzir. Aí estragou tudo, como se perdesse o que tinha feito de bom. Não tenho ódio dele mas das coisas que passei, de ter achado uma coisa e ter descoberto outra."). O que é dolorido nesta situação é pagar sexualmente as coisas legais da relação mestre-aluno. O traumático é a confusão de línguas: ela está com a linguagem ternura e ele vem com a linguagem paixão adulta. É como se Joana não ficasse com raiva dele, mas estivesse decepcionada por não conseguir fazer esta tradução, porque se fizesse, as coisas boas que o professor fez perderiam todo valor, o autovalor que ela deu a elas. Isso é extensivo ao namorado da mãe. Ela fica com raiva desses homens mais velhos que prometem um lugar de pai e depois querem se aproveitar das crianças. Raiva porque enganam as mães. A sua decepção é que os homens mais velhos não sabem se autointerditar.

É interessante a discussão quando se configura crime de sedução e estupro no caso de menores, das situações nas quais se pode concordar ou não com o ato sexual. No caso de Lia, foi estupro, ela não esperava um ataque violento por parte do namorado no sentido de forçar o ato sexual; no de Sandra, houve sedução por parte dela e de seu namorado, não se configurando estupro.

2.11 Representações angustiantes e destrutivas

As representações psíquicas de hetero e autodestruição bem como representações angustiantes, que aparecem em sonhos, devaneios, relatos de impressões e sensações do contato com outras pessoas e alucinações evidenciam o intenso sofrimento psíquico e a desorganização psíquica de quem é submetido à violência sexual. Apresentamos abaixo algumas destas representações que puderam ser detectadas nos casos apresentados, bem como representações de outra ordem, mas ligadas à situação de violência:

1. Tentativas de suicídio.
2. Pedido de casa interna para a instituição: Nos casos de Maria e Arlete, há a metaforização de uma de-

manda que se expressa com a imagem da casa. Em Maria, quando ela descreve como a sua violência e a do pai destruía a casa, que ficava quebrada e cheia de sangue, o analista trabalha a casa como casa interna, espaço psíquico e corporal, tanto seu como do pai. A casa quebrada com manchas de sangue na parede era a externalização, o cenário do que estava dentro de si e do pai.

Já o pedido feito por Arlete à instituição de uma casa concreta onde pudesse abrigar seus filhos e irmãos não podia ser realizado, mas o oferecimento de encaminhamento prático da instituição, no sentido da adoção das crianças, afugentou-a e abortou a escuta da demanda psíquica interna, de uma casa/espaço psíquico onde pudesse cuidar de seus filhos e irmãos sem tanta violência.

3. Pesadelos de estar sendo perseguida (Sílvia).
4. Lembrança contínua da cena do estupro (Maria).
5. Aumento da tristeza (Maria, Cristina).
6. Violência de alguma coisa que vem (Joana).
7. Sensação de ser um boneco (Flávia).
8. Pensar no pai vinte e quatro horas por dia (Maria).
9. Fantasia do casal fundante e excluído, delírio de grandeza, autossuficiente, família autossustentante. Essa gênese delirante aparece em Maria para que ela não morra. Sua família é forte o suficiente para cometer todos esses pecados e ser ainda fértil ao povoar a terra, fantasia narcísica, megalomaníaca como escora desse seu enfurecimento de que ela não escolheu ser mãe. Ela fica com raiva do filho que a chama de mãe, não chama o pai de pai e sim

de seu pai. Ele funciona de supereu e ela se enfurece, pois este seu amor, que é tão devotado e delirante ao pai, e uma maneira de escorar o ódio ao pai. É como se o filho apontasse para ela: não tenha ódio de mim, tenha ódio deste outro que não te deixou escolha. Ela se apega ao amor ao pai e constrói uma fantasia delirante de fundação de um mundo, de uma nova ordem que vai povoar a terra. Ela aponta pelo negativo, ao mesmo tempo que tem que parar de se drogar, já que não vai poder apagar o incesto, sentir-se mais forte e penetrar em uma outra vida que a tire deste "paraíso" que ela constrói para dar conta de não morrer, não enlouquecer, debandar de vez para as drogas. Casa com o pai na megalomania, no estar acima da lei, no fundar uma outra ordem, já que o pai verdadeiramente age como se não tivesse lei, estivesse acima da lei. Ela mostra isso e o desejo de sair disso.

10. Sentir-se como bicho ao dar à luz o filho incestuoso: em Maria, imagens de gravidez de bicho, fantasia de digerir a cria anômala. Gravidez de nove meses é pouco, porque queria digerir o feto ou sufocá-lo. Fantasia de durar mais de dois anos a gravidez, gravidez não humana.
11. Acessos de fúria (Maria) – ato, logo após relação incestuosa, quando existe pouca ou nenhuma possibilidade de ligação ou elaboração psíquica.
12. Provocar incêndio (Maria) – ato, logo após relação incestuosa, quando existe pouca ou nenhuma possibilidade de ligação ou elaboração psíquica.

13. Prostração (Maria) – estado afetivo logo após relação incestuosa, após atos acima descritos.
14. Fantasia de bissexualidade do pai (Maria) – fantasia encobridora do fato de ela temer que o pai possa estuprar o filho. É mais a capacidade que ela acha que o pai tem de repetir a coisa incestuosa. Ela diz que acha que o pai é bissexual, você pensa que ela vai dizer que tem um caso com outro homem, mas ela justifica, pela bissexualidade, o ataque sexual ao filho que seria, sobretudo, incestuoso.
15. Bolinha é uma bela metáfora para um filho muito narcísico, um filho vivido como um filho-monstro, meio animal, que nasce de um ovo. Essa ambivalência que se sente de Maria em relação ao filho, porque ela o vive quase como se não fosse dela.
16. O sonho de Maria, cheio de imagens de destruição: o pai rolando pela escada com sangue saindo pelos olhos, a barriga transparente onde se enxerga o filho, a imagem condensada da avó, da analista e de uma namorada do pai, vestida de branco e fumando um charuto.

2.12 O convite terapêutico possível

Que convite terapêutico pode fazer a instituição? O atendimento a Sílvia permite-nos pensar esta questão. Ela é operária e foi vítima de violência, assalto, estupro e espancamento feitos por dois homens desconhecidos, os quais ela denunciou na Câmara Municipal, após boletim de ocorrência e exame de corpo de delito em uma delegacia de mulher. Participa de movimento social feminista. Tem 5 filhos. Mora na mesma casa que o marido também operário, em cômodos diferentes, pois estão separados. Estava muito preocupada com a relação dos seus cinco filhos com este acontecimento violento, pois percebeu que eles estavam com muito medo. Ela também estava com medo de uma represália dos estupradores pelo fato de ter feito a denúncia, tendo se apresentado inclusive na televisão.

Apesar de seus sintomas – insônia, anorexia, medo de andar sozinha, preocupação excessiva com os filhos – tentava entender o que lhe aconteceu, pensando apenas no momento social que se estava vivendo, através da sua atividade de sindicalista. É marcante nela, a racionalização, como se ela não pudesse entrar em contato com ela mesma, com seus conflitos e afetos. Foi encaminhada para o serviço de violência sexual do Posto de Saúde, para fazer os exames e para consulta ginecológica. Ela retornou depois de uma semana. Dizia que estava piorando, ficando com mais medo, sem conseguir dormir, muito tensa e relacionava essa piora com o fato de a vizinha também ter sido estuprada. Sílvia estava em processo de negação do ocorrido e só aos poucos foi entrando mais em contato com as lembranças.

Sílvia se preocupa muito com os outros, com seus filhos e as vizinhas. Pediu um atestado de afastamento do trabalho, para não ter que fazer o percurso que ela fazia, pois foi estuprada na volta do trabalho para casa; ela não estava conseguindo refazer o percurso e estava pensando em mudar de casa, de bairro. Era difícil para ela falar de si e dos seus sentimentos.

Metaforicamente, para podermos sair do excesso de realidade racionalizada que Sílvia usa defensivamente para negar os efeitos singulares desta experiência nela mesma, podemos dizer que ela veio procurar a instituição porque não estava conseguindo fazer o percurso, o percurso em relação à sexualidade. Como ligar uma experiência de estupro, na linha do traumático? Só pode ser refazendo todo o percurso da sexualidade para que ela inclua o estupro como uma violência sexual; que é um percurso que violenta, no sentido de ser doloroso, mas que talvez seja o único caminho psíquico possível de ligação, contenção e elaboração da experiência traumática.

O que é refazer o percurso, no caso de uma violência sexual, estupro? É todo o percurso da sexualidade que deve funcionar para ligar esse montante de excitação desligada. São as fantasias sexuais que devem ligar psiquicamente. O acontecimento traumático precisa ser entendido como sexual (o que o é pelas fantasias). Não deixa de ser violento, mas precisa ser entendido como sexual para ser incorporado. Mesmo a violência sexual é alguma coisa da ordem do não sexual. Porque está relacionado com a ameaça de vida, que na mulher, quando isso passa para o psiquismo, passa a ser da ordem sexual. Há o lado da violência, que é da ordem do não sexual, mas é sexual. Ela tem que reconhecer o sexual no outro, na linha da primeira teoria de sedução, que será exposta no próximo capítulo, e fazer psiquicamente a conjunção com a fantasia sexual. A fantasia sexual inconsciente é amoral, não quer saber se o estupro foi desejado ou não, quer dizer, ela é oportunista e aproveita a situação. Então, há que refazer todo o percurso da sexualidade, há que sexualizar o evento, seja enquanto uma invasão sexual do outro, seja enquanto ligação dessa excitação com as próprias fantasias para depois separar e ficar com a pura violência do ato de violência. O que é refazer o percurso no caso? Não é lembrar: "estava eu andando na rua, quando apareceram dois homens". Ela pode fazer isso infinitas vezes e não refazer o percurso. Ela faz este percurso, mesmo que não queira, pois na neurose traumática, a marca se repete, o "filme" volta inúmeras vezes.

No retorno à instituição, ela dizia estar melhor, que estava superando o trauma e que, nesse momento, ela não se lembrava tanto do que tinha acontecido e tinha uma sensação de estar sendo agredida quando se lembrava de alguma coisa que já passou.

Em seu bairro têm ocorrido muitos estupros; depois do seu já foram quatro. Quando fica sabendo da ocorrência de outros fica mais nervosa e angustiada, mas aos poucos, depois de tomar um calmante, melhora. Ela tem dormido à base de calmantes e já consegue ir ao banheiro que fica no quintal da sua casa. Antes usava uma latinha como penico para evitar de sair. Ainda não consegue trabalhar, fica muito preocupada com os filhos. Está pensando em sair do bairro, pois lá há muita violência e este dado de realidade reforça ainda mais seu medo. Sabe que segurança total não existe em nenhum lugar, mas acha que pode ficar mais tranquila se conseguir arrumar uma casa que tenha condução e escola perto. Ela tinha esse discurso muito racionalizado e não retornou mais.

Por que ela veio para essa instituição, da qual sabia da existência pela sua ligação política intensa com o movimento social de mulheres? Pela necessidade de denunciar a violência como uma injustiça social e não pessoal. A linha defensiva que ela entra e que pode ser boa não é denunciar de uma maneira exibicionista, mas porque acredita e quer acreditar na eficácia das instituições. Vai buscar a eficácia das instituições e se ela voltou a indicar pessoas, para a instituição, acreditou na eficácia, ou seja, de alguma maneira, se sentiu protegida e resguardada.

Mas parece ter um benefício secundário, porque sendo o inconsciente completamente amoral, por trabalhar em movimento social que lida com injustiça contra as mulheres, o estupro a torna especial, narcisicamente nesses lugares institucionalizados. Ela usufruía das regalias que tinha, inclusive a condução especial para levá-la à instituição. Ela se defende do traumático colocando no social tanto a culpa dos estupradores como a eficácia de controle social do estupro e de erradicação desse problema: a instituição, a televisão e mudar de casa.

Nessa última vez em que vem, poder-se-ia eventualmente ter apontado ou perguntado para ela se gostaria de fazer o percurso ali com alguém que pudesse escutá-la, fazer o percurso não só da agressão, mas de todas repercussões que tinha para ela em sua vida. Sugerir, mais que interpretar, fazer uma pergunta interpretativa: "Você gostaria de fazer o percurso aqui comigo? Ver os efeitos dessa violência? Por que parece que, de certa forma, você está bem, mas de outra forma não". Deixá-la escolher.

Ela não tinha ido, nem tinha sido encaminhada e a instituição que procurou fez o encaminhamento para um serviço de violência sexual, deu apoio e sigilo, o que foi válido, mas não suficiente, pois seria necessário ir além dos encaminhamentos, dar um suporte psíquico para que até mesmo os encaminhamentos pudessem ser usufruídos.

Sílvia, em um primeiro momento, teve defesas razoavelmente eficazes em relação ao trauma. É necessário escutar e entender como ela lidou com a situação e respeitar isso em um primeiro momento; se ela quiser refazer o percurso, precisa-se mudar o rumo dessas defesas com o trabalho analítico. Se ela tivesse entrado em trabalho analítico paulatinamente se iria questionando a sua racionalização, mas, então, não seria só em relação ao trauma, mas em relação a muitos aspectos da sua vida.

Não se pode se fascinar muito com o estupro para poder atingir outras áreas psíquicas, fases da sua vida que o episódio de estupro ressignifica.

2.13 A denúncia

Ser rotulada de incestuosa é uma segunda violência, como vimos nos casos de Maria e Cristina. Muitas vezes, com a denúncia, há piora do estado psíquico.

Há também vários tipos de denúncias e várias funções da divulgação. Em um caso de uma adolescente, que apareceu no programa de televisão "Fantástico", na mesma semana da supervisão, houve por parte da mãe um desejo sensacionalista, muito nefasto à adolescente, que piorou com a divulgação. O desejo de divulgação cumpre uma função protetora para Cristina, embora a mãe não seguisse o encaminhamento a instituições especializadas em vez de ir a um programa de rádio. O fato de descobrir que o pai estava solto, descobrir a mentira policial, traz o desejo de divulgação em um sentido de proteção, vontade de que algo se resolva numa situação de impotência com a realidade institucional. Não fica claro o que é mais perturbador para ela, se a denúncia do pai que é feita ou as próprias relações sexuais violentas com o pai.

Já para Sílvia, a linha defensiva que adota, e que pode ser boa, não é a denúncia de uma maneira exibicionista. Ela denuncia porque acredita e quer acreditar na eficácia das instituições. Se voltou e, além disso, indicou pessoas para a instituição é porque acreditou na instituição, se sentiu protegida e resguardada por ela.

2.14 O papel da justiça

Sandor Ferenczi nos diz que um dos aspectos traumáticos que determina a renegação e a instalação da identificação com o agressor – que na verdade é a identificação com a culpa do agressor que passa a atuar a partir do espaço psíquico – é a descrença na veracidade dos fatos por um outro adulto. A morosidade da justiça no caso de Cristina e a omissão da justiça no caso de Maria, bem como a descrença na veracidade dos fatos pela justiça, no caso 6 apresentado no capítulo 1, atuaram como desencadeantes traumatizantes. A justiça ocupa o papel de terceiro nas situações. Maria foi para a capital solicitar um juiz de lá, mas assim que este chegou, seu pai foi buscá-lo, almoçou com ele e retirou-o de seu papel. Ficaram três meses brigando na justiça, o filho morando na casa do pai e ela morando na casa de uma tia. Os muitos processos que procurou instalar fracassaram, porque ela não conseguia que o ódio ao pai fosse maior que a cumplicidade com ele, devido ao papel que este teve na sua infância arcaica.

2.15 Observações sobre o trabalho institucional

Gostaria de levantar alguns pontos acerca do trabalho institucional no campo da violência sexual:

a) A instituição precisaria trabalhar pesquisando mais a subjetividade de cada um, pois soluções práticas, baseadas em condutas habituais ou gerais, podem atrapalhar. A rapidez na instituição não funciona para promover mudança psíquica. É necessário o tempo de uma escuta pacienciosa, que acolhe e aguarda antes de decidir por rumos. A aflição de que o caso a ser atendido possa ser grave impede o enganche afetivo necessário, para melhor escutar o que é demandado. Muitas vezes a demanda prática de quem procura aparece ligada à fantasia e pouco conectada ao limite da realidade de quem demanda, institucional e jurídica. Sugerir adoção dos filhos e irmãos de Arlete, uma conduta institucional possível, ia na contramão da sua demanda, que era querer cuidar sozinha de todos os seus filhos e irmãos e achar que a instituição poderia fornecer-lhe uma casa.
b) Aparecem dificuldades no atendimento multidisciplinar. Deve-se cuidar para não marcar atendimento psicológico como vício burocrático. O que pode fazer a instituição no plano psíquico, jurídico e social? Na primeira entrevista, seria interessante a presença de um psicólogo ou de alguém que tivesse a possibilidade de ter uma escuta do pedido concreto, mas também da demanda de ajuda, mais in-

consciente e velada. É importante uma agilidade de encaminhamento para não ficar só na escuta, mas tê-la à mão, como um instrumento privilegiado.

c) A supervisão clínica e institucional pode ajudar no sentido de uma escuta de espera, pois encaminhamentos mais práticos às vezes são difíceis e arriscados.

d) A escuta do momento da procura de ajuda, o porquê de um momento específico deve receber atenção, no caso de violência crônica ou já sofrida há algum tempo. Em Arlete, por exemplo, é fundamental saber que está na quarta gravidez, a primeira após a morte da mãe.

e) Nem sempre a demanda à instituição é de um pai, de limite, mas muitas vezes é da mãe que acolhe. Isso é importante para não entrar de cara com a função paterna da instituição, lei, limites, interdições. Quem procura a instituição tem isto em vista, mas não precisa acionar logo esta função em um primeiro momento. As instituições citadas não têm função legalista o que é uma vantagem para escuta da subjetividade.

f) Seria preciso atenção ao lema da conscientização da mulher em relação à dependência do homem e à necessidade de trabalhar para não depender, porque não se sai voluntariamente de uma situação, quando se está acostumada com alto nível de violência. Seria preciso cuidado com a educação voluntária para o trabalho, nos casos institucionais, com o incentivo a um modelo de mulher em que o certo para ela é ser independente, trabalhar. Quando a instituição tem objetivos menos pretensiosos, consegue melhores resultados.

g) Aparece uma questão institucional interessante, sobre o que diferencia uma instituição que pretende lidar com violência contra a mulher de uma delegacia de mulher. Um serviço especializado no assunto precisaria oferecer uma escuta às mulheres que fosse além das defesas que vão sendo construídas logo após o episódio de estupro, que pudesse, juntamente com a paciente, refazer o percurso da violência sexual e da sexualidade.
h) Há uma dificuldade institucional de indiciamento nos casos de sedução.
i) Quando a queixa ou o encaminhamento não partem da paciente, é muito difícil a permanência no trabalho proposto pela instituição ou em qualquer apoio terapêutico. Algumas razões disso investigaremos mais adiante, mas é importante frisar a necessidade de a demanda se tornar da própria pessoa que esteve envolvida numa relação violenta para poder haver ao menos alguma continuidade no tratamento com um engajamento interessado.

2.16 Resumo do diagrama conclusivo

As vicissitudes das fantasias sexuais femininas inconscientes, aliadas aos tabus sociais quanto à expressão e busca de ajuda, presentes nas mulheres e meninas submetidas à violência sexual, favorecem uma internalização e erotização da violência que atua desde dentro do aparelho psíquico, através de um processo de identificação com o agressor que as submete a uma posição masoquista (sofrimento passivo), que promove intenso sofrimento psíquico e desorganização psíquica. Isto pode ser evidenciado pelas representações psíquicas de heterodestruição e autodestruição que aparecem em sonhos, devaneios, relatos de impressões e sensações do contato com outras pessoas e alucinações. No caso da violência sexual incestuosa, a desorganização psíquica é causada pela desorganização de afetos em relação ao pai e aos outros membros da família, pois se torna difícil habitar uma história cuja marcação de posições e lugares se torna confusa. As fantasias sexuais incestuosas infantis são reavivadas no ato do incesto e se tornam fonte de sofrimento, pois foram realizadas, sendo um fator de autoculpabilização inconsciente, que permite a identificação com o agressor e reforça seu ataque interno, intensificando o sofrimento. Além disso, o ato incestuoso se dá numa situação incestuosa preexistente, na qual as posições e os lugares familiares estavam permeados por fantasias ou realidades que muitas vezes dizem respeito a mais de uma geração. Esta situação funciona como o murmúrio, o ruído que prepara, à revelia da consciência dos protagonistas, a ocasião do ato sexual incestuoso. O que não foi elaborado psiquicamente pela geração anterior, e às vezes por mais de uma geração, repete-se como ato e não mais como fantasia ou outra representação simbólica na geração seguinte. O ato sexual incestuoso desperta uma angústia em relação à filiação sexual aos progenitores, essencial para uma certa estabilidade de núcleo identitário, por sua vez essencial à sobrevivência no mundo dos homens.

Se as instâncias sociais (jurídicas, policiais, institucionais) não podem funcionar como mediadoras, separadores que funcionam como apoio, ao remarcar e restabelecer, ao menos de fora do mundo interior, a ordem geracional, isso contribui para a intensificação do sofrimento psíquico. Com isso, penso que, do ponto de vista social, é importante que a violentada seja sempre protegida e o violentador tratado como agressor, ainda que haja complicadores nesta posição. Um deles é quando a agressão não está clara e pode ser a projeção de fantasias sexuais inconscientes da suposta vítima no suposto agressor. É o caso, por exemplo, de um pai encaminhado para atendimento em consultório pelo serviço público enquanto corria seu processo. Separado, foi acusado pela mãe e pela filha de quatro anos de cometer atos libidinosos com a menina quando estavam a sós. Ele o nega, e aqui é uma situação-limite, em que é difícil perceber o que foram atos ternos, de carinho físico reinterpretados pelas próprias fantasias sexuais inconscientes da menina ou da mãe em relação ao pai, difíceis de serem admitidas por elas. Esta situação ambígua, paradoxal, aparece também nas acusações de sedução por parte de um professor em um dos casos encaminhados pelo serviço público para atendimento clínico, o caso de Joana. Uma pesquisa atenta, cuidadosa, não preconceituosa poderá levar a qualidades diferentes de encaminhamento aos vários tipos de casos de violência sexual, pois todos eles expressam sofrimento de ambas as partes. Contudo, é sempre bom ter em mente que, do ponto de vista social, espera-se que o pai tenha maior interiorização da norma social da proibição do incesto do que a criança ou jovem. Tal condição é fundamental no processo de subjetivação de qualquer ser humano. Contudo, não se pretende afirmar aqui uma transcendência das normas sociais e das instituições que as produzem. Sabemos, com Freud (1930) e outros, que o furor condenatório da ordem penal é composto do mesmo material da transgressão. Condenamos no outro com horror aquilo que não podemos tolerar em nós mesmos. O que nos ameaça na transgressão é a possibilidade do contágio e desmantelamento daquilo que põe os nossos desejos reprimidos à distância, o nosso sistema defensivo. Mas isso tem uma função social e é sobre isso que repousa a cultura.

Porém, quando o analista ou terapeuta, em uma instituição ou na instituição consultório, está em posição de escuta, ele tem que se despir da toga moral e normativizante o máximo que puder, porque senão ele dificulta as possibilidades de ajuda e escuta do sofrimento psíquico da violentada. Para mim, um exemplo contundente disto aconteceu durante o processo de supervisão com o analista de Maria, em um momento crucial, quando ela engravidou pela terceira vez do pai e não queria abortar. Ela dizia que, se o analista fizesse qualquer coisa contra o pai (ela sabia que ele teria recursos para isso, a denúncia, por exemplo, através da instituição em que trabalhava), ela iria embora da análise. Havia também a ameaça de agressão física do pai a Maria e ao analista, pois este sabia agora do incesto e o pai sabia disso. Durante a supervisão, achei que o analista precisaria voltar a atendê-la na instituição, por ter começado lá e porque a instituição daria "paredes seguras" a ele e também à paciente, apesar de neste momento serem paredes ameaçadoras. Isto se deu ao longo de algumas sessões. Mas eu disse também a ele que deveria dizer à paciente que só a atenderia se fizesse o teste de AIDS (havia uma suspeita de contaminação) e o aborto. Pensava que o analista tinha que estar num lugar firmemente simbolizante, como terceiro que corta de fora a fusão com o pai (era disso que se tratava). Percebemos que esta era uma posição equivocada minha, guiada pela minha angústia em relação ao analista e à paciente, pois foi só quando pudemos entender onde doía em Maria, por que não abortar, qual o sentido deste não aborto, quando o analista ocupou de fato a função materna *no lugar do pai*, é que Maria pode abortar e realizar o teste do HIV, que deu negativo.

Gostaria de apontar uma dificuldade no atendimento à queixa de violência sexual. Os atendimentos às crianças, jovens e mulheres que sofreram violência sexual raramente têm continuidade. Geralmente encaminhados por demanda externa, seja de instituições jurídicas ou policiais, seja pela família, se eles não se transformam em uma demanda pessoal de quem é atendida, tendem a durar pouco tempo. Além disso, muitas vezes estas situações-limites que são as de violência sexual esbarram em limites de escuta, perfeitamente compreensíveis de quem atende. Parece-me importante que o ato sexual incestuoso seja incluído como parte da realidade psíquica global da paciente, não exercendo um efeito de fascinação que obstruiria a escuta de outro tipo de sofrimento psíquico que às vezes ele eclipsa. Nas instituições que lidam com a violência, penso que a supervisão do trabalho institucional e do trabalho clínico é fundamental para dar condições de escuta renovadas aos profissionais que nela atuam.

Parte II
Diagrama conceitual

3
Diagrama conceitual em Freud

Nos próximos capítulos, procurarei delinear as problemáticas no interior das teorias psicanalítica e antropológica que compõem o campo de processamento das questões trazidas pelos casos escutados na pesquisa.

3.1 A teoria da sedução

Quando Freud diz, em sua carta 69 a Fliess de 1897 (Freud, 1897-1902), "já não acredito em minha neurótica", ele falava sobre sua teoria da neurose calcada em seus conceitos sobre o trauma da sedução. Ele não acreditava mais que os sintomas neuróticos fossem causados pela defesa contra reminiscências de um fato sexual, a sedução de uma criança por um adulto. Se houvesse o fato sexual da sedução, dizia ele, haveria tantos pais perversos quanto há neuróticos, e não era isso que encontrava. O que falava a teoria da sedução até então? Que é sempre um acontecimento sexual que é mantido num estado de não integração, afastado da consciência. Que ele é mantido como um corpo estranho interno, objeto externo/interno que pode passar a ser recalcado no momento da puberdade, momento em que há um desencadeante sexual, que ressignifica um acontecimento vivido como não sexual pela criança em sexual, ocasionando *a posteriori* o recalque, processo de defesa patológico, que causa efeitos sintomáticos causadores de sofrimento psíquico. Esse acontecimento sexual era a sedução de uma criança por um adulto.

O caso Emma, descrito no *Projeto para uma psicologia para neurólogos* (Freud, 1895), é uma descrição exemplar neste sentido. Emma vai procurar Freud com um sintoma fóbico de não poder entrar desacompanhada em lojas. Após um certo tempo, Freud chega com ela à recordação de uma cena que aparentemente explicava o seu sintoma fóbico. Aos doze anos, Emma havia entrado em uma loja e visto dois vendedores rindo. Julgou que riam dela, de seu vestido. A partir daí nunca mais entrou em nenhuma loja desacompanhada. Aparentemente a elucidação da fobia se encontrava nesta explicação plausível de sua vergonha sexual, não fosse Freud não encontrar nada na cena que a fizesse tão perigosa. Não havia nada de errado com Emma ou com seu vestido, nada tão ameaçador na conduta dos vendedores, além de que um deles atraía a Emma. Pesquisando um pouco mais, encontra a verdadeira cena causadora da produção sintomática por sua conexão com a cena dos 12 anos. Aos oito anos, Emma havia ido à pastelaria e recebido um beliscão nos genitais por cima do vestido, por parte do pasteleiro. Esta cena em sua conexão com a outra era a causadora do sintoma e Freud nos mostra maravilhosamente a conexão das duas representações comuns às duas cenas, vestido e sorriso, como condensando a libido e como o desencadeante sexual dos 12 anos, o corpo com sua prontidão à sexualidade, coisa ausente na infância, promovem o recalque da cena do atentado dos oito anos. Freud dirá que a cena B, a cena dos 12 anos, ressignifica como sexual a cena A, mantida à espera até então, no limbo pré-consciente; ao ressignificá-la, promove seu recalque ao inconsciente, um processo de defesa patológica. A cena A é portanto um corpo estranho interno, que até poder ser integrado pela lembrança e catarse do excesso de energia, atacará de dentro produzindo o recalque e a produção do sintoma como retorno do recalcado. A cada entrada na loja, ameaça de vir à tona a recordação do evento A, ameaça que produz angústia e o sintoma de fuga, ou sua atenuação pelo acompanhamento de outra pessoa. A cena A, que no momento de seu acontecimento era sexual para o adulto, e não sexual para a criança, torna-se, pela cena B, *a posteriori*, sexual e deve ser recalcada, pois agora é traumática para o eu, que aciona então um processo de defesa patológico contra ela. A razão de as coisas se darem assim, dirá Freud, é o atraso da puberdade com relação ao resto do desenvolvimento do indivíduo.

Mas Freud deixa, como sempre o fará, uma pista intrigante no relato da cena do pasteleiro: Emma voltou uma segunda vez ao pasteleiro. Ele não levará isso em consideração neste texto, em que as crianças ainda tinham o sexo dos anjos. Esta pista só fará sentido na carta 75 a Fliess, de

1897 (Freud, 1897-1902), carta que inaugura propriamente a psicanálise, com o relato da descoberta escandalosa, para a época, da fantasia sexual infantil, esteio primeiro da sexualidade infantil.

As pistas, Freud as colheu nos sonhos de seus pacientes e em sua própria análise. As crianças possuem uma sexualidade ativa, fruto da estimulação de zonas corporais, em especial as zonas anal e bucal, mas também genitais, suscetíveis de erotização, ou seja de provocarem algo análogo à excitação sexual. No percurso da sexualidade, os diques sociais da vergonha e da repugnância caem sobre a atividade destas zonas provocando o recalque desta atividade. Mais tarde, estes diques transformados na moralidade social impedem, com o mesmo vigor, que a recordação da atividade emergia, sucumbindo esta à repressão. A recordação, dirá Freud, tem o mesmo fedor à atualidade que a atividade sexual infantil tinha à época de seu pleno florescimento. É por ação diferida então, ou seja, *a posteriori*, que se dá o recalque da recordação das excitações vinculadas às zonas sexuais abandonadas, que agora não desprendem libido e sim desprazer, repugnância. A ação diferida, também chamada de ressignificação, é a temporalidade, então, que passa a reger o campo psicanalítico.

É, portanto, a fantasia sexual infantil, atividade psíquica ligada à sexualidade infantil, que rege então os processos psíquicos e não o evento da sedução de uma criança por um adulto, o que explica por que Emma volta ao pasteleiro pela segunda vez e qual era o motivo provável do recalque patológico, ou seja, a sua atividade na situação, o seu desejo de repetição do evento sexual, gerador de culpabilidade no confronto com o dique da moralidade e que empurra a cena, em suas reminiscências, para o inconsciente. Mas onde vai parar a sedução em Freud? Fica ela de lado, uma fantasia entre outras? Definitivamente não.

Nos *Três ensaios para uma teoria sexual* (Freud, 1905), esta obra pilar da psicanálise, Freud passa a desdobrar a carta 75 em todas as suas descobertas acerca da sexualidade. No primeiro ensaio, mostra que aquilo que nós consideramos perversão é apenas a exacerbação e a exclusividade de uma atividade considerada normal e que constitui a própria sexualidade infantil, ou seja, a sexualidade perversa polimorfa, origem da sexualidade humana, da qual ele fala no segundo ensaio. A sedução reaparece em dois momentos: no segundo ensaio, quando Freud diz não se arrepender de ter dado importância aos casos de corrupção ou sedução por um adulto ou criança como etiologia da neurose, mas apenas de ter percebido não estar aí a causa do despertar da vida sexual, pois esta pode surgir espontaneamente por causas interiores. Aparece também nos toques agora de nada menos do que a mãe que Freud descreve no terceiro ensaio:

> Talvez não se queira aceitar o fato de que o terno sentimento e a estima da criança às pessoas que lhe cuidam deveria se identificar com o amor sexual; mas, em minha opinião, uma investigação psicológica cuidadosa fixará sempre e sem deixar dúvidas esta identidade. A relação da criança com estas pessoas é para ela uma inesgotável fonte de excitação sexual e de satisfação das zonas erógenas. A mãe, sobretudo, atende a criança com sentimento procedente de sua própria vida sexual, a acaricia, beija e mexe tomando-lhe claramente como substitutivo de um completo objeto sexual. A mãe se horrorizaria provavelmente de conhecer esta explicação e ver que com sua ternura desperta a pulsão sexual de seu

> filho e prepara sua posterior intensidade. Considera seus atos como manifestações de puro amor assexual, posto que evita com todos os cuidados excitar os genitais da criança mais do que o imprescindível para proceder à higiene corporal. Mas a pulsão sexual não é tão-somente despertada pelas excitações da zona genital. O que chamamos ternura exteriorizará notavelmente um dia o efeito exercido pelas zonas erógenas. Se a mãe compreendesse melhor a alta significação da pulsão para a total vida psíquica e para todas as funções éticas e anímicas, não se faria nenhuma reprovação, ainda quando admitisse totalmente nossa concepção. Ensinando seu filho a amar, não faz mais do que cumprir um de seus deveres. A criança tem que chegar a ser um homem completo, com necessidades sexuais enérgicas, e levar a um fim em sua vida tudo aquilo que a pulsão impulsiona ao homem. Um excesso de ternura materna talvez seja prejudicial à criança, por acelerar sua maturidade sexual, acostumar-lhe mal e fazer-lhe incapaz, em épocas posteriores de sua vida, de renunciar temporariamente ao amor ou contentar-se com uma pequena parte do mesmo. As crianças que demonstram ser insaciáveis em sua demanda de ternura materna, apresentam com isso um dos sintomas de futura nervosidade. Por outra parte, os pais neuropatas são, em geral, os mais inclinados a uma ternura sem medida, despertando assim em seus filhos, antes de nada e por suas carícias, a disposição a posteriores enfermidades neuróticas. Vemos, pois, que os pais neuróticos dispõem de um caminho diferente da herança para legar a seus filhos sua enfermidade. (p. 1225)

Vemos então que a sedução está presente, embora de maneira diferente, como causa de sexualidade – como sua originadora mesma – através dos cuidados maternos. Depois disso, a sedução aparecerá como uma das fantasias originárias, hipótese filogenética duvidosa que Freud forja para a origem do inconsciente e que estaria presente no seu núcleo sob o recalque originário daquilo que não foi consciente e que atrai o recalque secundário, ou seja, aquilo que um dia foi consciente e que deixou de sê-lo. Uma destas fantasias é a de sedução: um pai seduz sua filha. Nesta fantasia, a ênfase pode estar em qualquer um dos termos, constituindo um roteiro de múltiplas entradas. O que é discutível no originário das fantasias originárias é sua origem filogenética. Freud também jamais abandonará uma parcela da veracidade da sedução, ou da cena primitiva ou de qualquer outro evento sexual. Sempre se intrigará e discutirá sobre a factualidade e veracidade de um evento sexual ainda que relativizando a importância que lhe deu nos primórdios da psicanálise.

É fazendo a crítica à concepção da origem filogenética das fantasias originárias como o originário em psicanálise ou do apoio da pulsão sexual no instinto de conservação como o momento que inaugura a sexualidade humana, que Jean Laplanche (1988) proporá a "Teoria da Sedução Generalizada". Ele diz que ao contrário de ter abandonado a teoria da sedução, Freud deveria tê-la aprofundado. Para ele, o originário da sexualidade no sujeito é traumático por excelência e se constitui na intromissão da sexualidade da mãe na criança passiva, através do manuseio. Mas esta sexualidade é inconsciente e desconhecida da própria mãe. Não é só o contato corporal da mãe que erogeneiza e sexualiza, mas através dele, mensagens são veiculadas, mensagens desconhecidas da própria mãe e que provêm de seu próprio inconsciente sexual. Essas mensagens deixam significantes enigmáticos que constituirão os objetos-fontes da pulsão sexual de vida e da pulsão sexual de morte, que formarão o id, sob o recalcamento originário. Vemos, portanto, retornar, nesta fecunda elaboração, tanto a noção de traumático como a de sedução. Traumático aqui como a invasão de uma excitação que vem do adulto e que a criança passiva não tem como compreender ou não tem recursos para ligar psiquicamente. É nesta linha que vai também Ferenczi (1933), quando diz que há uma confusão entre a linguagem ternura da criança e a linguagem paixão do adulto. Traumático de todo ser sexuado, que tem que dar conta desta invasão de excitação.

Laplanche (1988) retira do plano da metafísica a ideia estruturalista de Lacan que trouxe grandes contribuições à psicanálise. Para Lacan, a origem da pulsão na criança está na intersubjetividade, no confronto das fantasias intersubjetivas que são determinadas por lugares, posições edípicas ao longo de pelo menos três gerações. É o lugar que ocupa a criança no desejo de seus pais e na configuração edípica destes que é determinante para ela. Esta estrutura precede e determina seu inconsciente. Laplanche segue a mesma tradição, ao meu ver, ao propor também que a criança já nasce em um mundo no qual o conflito edípico está presente, apoia a ideia de que é um outro que faz surgir a pulsão sexual, mas reafirma a origem individual do inconsciente, fazendo incidir sobre o corpo o lugar das trocas que imiscuirão na criança a sexualidade. Contra, portanto, uma transcendência da estrutura além de uma crítica à excessiva importância dos complexos de Édipo e de castração e a pouca importância dada à teoria da sedução em Freud, que ele vê como um manancial rico que o faz propor a teoria da sedução generalizada na origem da sexualidade no sujeito sexual.

Importante, portanto, falar no complexo de Édipo e castração, naquilo que importa para o presente estudo.

3.1.1 O complexo de Édipo, o complexo de castração e suas articulações com o narcisismo

Considerarei *Totem e tabu* (1913) o ponto de injunção, de virada mesmo, na abordagem do complexo de Édipo. O complexo de Édipo surge, na obra de Freud, como um complexo de sentimentos e sem este nome de complexo. É na carta 71 (Freud, 1897-1902) de Freud a Fliess, que Freud falará: "também em mim comprovei o amor pela mãe e o ciúme contra o pai, ao ponto que os considero agora como um fenômeno geral da infância precoce...". Em relação à tragédia Édipo Rei dirá, na mesma carta, que "cada um dos espectadores foi uma vez em germe e em sua fantasia um Édipo semelhante e ante a realização onírica transladada aqui à realidade todos retrocedemos horrorizados, dominados pelo impacto de toda a repressão que separa nosso estado infantil de nosso estado atual". Após isso, apresentará sempre as relações triangulares familiares, embora não de maneira privilegiada, apenas como mais um dos complexos afetivos presentes na vida psíquica, ainda que em um texto como o que descreve a neurose infantil do pequeno Hans (1909), estes afetos, bem como os afetos em torno da percepção da diferença sexual, dominem. É em um texto chamado *Sobre um tipo especial de escolha de objeto no homem* (1910), que Freud usa pela primeira vez o termo *complexo de Édipo*; complexo no sentido que Jung havia dado, de um complexo associativo – a partir de um teste que ele aplicava e que uma palavra atraía palavras a ela associadas. Complexo, portanto, na ideia de nó associativo. Neste texto, Freud localiza o complexo de Édipo na adolescência, no momento de ressurgimento dos afetos e fantasias sexuais em relação aos pais, quando o menino percebe a mãe também como mulher sexualizada do pai e não tolera esta percepção, o que influirá na separação que fará a partir daí de sua vida sexual e afetiva, que colocará as mulheres para amar de um lado e as mulheres para ter relações sexuais de outro, tornando impossível a junção da ternura com a sexualidade.

Mas é a partir de *Totem e tabu* (1913) que o complexo de Édipo passará a ocupar cada vez mais um lugar central na psicanálise, a ponto de Freud o considerar o complexo nodal das neuroses humanas. *Totem e tabu*, texto em que psicanálise e antropologia confluem, ainda que conservando cada uma seu campo de saber. O contexto de escritura do texto são as divergências com Jung, e Freud levou um ano e meio para escrevê-lo, fazendo-o com todo o cuidado, cuidado que não dispendia desde *A interpretação dos sonhos*, de 1900. Aliás, o texto segue a mesma estrutura deste, com Freud apresentando toda a bibliografia a respeito do tema incluindo o que existia de mais completo e recente vindo da jovem ciência antropológica e depois apresentando suas novas hipóteses, dentre as quais a principal era um mito sobre a origem do processo de humanização, origem da cultura humana. O objetivo de Freud é não deixar Jung se afastar das hostes freudianas. Queria mostrar a este que, ao contrário do que ele pensava, os ritos e mitos provinham das fantasias sexuais infantis e não que as fantasias provinham dos mitos e ritos, ainda que já enquanto está escrevendo se dê conta de que vai mais afastar do que atrair Jung. O interesse de Freud é psicanalítico: mostrar a semelhança dos processos de pensamento do neurótico, e mais particularmente do neurótico obsessivo, com os processos de pensamento dos primitivos, assinalando a ambivalência dos sentimentos e a onipotência das ideias e a origem infantil do totemismo. Freud, portanto, vai deslocar a extensa investigação antropológica de que se serve para seus propósitos. Mas vai chegar a um resultado fundamental para a psicanálise, a partir do mito do assassinato do pai na horda primitiva e da instauração do tabu do incesto. Este mito diz que o pai primitivo tinha todas as mulheres para seu uso e expulsava ou matava os filhos machos. Estes um dia se unem para matá-lo, mas, ao fazê-lo, arrependem-se porque, além de odiá-lo, descobrem que também o amavam. Para que não se repita este crime originário, instituem o tabu do incesto que instaura a exogamia e a comida totêmica, modo simbólico de morte e ingestão das propriedades paternas. O resultado fundamental para a psicanálise é que o complexo de Édipo coincide com os começos da cultura, em suas manifestações religiosas, morais, sociais e artísticas, coincidência que para Freud se mostra perfeitamente de acordo com a demonstração trazida pela psicanálise de que este complexo constitui o nódulo de todas as neuroses. Além disso, que a ambivalência afetiva constitui um fenômeno fundamental de nossa vida afetiva e pode ser que tenha sido alheia primitivamente a ela e houvesse sido adquirida pela humanidade como uma consequência do complexo paterno, ou seja, daquele que a investigação psicanalítica encontra ainda hoje em dia dita ambivalência em sua mais elevada expressão. Freud dirá que refazemos na ontogênese a filogênese e utilizará a frase de Goethe para mostrar a continuidade da vida psíquica entre as gerações: "Aquilo que herdaste de teus pais, conquista-o para possuí-lo". Nenhuma geração possui a capacidade de ocultar à seguinte fatos psíquicos de certa importância. A psicanálise, diz ele, nos ensinou com efeito que o homem possui em sua atividade espiritual inconsciente um aparelho que lhe permite interpretar as reações dos demais, isto é, retificar e corrigir as deformações que seus semelhantes imprimem à expressão de seus impulsos afetivos. Mercê a essa compreensão inconsciente de todos os costumes, cerimoniais e prescrições, que a atitude primitiva em relação ao pai houve de deixar atrás de si, é, talvez, como as gerações posteriores puderam assimilar a si a herança afetiva das que precederam. Freud termina *Totem e tabu* dizendo: "No início foi o ato", apontando que aquilo que foi ato no início, para os primitivos, o incesto e o assassinato do pai da horda primitiva, torna-se pensamento no neurótico. Diz mais, que nós temos todos que perpetrar em pensamento este assassinato para podermos nos apossar da herança cultural através da herança familiar. Os processos psíquicos são, pois, em *Totem e tabu* resíduos ou efeitos do ato mediatizados pela linguagem que permitem a simbolização. O ato determinado pela fantasia e, ao mesmo tempo, determinando-a.

Poderíamos, portanto, dizer que o que escapa à representação psíquica produz o ato na sua qualidade de *acting out*, que, então, produz efeitos psíquicos. É a diferença entre o assassinato do pai e a proibição deste e sua substituição pelo totem. Há uma diferença entre o assassinato do pai e sua substituição pela comida totêmica, que só o psiquismo e seus decorrentes processos de representação e pensamento, portanto de simbolização, podem dar conta. Todo ato tem uma face voltada para fora e outra voltada para dentro, ainda quando esta face voltada para dentro apareça pelo negativo, como é o caso do *acting out*.

Totem e tabu, como outros textos que abordam questões sociais em Freud, não pretende ser uma teoria do social ou uma teoria antropológica. Se Freud vai para o advento do social, não é para dizer que o parricídio dá origem ao contrato social, mas para mostrar que a sexualidade tem um tal poder de coerção sobre a vida psíquica que só uma força de igual porte, a ameaça de morte ou a culpabilidade, pode contê-la (Costa, 1989).

Após *Totem e tabu*, o complexo de Édipo vai ganhar importância cada vez maior. Nos anos da década de 20, Freud escreve vários artigos e percebe finalmente, as consequências psíquicas da diferença sexual anatômica (1925), formulando a ideia de fase fálica e complexo de castração. Haveria uma época na infância, por volta dos quatro/cinco anos, em que a criança perceberia o pênis no homem e a ausência do pênis na mulher, classificando o mundo e seus seres entre aqueles que possuem pênis, seres fálicos (fálico aqui no sentido de as propriedades do pênis serem exageradas e idealizadas, tornando-se ele um símbolo privilegiado) e seres que não possuem pênis, seres castrados. A criança forja muitas teorias para dar conta da angústia provocada ante a visão do corpo nu da mãe quando percebe a ausência de pênis na mulher, especialmente na mãe, coisa difícil de aceitar. Vai crescer, ela já teve e perdeu, sendo que esta última vai dar o tom de ameaça feita pelo pai de perda, pelo menino, de seu pênis, se ele insistir em desejar incestuosamente a mãe. No caso da menina, quando ela se convence de que o seu não crescerá e de que a mãe não tem e não vai lhe dar, ela entra no ódio e reivindicação em relação à mãe que ela julga responsável por tê-la feito menina. Vai cobiçar, então, o falo, desejará tê-lo, primeiro se voltando para o pai e esperando obtê-lo, querendo ser igual a ele para usufruir de seu falo; depois se contentando em desejar ter um filho do pai como substituto adiado, dificilmente abandonando esta posição, para aceitar ser penetrada por outro homem e receber um filho dele, bem como a potência de seu sexo, ainda que com ressonâncias inconscientes de substituto do pai. O complexo de castração apressaria a resolução edípica no caso do menino, Édipo que, a essa altura da obra freudiana, é um Édipo completo para ambos os sexos. Amor e ódio à pessoa do mesmo sexo e amor e ódio em relação à pessoa do outro sexo. Na menina, ao contrário, o complexo de castração a faria entrar no complexo de Édipo, já que ela vive uma longa fase de amor à mãe, portanto, amor a esta primeira pessoa que dá conta dos cuidados, amor que deve soterrar, tal como a civilização grega soterrou a civilização creto-micênica.

O complexo de Édipo e o complexo de castração seriam os complexos nodais da neurose, mas seriam também, para o ser humano, os articuladores da passagem de uma lógica a outra e do acesso à subjetivação e à normativização do desejo humano. Contrapõem-se à expansão narcísica, que diz da criança imaginária que existe em todos nós, metáfora ego ideal e que vem sempre exigir o seu lugar, ao menos no reconhecimento de suas pretensões, que a vida se encarrega de frustrar. Quando não há este reconhecimento, ou a transformação de suas pretensões em ideais de ego mediatizados pelas possibilidades dadas pelo outro, pelo desejo e pela comunidade dos homens para sua realização, mediatizados portanto pelo complexo de castração e de Édipo, esta criança imaginária reage com agressividade. Ela pode criar a pior das servidões, a servidão invisível e inconsciente às próprias imagens como o único referencial de conhecimento e contato com o mundo. É isso que me parece que Freud quer dizer com a expressão "os mais arcaicos desejos de onipotência do eu". Criando a imagem da liberdade paradisíaca e imortal, na quimera da completude narcísica que se exprime numa ânsia de totalização, obstaculiza o desejo de liberdade que é possível ao homem. Tirânica, esta criança faz com que se tenha que obedecer aos imperativos de um outro em nós que quer se fundir com a coisa originária da qual nasceu e que foi o primeiro esteio de nossas identificações (Cromberg, 1989). Mas por que isto se dá assim?

Porque é o narcisismo dos pais o "novo ato psíquico" que funda o narcisismo, inicialmente como eu ideal. Toda a energia das pulsões autoeróticas tem que se somar para a criação/investimento desta nova instância. Este outro, a mãe, deseja coisas do bebê, e as antecipa numa imagem unificada ideal, enquanto o bebê está fragmentado na vivência autoerótica das pulsões parciais.

Nesta mudança qualitativa do autoerotismo para o narcisismo, há uma dessexualização, há um abandono de um intenso prazer autoerótico, um primeiro modo também de lidar com a separação do objeto com quem se fazia um *continuum*, muito mal aceita, e de lidar com as exigências para continuar a obter o amor deste objeto (Cromberg, 1989).

É verdade que, no dizer de Serge Leclaire (1975), esta criança é igualmente capaz das mais fantásticas criações artísticas e culturais, oferecendo ao homem um parceiro interno que possibilita o encontro de parceiros externos para enfrentar a experiência de desamparo e impotência, realidade primeira e última do homem diante da experiência da separação e da morte. Há, portanto, sempre uma criança a matar e uma a fazer renascer.

A sublimação, a luta pela vida, a sexualidade de objeto e os ideais de ego são os destinos posteriores destes arcaicos desejos de onipotência. Há uma criança imaginária narcísica que se submete à dinâmica dos ideais e às exigências da cultura. Há outra presa aos sonhos e quimeras nascidos do desejo deste primeiro outro materno, criança que não se submete e que precisa ser morta sempre que ressurge. Em outros trabalhos (Cromberg, 1989 e 1993), procurei traçar um aspecto da gênese da destrutividade, apontando a necessidade de manter viva uma terceira, a criança pulsional que na simplicidade de seus desejos infantis, do seu estado de prazer autoerótico precisa inventar um lugar na civilização e ensinar a esta como dar a devida importância para este prazer.

Vemos, pela complexidade de articulações do narcisismo com o complexo de Édipo e de castração, que a rapidez com que a cultura ocidental incorporou-os e banalizou-os, transformando-os em motes simplistas, é totalmente avessa ao ritmo e à temporalidade de uma psicanálise e à multiplicidade das facetas em que se apresentam estes complexos. A lenta duração de uma psicanálise mostra que o doloroso e o intolerável é o levantamento das defesas e das resistências, o refazer de um percurso soterrado pela amnésia infantil. Para Freud, também foi lento o caminho que o levou à afirmação cada vez maior da centralidade do complexo de Édipo e de castração. Foi lento o caminho que o levou à enigmática "recusa do feminino", esse "rochedo da castração", "um pedaço deste grande enigma da sexualidade" (Cromberg, 1989).

3.1.2 O traumático, a fantasia masoquista e a pulsão de morte

Por volta do início da década de 20, Freud faz uma descoberta desconcertante. A partir da repetição de sonhos desagradáveis dos neuróticos de guerra, a partir da repetição de seu neto no jogo do afastamento de sua mãe, começa a perceber que um dos princípios mais arraigados de sua teoria começava a ir por água abaixo: o de que o aparelho psíquico buscaria só o prazer. Ele percebe que isso não era verdade, que o aparelho psíquico repetia experiências que haviam sido sempre desagradáveis, traumáticas mesmo. Começa a formular, então, toda uma reviravolta em seu pensamento conceitual que dará origem a sua nova teoria pulsional (a dualidade pulsão de vida *versus* pulsão de morte) e a tópica do aparelho psíquico (id, eu e supereu). Freud dirá que repetimos uma experiência desagradável para podermos nos livrar do excesso de excitação que ela traz – excesso de excitação que, como ele dizia desde os primórdios da psicanálise, funcionava como traumático para o aparelho psíquico – para escoá-lo, não interessando se isso pode levar à morte do indivíduo. É o que ele chama de compulsão à repetição e que vai dizer que é a principal manifestação de uma muda pulsão de morte que aspira levar o organismo à ausência de excitação. No entanto, a repetição de uma experiência desagradável também aspira a ligá-la psiquicamente para que o excesso de excitação pare de deixar o aparelho psíquico fora de combate. Seria a compulsão à repetição não mais a serviço da repetição dele, que aprisiona o indivíduo no gozo masoquista da experiência desagradável, mas a repetição diferencial. Freud percebe que o masoquismo seria primário no ser humano e que o sadismo seria uma deflexão deste, em última instância, na situação sadomasoquista, operaria uma identificação daquele que ocupa o lugar do sádico com o gozo de quem ocupa o lugar do masoquista, ainda que fenomenologicamente se pudesse ter a impressão contrária. Haveria, portanto, no ser humano, uma forte dificuldade de abandonar uma posição de gozo conquistada em outras épocas, ainda que esta posição atrapalhasse o momento presente do sujeito, e ainda que esta posição fosse o gozo com alguma coisa desagradável, portanto, um gozo masoquista.

É em *Bate-se numa criança* (1919), que Freud tem acesso a um difícil aspecto da vida psíquica: a fantasia masoquista.

Freud fala desta fantasia de flagelação que aparece em algumas análises de neuróticos de que uma criança indeterminada apanha de um adulto indeterminado e que traz prazer e até determina uma satisfação masturbatória, sem se apoiar em nenhuma vivência traumática. Na análise, percebe que as fantasias de flagelação têm uma história evolutiva bastante complicada em cuja trajetória variam mais de uma vez quase todos seus elementos: sua relação com o sujeito, seu objeto, seu conteúdo e sua significação.

Para a menina, Freud detecta três fases da fantasia: na primeira, o pai bate numa criança de sexo indeterminado, o pai bate na criança, irmã ou irmão odiado por mim. Na segunda fase da fantasia, o sujeito maltratado é o próprio sujeito infantil da fantasia, a qual provoca um elevado prazer. O conteúdo agora é: eu sou golpeada por meu pai, tendo agora um indubitável caráter masoquista. É a fase mais importante embora nunca tenha tido existência real. Não é jamais recordada, nem teve nunca acesso à consciência. É uma construção da análise, mas nem por isso deixa de constituir uma necessidade. A terceira fase se assemelha à primeira: a pessoa que bate fica indeterminada, pode ser um professor, por exemplo. A pessoa do sujeito da fantasia não aparece já nesta. O caráter essencial aqui é que a fantasia é agora sustentáculo de uma intensa excitação sexual que provoca satisfação onanista. Mas Freud aponta o enigmático desta transformação: qual a mudança pela qual esta fantasia, já de caráter sádico, na qual são maltratadas umas crianças desconhecidas, chega a converter-se a partir desta fase em um elemento persistente da tendência libidinosa da menina?

A primeira fase da fantasia diz: "Meu pai bate na criança odiada por mim, não a quer, quer só a mim". Não é sexual nem sádica, mas é a matriz de ambos os aspectos. Ela aparece na época incestuosa infantil que sucumbe à repressão. A consciência de culpabilidade que surge com a repressão, de origem desconhecida, mas enlaçada aos desejos incestuosos, é justificada pela permanência desses desejos no inconsciente e não encontra castigo mais duro do que a investigação deste triunfo: "Não, não te quer porque te bate". Deste modo, a fantasia da segunda fase, na qual o próprio sujeito é maltratado pelo pai, chega a ser uma expressão direta da consciência de culpabilidade à qual sucumbe, então, o amor ao pai. Fez-se, portanto, masoquista. A consciência de culpabilidade não é o único elemento eficiente na transformação do sadismo em masoquismo, nem o único conteúdo do masoquismo: compartilha do domínio com as tendências eróticas. Com a repressão do amor incestuoso há uma regressão na organização genital, responsável pelo "meu pai me ama" e o ser batido se torna uma confluência da culpabilidade com o erotismo: não é só o castigo da relação genital proibida, mas é também sua substituição regressiva e desta última fonte extrai a excitação libidinal que a partir deste ponto fica unida a ela e buscará uma descarga em atos onanistas. Mas isto já é a essência do masoquismo. A fantasia da segunda fase "ser batida por meu pai" fica inconsciente pela intensidade da repressão. Nas meninas há uma consciência de culpabilidade mais exigente que requer, além da agressão, a repressão. Na terceira fase, há uma substituição do inconsciente pelo consciente e a forma definitiva da fantasia, que analogamente à primeira fase parece ter adquirido um caráter sádico: o sujeito infantil imaginativo aparece como espectador e substituindo o pai por outro adulto, talvez um professor. Freud diz então que é como se na frase "meu pai bate em outra criança e não quer ninguém a não ser eu", a segunda parte sucumbisse à repressão e o acento ficasse na primeira parte. Mas somente a forma da fantasia é sádica. A satisfação extraída dela é masoquista. Sua significação é que tomou a parte libidinosa da parte reprimida e com ela o sentimento de culpa concomitante ao conteúdo. As crianças da fantasia são substitutos do próprio sujeito. Nas meninas é mais frequente que sejam meninos, pois quando abandonam o amor incestuoso no sentido genital, reavivam o complexo de masculinidade, o desejo de ser um menino.

Em O *problema econômico do masoquismo* (1924), Freud, a partir da análise de três formas de masoquismo - erógeno, feminino (no homem) e moral - acaba mostrando o masoquismo como primitivo ao sadismo, como descendente direto da pulsão de morte, que quer, antes de mais nada, a ausência de excitação. O masoquismo seria uma parte da pulsão de morte que escapa à deflexão em pulsão de destruição, apreensão ou vontade de poder aliando-se à excitação que se produz concomitante com a dor e fixando-se aí.

A partir deste masoquismo erógeno pode-se entender o masoquismo feminino no homem - ele não fala que a mulher é masoquista como se tem errônea e constantemente estereotipado, a partir deste texto, a questão do masoquismo da mulher. Fala aqui da fantasia de flagelação masculina que ele havia já abordado em seus dois tempos em *Bate-se em uma criança* (1919): a fantasia masculina de flagelação também seria fruto do elo incestuoso com o pai. Em seu primeiro tempo, seu estágio consciente ou capaz de consciência, que não é o primário, tem o conteúdo de "ser batido pela mãe". Tem um estágio preliminar inconsciente, igual à fantasia feminina: "sou golpeado pelo meu pai". O "ser golpeado" da fantasia masculina é também um "ser amado" degradado por regressão no sentido genital. A fantasia do menino é passiva e surgiu da atitude feminina em relação ao pai, correspondendo, como a da menina, ao complexo de Édipo. O masoquista feminino quer ser tratado como um menino pequeno, inerme e dependente, mas especialmente como uma criança má. Nas fantasias masoquistas, os sujeitos se transferem nelas a uma situação característica da feminilidade (ser castrado, suportar o coito, parir). O menino escapa à sua homossexualidade pela repressão e a transformação da fantasia inconsciente; o mais singular de sua fantasia posteriormente consciente é que apresenta uma atitude feminina sem uma eleição homossexual de objeto. Em troca, a menina elude por completo no mesmo processo as exigências da vida erótica: imagina ser um homem, ainda que sem desenvolver nenhuma atividade masculina e se limita a presenciar como simples espectadora aquele ato substitutivo de outro sexual. Freud dirá que todo o reprimido e substituído para a consciência perdura no inconsciente e não perde sua capacidade eficiente. Mas a regressão a uma fase mais precoce modifica as condições inconscientes de forma que, depois da repressão e tanto nos sujeitos masculinos como nos femininos, a fantasia masoquista de ser golpeado pelo pai perdura no inconsciente.

Ao falar do masoquismo moral, Freud faz questão de estabelecer uma diferença crucial, ao meu ver, entre o intenso sadismo do supereu, este herdeiro do complexo de Édipo, em geral mais apto a ser consciente, e o masoquismo do eu, geralmente inconsciente. Talvez seja aí, ao meu ver, que possamos situar a fantasia masoquista da mulher, o que deixarei para desenvolver em outra ocasião.

Há várias possibilidades para o conceito de pulsão de morte em Freud e na concepção de outros autores. Todas elas muito ricas e penso que mantê-las ajuda a detectar o polimorfo e obscuro de sua manifestação na clínica psicanalítica. Detive-me em apenas uma de suas possibilidades, a que me pareceu mais indicada pelo estudo em questão, deixando para outra ocasião a rica discussão de suas múltiplas conceitualizações. O importante aqui é ressaltar esta possibilidade pela compulsão à repetição de ligar psiquicamente uma excitação que deixada livre pode pôr o aparelho psíquico fora de combate, deixando o eu sem possibilidade de defesas ou se defendendo mal. A compulsão à repetição possibilita a simbolização, a transformação em conteúdos psíquicos, sendo esta essencial para a inclusão, no aparelho psíquico, de uma excitação que, quer ela venha de outro, quer venha do próprio sujeito a partir da intromissão do outro com sua sexualidade, se está fora dele, tem efeitos mortíferos. Morte aqui que não é necessariamente a morte natural mas principalmente a morte psíquica, que condena o sujeito à servidão da repetição do mesmo.

3.1.3 O eu e seus mecanismos de defesa

A partir dos anos 20, o eu torna-se esta entidade que se submete a três senhores (Freud, 1923), o id (esta realidade primeira pulsional, formada a partir da intromissão da sexualidade enigmática do outro, mas que se individualiza), o supereu (esta persistência, este resíduo do complexo de Édipo, resíduo do intenso e primordial investimento amoroso da criança nos pais e que perdura, pela identificação, como consciência moral, acrescida de outras figuras importantes para a criança), e a realidade exterior (este mundo social, cultural, simbólico e também natural que o sujeito tem que dar conta para a satisfação de suas necessidades autoconservativas e sexuais). Até então, o eu foi primeiro visto como um conglomerado de neurônios, depois como o representante da pulsão de autoconservação que detinha as funções atribuídas à consciência e que permitiam o acesso à realidade e finalmente, a partir de *Introdução ao narcisismo*

(1914), como também tendo uma origem libidinal, formado pela identificação ao outro, especialmente o outro materno. O eu é, portanto, esta formação imaginária que permite uma certa estabilidade no confronto com a realidade da convivência social e autoconservativa do sujeito. Agora, ele também é em grande parte inconsciente naquilo que são seus mecanismos de defesa. Agora, o recalcado que forma o inconsciente é apenas uma parte deste e o eu tem uma dobra inconsciente que é o eu ideal ou imortal. Se o eu necessário à sobrevivência possui uma consciência que o orienta quanto aos limites em relação ao outro e à morte, sua dobra, esta sinistra e deformada criança presa aos primeiros ideais onipotentes, acredita apenas na imortalidade e é por isso que ele deforma e destrói pelo ódio tudo o que o contrariar, quando não puder, pelo amor, incorporar os limites e criar, forma de imortalidade e atemporalidade compatível com sua sobrevivência e com o suceder das gerações. O eu, quando ameaçado de fora e de dentro, aciona um sinal de angústia para se prevenir de que ele deve se defender. Mas o recalque é apenas uma de suas possibilidades de defesa, a que mantém o eu mais íntegro. Retomando a ideia de defesa como um processo psíquico patológico, vemos o eu se fragilizar com a defesa que escolhe como, por exemplo, na sua cisão diante de uma realidade dolorosa, interna ou externa que dá origem aos mecanismos de recusa (ou renegação) e de rejeição da realidade, característicos da perversão e da psicose. Freud dirá que a realidade privilegiada que aciona as defesas do eu não é a morte, pois esta não tem registro no inconsciente, apenas no polo eu mortal/eu imortal, mas sim a realidade da castração da mulher, em especial a castração materna.

4
Ferenczi: o traumatismo, a confusão de línguas e a identificação com o agressor

Encontrei Ferenczi, que formulou, há mais de meio século, um entendimento da questão da violência sexual muito próximo ao que estava começando a balbuciar, após a análise do material clínico. Sándor Ferenczi nasceu na Hungria, em 1873. Formado em medicina em Viena, em 1894, já se interessa pelos fenômenos psíquicos e pela hipnose. É como neurologista que encontra Freud pela primeira vez, em 1908, quando começa uma longa relação com aquele que se tornaria seu mestre, analista e amigo.

Começa a praticar psicanálise em Budapeste. Morre repentinamente em 1933, em consequência de problemas respiratórios provocados por uma anemia perniciosa. Em seus últimos anos, cercado de controvérsias com os psicanalistas, deu novos rumos à psicanálise com trabalhos e conceitos muito criativos. Devido à polêmica, em especial com Ernst Jones, que havia sido seu analisando, e Freud, sua doença foi cercada de boatos inverídicos sobre surtos paranoicos que teria tido nos últimos tempos (Cromberg, 2000).

Como diz Uchitel (2001), a morte prematura encontra Ferenczi às voltas com a teoria do trauma, que será seu principal eixo de elaboração teórica. Seu último ensaio, *Confusão de língua entre adulto e crianças* (1933), escrito no ano de sua morte, é fiel testemunha disto. Ele "retoma a ideia do trauma freudiano, aquele das origens, aquele que encontrou seu fundamento na história real e na sedução infantil" (Uchitel, 2001, p. 75). Ela, ao mesmo tempo, explicita seu desacordo com Freud e os analistas da época, "quando enfatiza a importância das forças traumáticas do fato externo real", como também "explicita seu acordo, retomando e desenvolvendo – como nem o próprio Freud o faria – as ideias contidas em relação ao trauma em *Além do princípio do prazer*, derivando delas não só conclusões importantes para a clínica, mas uma verdadeira "teoria da técnica" (p. 76).

Segue-se a reprodução comentada por mim dos pontos mais importantes do texto *Confusão de língua entre os adultos e as crianças*. Ferenczi faz retornar o fator traumático na patologia das neuroses, alertando ao risco de não considerar a origem exterior desta. Deve-se insistir na importância do traumático, particularmente do traumatismo sexual como fator patógeno. "Até crianças de famílias honoráveis e de tradição puritana são, mais frequentemente do que se ousava pensar, vítimas de violências e violações. São ou os próprios pais que buscam um substituto para suas insatisfações, dessa forma patológica, ou pessoas de confiança, membros da mesma família (tios, tias, avós), preceptores ou o pessoal doméstico que abusam da ignorância ou da inocência das próprias crianças" (p. 351). Poder-se-ia pensar que Ferenczi esqueceu as fantasias sexuais infantis, mas não. "A objeção que se faz, vendo-se nisso fantasmas da própria criança, isto é, mentiras histéricas, perde infelizmente sua força, em consequência do considerável número de pacientes, em análise, que confessa ação deste tipo a crianças" (p. 351). Ou seja, um dos argumentos de Freud para fazer cair sua teoria da sedução, a não quantidade de pais perversos, é derrubado aqui por Ferenczi.

> As seduções incestuosas produzem-se habitualmente assim: um adulto e uma criança se amam; a criança tem fantasmas lúdicos, como manter um papel maternal em relação a um adulto. Este jogo pode tomar uma forma erótica, mas permanece sempre no nível da ternura. Não acontece a mesma coisa com os adultos que têm predisposições psicopatológicas, sobretudo se o equilíbrio ou o controle de si foram perturbados por alguma desgraça, pelo uso de estupefacientes ou de substâncias tóxicas. Confundem as brincadeiras das crianças com os desejos de uma pessoa que já atingiu a maturidade sexual, e se deixam levar a atos sexuais sem pensar nas consequências. Verdadeiras violações de meninas, recém-saídas da primeira infância, relações sexuais entre mulheres maduras e meninos, assim como atos sexuais impostos, de caráter homossexual, são frequentes. (p. 351)

"Sem pensar nas consequências", atesta que na violência, o mal é um gesto banal, impensado. Nos casos clínicos por mim trabalhados, há uma busca pela criança de um encontro afetivo profundo dentro da linha amor, ternura. Diríamos que ela usa sua eroticidade de criança transpondo-a para uma linguagem do amor.

> É difícil avaliar quais são o comportamento e os sentimentos da criança após esses atos. O primeiro movimento seria de recusa, ódio, desgosto, uma resistência violenta: 'Não, não, não quero, isso me machuca, deixe-me!'. Isto, ou algo assim, seria a reação imediata se não fosse inibida por um medo intenso. As crianças se sentem física e moralmente sem defesa, sua personalidade ainda muito fraca para poder protestar, mesmo em pensamento, contra a força e autoridade esmagadora dos adultos, deixam-nas mudas, e podem até fazê-las perder a consciência. Mas esse medo, quando atinge seu ponto culminante, obriga-as automaticamente a se submeter à vontade do agressor, a adivinhar o menor de seus desejos, a obedecer esquecendo-se completamente de si, e a se identificar totalmente com o agressor. Por identificação, digamos por introjeção do agressor, ele desaparece enquanto realidade exterior, e torna-se intrapsíquico; mas aquilo que é intrapsíquico vai ser submetido, num estado próximo do sonho – como o é o sonho traumático – ao processo primário; ou seja, o que é intrapsíquico pode, seguindo o princípio do prazer, ser modelado e transformado de maneira alucinatória, positiva ou negativa. De qualquer forma, no curso do transe traumático, a criança consegue manter a situação da ternura anterior. (p. 352)

Vemos aqui algumas etapas: 1) recusa; 2) medo intenso, pois este adulto tem uma autoridade esmagadora sobre ela, já que constitui matriz superegoica ante um ego ainda frágil; 3) hipersubmissão e hiperobediência, levando a adivinhar o desejo do agressor e a um esquecimento de si até que o agressor passa a estar dentro, como realidade intrapsíquica, apagando-se fora. Identificação, portanto, com o agressor; 4) uma vez dentro, corre o curso do processo primário que age também na defesa patológica e no conteúdo transformando-o delirantemente. A criança mantém a situação da ternura anterior. Há, portanto, uma cisão, que separa em duas partes: uma age como se não tivesse acontecido nada, mantendo a situação de ternura com o agressor e até exagerando-a obsessivamente, para que nada falte ao agressor, para que ele não fique com raiva. A outra parte age dentro, transformando-se no agressor internamente, à qual a outra parte está submetida. Poderíamos fazer uma imagem deste agressor interno transformado alucinatoriamente de modo que pareça um monstro com pedaços vindos de várias etapas da vida psíquica: pedaços das fantasias eróticas infantis, pedaços de zonas erógenas infantis, pedaços de sonhos e idealizações, pedaços de vivências ternas, pedaços de castigos sofridos.

"Mas a mudança significativa, provocada no espírito da criança pela identificação ansiosa com o parceiro adulto, é a introjeção do sentimento de culpa do adulto: a brincadeira até então anódina, aparece agora como um ato que merece punição" (p. 352).

Aqui vem uma parte essencial: é a introjeção da culpa do adulto que provoca a submissão masoquista, que transforma a brincadeira anódina e terna em erótica e proibida. É a introjeção da culpa pela criança, culpa do adulto que a faz passar a ver o proibido e a sentir culpa. É fácil entender o porquê: este adulto era a fonte de autoridade máxima até então, quem introduzia, em relação a outros aspectos da vida, o princípio da realidade, os limites às fantasias. Esse adulto, então, continua como autoridade máxima para este ego frágil que não tem outras condições ainda de avaliação da situação. A culpa do adulto passa então a determinar sua culpa. Temos a impressão de que é esta fragilidade do eu e esta situação anterior que determinam a facilidade da cisão como mecanismo de defesa. A culpa do adulto é, portanto, tão intolerável quanto o ato sexual em si, participa do traumático tanto quanto o ato sexual e é ela que culpabiliza a criança em seus fantasmas sexuais porque é a culpa do agressor que ressignifica estas fantasias como eróticas, agora na linguagem da paixão adulta.

> Se a criança se restabelece de uma tal agressão, sofre uma enorme confusão; a bem da verdade, já uma clivagem, ela ao mesmo tempo é inocente e culpada, a confiança no testemunho de seus próprios sentidos está quebrada. Acrescente-se aí o comportamento grosseiro do adulto, ainda mais irritado e atormentado pelo remorso, o que torna a criança ainda mais profundamente consciente de seu erro e ainda mais envergonhada. Quase sempre o agressor se comporta como se não fosse nada, e se consola com a ideia: 'Ora, é apenas uma criança, ainda não sabe nada, esquecerá tudo isto'. Depois de um acontecimento assim, não é raro ver o sedutor aderir a uma moral rígida ou a princípios religiosos, esforçando-se com isso em salvar a alma da criança. Geralmente, as relações com uma segunda pessoa de confiança – a mãe, por exemplo – não são suficientemente íntimas para que a criança possa aí encontrar uma ajuda; algumas tênues tentativas neste sentido são repelidas pela mãe como tolices. A criança que sofreu abuso torna-se um ser mecanicamente obediente, ou teimosa; mas não se dá mais conta das razões

desta atitude. Sua vida sexual não se desenvolve, ou toma formas perversas; não falarei aqui das neuroses e psicoses que podem daí resultar. (p. 352)

A falta de crença ou a não possibilidade de um contato íntimo com outro adulto que possa descarregar os ombros infantis de tamanho peso promove um aprofundamento da clivagem produtora da identificação com o agressor que faz da criança um autômato em posição masoquista diante de um pai atormentado pela culpa que o transforma num atormentador sádico. A partir daí, os efeitos sintomáticos na criança podem ser perversos, neuróticos ou psicóticos. Parece-me que a posição perversa – o processamento do trauma pela recusa ou renegação – é mais frequente, seja pela complementariedade que se estabelece com o agressor, seja por uma entrada que não se dá ou que é catastrófica do terceiro, o outro adulto ou instituição, justiça, polícia, que funciona como tal. É interessante notar efeitos sintomáticos depressivos, aliás, mais melancólicos que depressivos, fazendo pensar na semelhança que tem a identificação ao agressor com a identificação melancólica (Pinheiro, 1993). De fato a perversão se assemelha muito no mecanismo de defesa que a produz com a melancolia, já que o mecanismo de defesa que produz esta última é a recusa ou renegação da denegação (Kristeva, 1989): não querer denegar a separação da mãe; gravitar em torno da morte, do traumático produzido pela separação da mãe. Os efeitos regressivos após trauma sexual apontam nesta direção.

"A personalidade ainda tenuamente desenvolvida reage ao brusco desprazer, não pela defesa, mas pela identificação ansiosa e a introjeção daquele que a ameaça ou agride" (Ferenczi, 1933, p. 353).

A identificação precede a defesa porque o eu foi tomado de surpresa em um momento em que não tem meios eficazes de se defender. Somente após a identificação que a criança vai tentar encontrar meios de defesa mas que aí já são catastróficos pois tem que se proteger agora tanto de um perigo exterior, embora este não mais exista muitas vezes, como de um perigo, e isto é o mais grave, interior.

> Chega-se assim a uma forma de personalidade composta apenas de id e supereu, que é, consequentemente, incapaz de se afirmar em caso de desprazer; da mesma maneira que uma criança que ainda não chegou a se desenvolver plenamente é incapaz de suportar a solidão, se lhe falta a proteção maternal e uma ternura considerável. Devemos referir-nos aqui às ideias que Freud desenvolveu há muito, quando sublinhou o fato da capacidade de experimentar um amor objetal ser precedida de um estádio de identificação. Eu qualificaria este estádio como sendo aquele do amor objetal passivo, ou estádio da ternura. Traços do amor objetal já podem aparecer, mas somente enquanto fantasmas, de maneira lúdica. É assim que as crianças, quase sem exceção, brincam com a ideia de tomar o lugar do genitor do mesmo sexo para tornar-se o cônjuge do sexo oposto, note-se bem, apenas na imaginação. Na realidade não quereriam, nem poderiam abster-se da ternura, sobretudo materna. Se, no momento desta fase de ternura, impõe-se à criança mais amor ou um amor diferente do que desejam, isto pode proporcionar as mesmas consequências patógenas que a privação de amor. Afastar-nos-ia demais falar de todas as neuroses e consequências caracteriológicas que podem resultar do enxerto prematuro de formas de amor passional e recheado de sentimento de culpa, em um ser ainda imaturo e inocente. A consequência só pode ser a confusão de línguas... Os pais e os adultos deveriam aprender a reconhecer, como nós analistas, por trás do amor

> de transferência, submissão ou adoração de nossos filhos, pacientes, alunos, o desejo nostálgico de se libertar desse amor opressor. Se ajudarmos a criança o paciente ou o aluno a abandonar esta identificação, e a se defender dessa incômoda transferência, pode-se dizer que se teve êxito em fazer a personalidade aceder a um nível mais elevado. (p. 353)

Ferenczi fala aqui de liberdade, a meu ver, da possibilidade de se libertar da figura do mestre, da submissão e da adoração, para aceder ao mais elevado de uma liberdade reservada ao homem fora da polaridade submissão/adoração.

Ferenczi diz então que o amor forçado tanto quanto as medidas punitivas têm efeito de fixação. "Os delitos que a criança comete, como inconsequentes, só são promovidos à realidade pelas punições passionais que recebem dos adultos furiosos, rugindo de cólera, o que traz para a criança, até aí não culpada, todas as consequências da depressão" (p. 354).

> A criança que sofreu uma agressão sexual pode repentinamente, sob a pressão da urgência traumática, desenvolver todas as emoções de um adulto já maduro, as faculdades potenciais para o casamento, a paternidade, a maternidade, faculdades virtualmente pré-formadas nela. Pode-se, então, falar simplesmente, para opô-la à regressão de que falamos habitualmente, de progressão traumática patológica ou de pré-maturação patológica. Penso nos frutos que ficam maduros rápido demais, e saborosos, quando o bico de um pássaro os feriu e na maturidade precoce de um fruto bichado. No plano não só emocional, mas também intelectual, o choque pode permitir a uma parte da pessoa amadurecer subitamente. Lembro o sonho típico do 'neném sábio', que eu isolei a tantos anos, no qual um recém-nascido, uma criança ainda de berço, se põe a falar subitamente e até a ensinar sabedoria

> a toda a família. O medo diante dos adultos irritados, enlouquecidos de certa forma, transforma por assim dizer a criança em psiquiatra; para se proteger do perigo que representam os adultos sem controle, ela deve primeiramente saber se identificar inteiramente com eles. É incrível o que podemos apreender com nossas 'crianças sábias', os neuróticos. (p. 354)

Se até agora Ferenczi expôs o amor apaixonado e as punições passionais, como formas com que um adulto exerce atração sobre uma criança, ele falará, por fim, de um terceiro meio que é o terrorismo do sofrimento, quando as crianças são obrigadas a resolver toda a espécie de conflitos familiares, e carregam em seus frágeis ombros o fardo de todos os outros membros da família. "Não o fazem, no fim das contas, por puro desinteresse, mas para poderem fruir novamente da paz perdida e da ternura que daí deriva. Uma mãe que se queixa continuamente de seus sofrimentos pode transformar seu filho num apoio solícito, isto é, fazer um verdadeiro substituto maternal, sem levar em conta os interesses próprios da criança" (p. 355).

Este é, muitas vezes, o lugar da criança que sofreu abuso sexual incestuoso, o que foi observado também por outros autores, como foi comentado nas conclusões.

Ferenczi termina propondo à psicanálise pensar o que introduz na satisfação lúdica da ternura, o elemento de sofrimento, o sadomasoquismo. E propondo que é o ódio e a culpa no erotismo do adulto que conferem às relações amorosas do adulto um aspecto de luta pavorosa à criança, cena primitiva que termina na aniquilação do orgasmo, enquanto o erotismo infantil permanece no nível dos jogos preliminares sexuais e conhece satisfações que não são da ordem da aniquilação apenas da saciedade.

5
Bollas: o trauma incestuoso enquanto efeito de reversão topográfica no psiquismo

Encontrei em Christopher Bollas, psicanalista americano atuando há muitos anos na Inglaterra, participante do winnicottiano *Middle Group*, a mesma inquietação que a minha sobre o que é o traumático em relação ao incesto. É o próprio ato que viola códigos, a memória do evento que traz a carga dos horrores reprimidos, a violação física, o imaginário mental do ato, o horror disso? Sua resposta aprofunda os achados de Ferenczi quanto aos efeitos psíquicos. O caso clínico de que parte tem muitas semelhanças com os já apresentados em especial a dependência à mãe em Cristina e Joana, a absorção na relação com a mãe em que o pai, o padrasto, o incesto aparecem ocasionalmente.

Para Bollas (1992), quando o pai comete um ato incestuoso, ele desestrutura a relação da criança com ele como pai. Ele age em nome da mãe, ele reapresenta o corpo da mãe e anula o falo como objeto intrapsíquico que facilita a evolução da criança para a independência. "O falo significa a não mãe, e a identificação com ele ajuda a criança a emergir de uma relação pré-edipiana com a mãe. A vítima do incesto, no entanto, se vê projetada de volta para uma relação com a mãe, a mãe primitiva de seus três primeiros anos de vida" (p. 192). Uma das consequências traumáticas do crime do pai, segundo ele, é, portanto, temporal, uma distorção temporal, um tempo psíquico distorcido que é diferente de uma fixação, na qual a criança é mandada de volta a uma relação confusa com a mãe. Mas essa mãe já é bem diferente da mãe original, na medida em que o pai se deitou na cama da criança com a licença do corpo da mãe, somente que nesse momento, com o corpo da mãe sendo portador de um pênis. O pai molestador é o corpo da mãe. A criança não deseja o ato incestuoso cometido pelo pai. A paternalidade, enquanto fator erótico, baseia-se no fato de ele preservar o seu nome,

> [...] o que se realiza em parte por manter seu corpo distante do corpo da criança, facilitando assim a necessidade desta de separar-se de uma intimidade corpo a corpo. O pai constrói sobre esta ausência produtiva, criada anteriormente pela mãe, quando se afasta da criança e retorna. De certa forma, como imagina a criança, ela vai para o mundo do pai

(os espaços ausentes, a separação, a distância) e retorna. Para o pai como um afastamento, e de volta à dialética dos corpos. (p. 193)

A mãe é vista inconscientemente como uma parceira criminosa na violação porque o pai penetrou seu corpo, explorou as atribuições maternas na relação mãe-criança a fim de ter acesso à filha. Para Bollas, quando o pai comete o incesto, ele penetra na pele psíquica da mãe. "A vítima de um incesto tende, então, a recordar as qualidades masculinas da mãe, porque é esse pai-mãe que o pai representa no momento que comete o ato. Um dos segredos inconscientes e compartilhados deste encontro está no fato de que representa a anulação do pai e a apresentação de um homem impotente, um "homem da mamãe", que, debilmente, procura compartilhar seu pênis como objeto da covitimização" (p. 193). Assim ao ser deixada com a mãe, após a desestruturação do pai, a criança cria uma mãe fálica tanto porque é essa a pós-imagem confusa do pai, numa tentativa de precisá-la, como porque ela tenta encontrar o falo na mãe a fim de descobrir uma estrutura psíquica que a permitirá ser diferenciada do corpo da mãe e da relação com o corpo. Assim, uma das consequências traumáticas do crime incestuoso é o pai vaporizar a sua função estrutural mediante a mumificação de si próprio e a criança ter que se concentrar nas qualidades fálicas da mãe a fim de descobrir uma estruturação diferenciadora. Para Bollas, esta é a razão por que algumas vítimas do incesto falam com mais frequência sobre a personalidade da mãe e sua relação com ela do que sobre a violação cometida pelo pai. É uma maneira também de escapar a uma objetificação e a uma capitulação aos termos regredidos, mundo da mamãe fraco e desetruturado, da distorção do tempo.

O ato do pai reverte o sentimento do desejo sexual da criança pois, ao se apresentar como objeto libidinoso de verdade, para usar os desejos da criança para ele, constitui uma reversão topográfica da vida instintual do soma para a mente. Para entender melhor a novidade desta ideia de Bollas, é necessário recordar que o impulso termina sua descarga de excitação quando acha um objeto no qual pode encontrar uma gratificação ao menos parcial. Este processo sempre recorrente tem importantes funções mentais, pois educa o pré-consciente sobre o valor da vida simbólica, sobre a aculturação do ego inconsciente, que encontra os objetos do deslocamento para o impulso do soma. Assim, Bollas imagina que uma garota vai poder sonhar com o pai como objeto dos seus impulsos, representando esse processo com ele ou mais provavelmente com um representante seu disfarçado. Esta é a direção da topografia, do soma para a mente.

> Mas se o pai invade a cama da criança, ele se torna um objeto que busca o corpo desta (e a resposta somática) para os seus propósitos. A criança está, então, sob o domínio de uma reversão topográfica, uma vez que o objeto do desejo destrói a valência da representação topográfica; o que deveria ter sido o término aliviador da excitação, torna-se um contramovimento de excitamento descontrolado que se dirige para trás – o reverso – a partir da representação simbólica para a apresentação mental, para o soma. (p. 194-195)

A criação de uma *paranoia secreta e circunscita* é o resultado da reversão topográfica, pois ao alertar a psique sobre as consequências de processar os desejos e patrocinar uma supressão de representações subsequentes, os processos de deslocamento e condensação ficam desnudados, eles que são vitais para a formação de símbolos e para a expressão por meio do jogo feitas pela criança. "A criança permanece escondida de seus desejos, temendo que o desejar denuncie a localização do *self* verdadeiro e induza a outra destruição topográfica" (p. 195). Embora possa se apresentar como uma suspeita do pai ou dos homens, não se trata disso, mas do temor de uma reversão dos processos psíquicos, intrapsíquica e pessoalmente danificadora. "É o terror de um desnudamento posterior dos processos mentais, e não, simplesmente, do medo de ser tocada pelo pai. Não é o corpo que é a verdadeira vítima da violação" (p. 195). O crime incestuoso do pai é a violação da mente e do *self*, psique-soma, um ataque ao sonho e ao sonhar, ao procurar a fonte de gratificação no psique-soma da criança. Como objeto de desejo da criança deveria estar "dentro" do espaço do sonho e não no mundo real externo. Se o sonho é este ato psíquico que filtra os acontecimentos simbolicamente ricos do dia para contatá-los com experiências históricas primitivas, dando apoio à relação criativa da pessoa com os fatos da vida, quando o pai penetra nesse espaço, estimula o processo do sonho (o "como se fosse um sonho" é o relato das sensações durante a percepção do ato), mas agora o sonhar traz um alarme, uma angústia "de que este procedimento não está profundamente dentro da pessoa, não está seguro o suficiente para escapar à penetração da realidade. O pesadelo é comum, então, como pânico psicótico da criança sonhadora em não ser capaz de distinguir o sonho da realidade. Quando o sonho se torna verdadeiro, ela é apanhada na realidade e deve despertar para o mundo concreto para encontrar alívio, o que é o reverso do lugar de descanso, não dormindo para descansar, não encontrando repouso em lugar algum.

Para Bollas, se a vítima de um abuso infantil traz para a vida adulta e para a análise um temor de sonhar, que tanto empobrece sua vida simbólica interior, quanto informa o processo do sonho com uma carga crônica de ansiedade, ela, então, também traz consigo uma incapacidade de vivenciar o devaneio. "O processo do sonho desempenha um papel importante na construção relacionada ao desenvolvimento do espaço psíquico interno, mas para a vítima do incesto esse espaço interno (onde sonhamos, imaginamos, falamos sozinhos e pensamos) não é vivenciado como um bom *container*, aquele que pode transformar a experiência da vida em um material psíquico nutridor" (p. 196). É aí que assistimos à paralisia, a incapacidade de sentir esse devaneio essencial para a transformação da experiência em um estado de reflexão. Este é, para Bollas, o aspecto mais pernicioso do trauma do abuso sexual. "A criança não só não encontra um verdadeiro repouso, mas, temendo o processar psíquico dos elementos da vida, fica, por esse motivo, empobrecida na construção da psiquê e na experiência do devaneio" (p. 196)

Bollas produz, então, importantes e interessantes reflexões sobre a dificuldade da análise de vítimas de abuso sexual. Há uma incapacidade inicial de fazer uso da psicanálise e a interpretação imediata do processo analítico como uma sedução enlouquecedora. A análise não é vivenciada como proveitosa, é sentida ou associada a uma violação, como ataque ao *self* da pessoa, um sistema organizado de expectativa que apenas enfatiza a inadequação e a separação que a pessoa tem da vida humana. São os fatores de análise e não o analista que são sentidos como uma segunda violação: o silêncio analítico e o corpo distante do analista. O primeiro anuncia um sono-silêncio que não leva a um devaneio, mas a um medo que eletriza. O segundo, afastado dos sentidos da visão e da cinética intersubjetiva do paciente, excita a memória do ataque ao mecanismo mental.

> Essa pessoa não quer vivenciar sentimentos sexuais e necessidades pessoais que surgem daí e que se direcionam para o pai-analista. A situação em si é a cena da sedução original, um tipo de *déjà-vu* devastador. Um dos medos da pessoa é o de que, se ela relaxar, e ficar em repouso durante a análise, nesse momento então, quando pode representar necessidades e desejos, o objeto libidinoso irá se introduzir à força, explorar o seu psiquê-soma e criar uma reversão topográfica que não é apenas sentida como a supressão paradoxal de seu objeto de desejo, porém, mais importante que isso, como uma desestruturação dos processos psíquicos que são essenciais para o viver. (p. 197)

Bollas se pergunta como o analista pode abordar essa situação sem involuntariamnete oprimir a mente da paciente. Para ele, é colocando o mais rápido possível em palavras a natureza dessa experiência transferencial do processo analítico. Ao meu ver, Bollas fala de estar muito atento aos efeitos não verbais que a situação analítica produz, seja em seu silêncio, seja após as interpretações do analista e verbalizá-las. Aquilo que o ato de fala produz mais que a fala em si. O pânico silencioso e claustrofóbico precisa ser compreendido imediatamente.

O desprezo da vítima pelo processo analítico reflete um desprezo compensatório compreensível por seus processos mentais. A necessidade de cerrar a mente é equiparada à recusa da análise. "Uma das ironias dolorosas, embora liberadoras, do trabalho analítico com esse tipo de pessoa é de que ela apenas deseja anunciar o ato de ter sido violada, como se isso fosse suficiente para explicar ou representar o trauma do abuso sexual" (p. 198). Mas o trauma não é transmitido pelo relato do ato, pois, frequentemente, a vítima da violação do pai relatará o ato, seja de maneira vaga, seja de maneira surpreendentemente realística.

> A verdadeira representação do trauma, do efeito da destruição da lei do falo pelo pai, está nos estados de espírito confusos da vítima, que desempenham uma inconsciente distorção do tempo de voltar para a mãe, e em suas identificações fálicas agora vazias, expressando sua tentativa de organizar a mãe em um segmento do pai que permita sua separação do seu pequeno *self* infantil da mãe. Essa confusão é manifestada sem o benefício de um trabalho mental reflexivo, porque a paciente tem terror de sonhar e nenhuma experiência do devaneio, ficando, assim, realmente empobrecida em sua capacidade de superar o sofrimento. (p. 198)

Aos poucos, pela interpretação que o psicanalista faz das experiências imediatas que o paciente tem do processo analítico e do analista, o paciente vai sendo capaz de tolerar o procedimento analítico. A interpretação da transferência constitui uma transformação do medo da paciente, construindo uma barreira de contato e reparando a mente, acompanhando-a na reconstrução de uma psiquê que parece adequada a refletir os pensamentos da vida. Isso capacita-a a alimentar as necessidades e os desejos sexuais e a vivenciar um objeto concreto como uma possibilidade libidinosa, que pode ser introjetado e investido sexualmente porque o analista preservou sua distância. É por isso que, para Bollas, uma psicoterapia simplesmente de apoio, constituída de procedimentos renovadores da confiança, iria apenas reparar a relação do paciente com uma mãe boa o suficiente, mas não, necessariamente, reparar a relação com o pai. Ele fala também do efeito da confissão de uma transgressão na mente do analista, que cria, nela, a verdadeira essência do trauma da violação: o desespero pela perda do pensamento reflexivo e uma depressão que não é pena mas desapontamento de estar relegado à benevolência da psicoterapia. Essa resposta é, para ele, semelhante ao desespero e à fúria da vítima do incesto.

> Quando o pai abusa da criança, esta, em sua mente, não pode mais brincar com ele. Ele acaba com o imaginário. Exatamente como a pesada declaração da paciente põe um fim aos meus direitos de imaginá-la de várias maneiras, de refletir sobre muitas questões, de me perder nas digressões da especulação, de brincar com as representações. Não! Devo me ater aos fatos: ao acontecimento concreto. É dominar, controlar e centralizar a análise. Esse transferir é surpreendentemente parecido com a experiência que a paciente tem do abuso cometido pelo pai. (p. 200)

A criança viverá com um medo inconsciente da consequência do desejo do outro, pois a reversão topográfica reveste os objetos concretos de um potencial sexualmente ingovernável. “A violação é do processo mental e a vítima será portadora desse paradigma insidioso, já que se despoja do inter-relacionar de seu potencial imaginativo” (p. 200).

6
Lévi-Strauss: sem porta e sem janela, o tabu do incesto na antropologia estrutural

"Mas como! Quererias casar com a tua irmã? O que há contigo? Não queres ter um cunhado? Não compreendes que se te casares com a irmã de outro homem e um outro homem se casar com tua irmã terá pelo menos dois cunhados, enquanto que se te casares com a tua irmã não terás nenhum? Com quem irás caçar? Com quem farás as plantações? Quem irás visitar?"
(Pensamento de informante Arapeshe a Margaret Mead)

Pierre Clastres identifica, na obra de Lévi-Strauss, um novo começo para a etnologia. Diz ele que ciência, ela é ao mesmo tempo outra coisa que ciência. Em todo caso, é esse privilégio da etnologia que parece indicar a obra de Lévi-Strauss, já que como inauguração de um diálogo com o pensamento primitivo, ela encaminha nossa própria cultura em direção a um novo pensamento (Teixeira, 1988). Nascido em 1908, ele apostará na realização do equilíbrio entre o sensível e o inteligível, num século em que a divisão do trabalho intelectual levou a um saber cada vez mais fragmentado. Sua dupla paixão pela arte e a natureza vai marcá-lo entre dois mundos: seu pensamento em ruptura e a ambição essencialmente estética de sua obra. Sem renegar sua sensibilidade, a contém, mediante a construção de grandes sistemas. Freud será junto com Marx e a geologia o que ele denomina suas três amantes. Lerá cedo (1925-30) toda obra de Freud traduzida em francês, que exerceu a maior importância no seu pensamento. Foi da psicanálise que tirou a inspiração que o levaria a pensar que as realidades mais manifestas não são as mais profundas e esclarecedoras. Mais tarde, em sua obra, da excessiva proximidade das duas disciplinas aparecerão os laços conflitantes que levarão a confrontos. Em 1939, após ter passado cinco anos lecionando na USP, em São Paulo, onde pôde realizar, como antropólogo de campo que era, uma expedição aos Nhambiquaras, vai para Nova York e de seu fecundo encontro com o linguista Roman Jakobson, elabora nesta cidade uma antropologia estruturalista. A conselho deste, em 1943, escreve sua tese, que se converterá em obra essencial: *As estruturas elementares de parentesco* (Dosse, 1993).

Para entendermos sua importância, é necessário contextualizar a reviravolta que o estruturalismo trará para a antropologia. Ciência que nasceu com forte inclinação naturalista, feita nos gabinetes, em Lévi-Strauss, ao contrário, a observação estará em primeiro lugar, anterior a toda construção lógica, a toda conceitualização. A etnologia dispõe de uma etnografia e a antropologia é uma ciência empírica. O estudo empírico condiciona o acesso à estrutura. Sem ser um fim em si mesmo, sem ser um empirismo, a observação é indispensável no estado inicial. O estruturalismo em antropologia é a resultante da situação particular da antropologia nascente, do avanço do conceito de ciência no domínio do estudo das sociedades. Recusa as outras duas grandes correntes da antropologia, o funcionalismo e o nominalismo. O funcionalismo cai na descontinuidade e na singularidade e não vai além da superfície dos sistemas sociais. Seus mestres em antropologia acabam sendo os antropólogos da corrente relativista cultural, Boas, Kroeber e Lowie. Mas ele vai buscar nas ciências humanas, e na linguística especificamente, um modelo de cientificidade. O que tira a antropologia de seu solo inaugural, no século XIX, mas ainda dominante na França, naturalista e biologista, a pesquisa das bases naturais do homem estando fundamentada portanto num determinismo biológico comprometido com racismos (Dosse, 1993).

Seu primeiro objeto de estudo é a proibição do incesto. Busca raízes atemporais, universais que elucidem a permanência dessa interdição. Em 1948, defende sua tese e a publica com uma tese complementar *A vida familiar e social dos Nhambiquaras*. Segundo Dosse (1993), é um dos acontecimentos mais importantes da história intelectual do pós-guerra e a pedra angular do programa estruturalista. É uma revolução epistemológica na antropologia francesa que assombra outros meios. No domínio antropológico, representou um avanço comparável ao de *O capital* de Marx e de *A interpretação dos sonhos* de Freud. Na busca de invariantes que possam explicar universais nas práticas sociais, Lévi-Strauss encontra a proibição do incesto, comportamento imutável, para além da diversidade das sociedades humanas. Realiza um deslocamento fundamental em relação à abordagem tradicional, à medida que se tinha o hábito de pensar o fenômeno em termos de interdições morais e não no plano de sua positividade social. Esta é a posição, por exemplo, do antropólogo Morgan, para quem a proibição do incesto era uma proteção da espécie dos efeitos funestos dos casamentos sanguíneos. A revolução de Lévi-Strauss consiste em desbiologizar o fenômeno, em retirá-lo tanto do esquema simples de consanguinidade como de considerações mais etnocêntricas. Lévi-Strauss realiza um importante deslocamento, ao romper com o naturalismo que cercava a noção de proibição de incesto e ao fazer desta a pedra de toque da passagem da natureza para a cultura. O social nasce da organização da troca em torno da proibição do incesto, que se reveste, por conseguinte, de uma importância capital. Colocada na sutura entre natureza e cultura, Lévi-Strauss realiza, com este estudo exemplar, a emancipação da antropologia das ciências da natureza, colocando-a de imediato no terreno exclusivo da cultura (Dosse, 1993).

Façamos agora um trajeto pelas principais ideias do texto. É pensando no problema da distinção entre natureza e cultura e na passagem de uma a outra que Lévi-Strauss

(1947) vai pensar a proibição do incesto. A proibição do incesto é o mecanismo de articulação que permite apreender o ponto de passagem entre os fatos de natureza e os de cultura, impossível de ser apreendido de outra forma. Ela é um conjunto complexo de crenças, costumes estipulações e instituições. Se o que é universal depende da ordem da natureza e apresenta o atributo da espontaneidade e o que é norma pertence à ordem da cultura e apresenta os atributos do particular e relativo, no conjunto designado como proibição do incesto, estão reunidos indissoluvelmente os dois caracteres nos quais se reconhece os atributos contraditórios de duas ordens exclusivas: constituem uma regra, mas uma regra única entre todas as regras sociais e possui ao mesmo tempo caráter de universalidade. Para ilustrar o consenso dos etnólogos sobre o assunto, ele cita o famoso artigo de Kroeber, de 1939, *Totem e tabu em retrospectiva*: "Se pedíssemos a dez etnólogos contemporâneos para indicar uma instituição humana universal, é provável que nove escolhessem a proibição do incesto. Vários deles já a designaram formalmente como a única instituição universal" (p. 47). Ainda que a proibição do casamento de parentes próximos possa ter um campo variável de aplicação, de acordo com que o grupo define o que entende por parente próximo, ainda que ela seja sancionada por penalidades variáveis, podendo ir da execução dos culpáveis à reprovação difusa ou zombaria, ela está sempre presente em qualquer grupo social. Os sociólogos são quase unânimes em manifestar a mesma timidez e repugnância neste terrível mistério que se constituiu para a reflexão sociológica a pergunta sobre a origem, o lugar e a significação da proibição do incesto, que possui ao mesmo tempo a universalidade das tendências e das pulsões e o caráter coercitivo das leis e instituições. Assim, ele dirá que o problema da proibição do incesto apresenta-se à reflexão com toda a ambiguidade que, num plano diferente, explica sem dúvida o caráter sagrado da proibição enquanto tal. Esta regra, social por sua natureza de regra, é pré-social seja pela universalidade, seja pelo tipo de relações a que impõe sua norma. Mas a vida sexual é duplamente exterior ao grupo: 1) exprime no mais alto grau a natureza animal do homem e atesta no próprio seio da humanidade a sobrevivência mais característica dos instintos e 2) seus fins são transcendentes, porque visam a satisfazer ou desejos individuais que transgridem as convenções sociais ou tendências específicas que ultrapassam os fins próprios da sociedade. "Se a regulamentação das relações entre os sexos constitui uma invasão da cultura no interior da natureza, por outro lado a vida social é, no íntimo da natureza, um prenúncio da vida social, porque dentre todos os instintos, o instinto sexual é o único que para se definir tem necessidade do estímulo de outrem" (p. 50). Isso não fornece uma passagem, por si mesma natural, entre a natureza e a cultura, o que seria inconcebível, mas explica uma das razões pelas quais é no terreno da vida sexual, de preferência a qualquer outra, que a passagem entre as duas ordens pode e deve necessariamente efetuar-se. "Regra que abrange aquilo que na sociedade lhe é mais alheio, mas ao mesmo tempo regra social que retém, na natureza, o que é capaz de superá-la. A proibição do incesto está ao mesmo tempo no limiar da cultura, na cultura, e em certo sentido é a própria cultura" (p. 50). Os sociólogos, segundo Lévi-Strauss, em vez de explicarem o caráter ambíguo e equívoco desta dualidade de caracteres, preocuparam-se em reduzi-la. Diante do problema da proibição do incesto colocaram-se em três pontos de vista: "alguns invocaram o duplo caráter, natural e cultural, da regra, mas se limitaram a estabelecer entre um e outro uma conexão extrínseca, constituída por uma atitude racional do pensamento. Outros ou quiseram explicar a proibição do incesto, exclusivamente ou de maneira predominante, por causas naturais, ou então viram nela, exclusivamente ou de maneira predominante, um fenômeno de cultura" (p. 62). Cada uma destas três perspectivas conduz a impossibilidades ou contradições. Para ele, então, só resta um caminho que conduz da análise estática à síntese dinâmica.

> A proibição do incesto não é nem puramente de origem cultural nem puramente de origem natural, e também não é uma dosagem de elementos variados tomados de empréstimo parcialmente à natureza e parcialmente à cultura. Constitui o passo fundamental graças ao qual, pelo qual, mas sobretudo no qual se realiza a passagem da natureza à cultura. Em certo sentido pertence à natureza, porque é uma condição geral da cultura, e por conseguinte não devemos nos espantar em vê-la conservar da natureza seu caráter formal, isto é, a universalidade. Mas em outro sentido também já é a cultura, agindo e impondo sua regra no interior de fenômenos que não dependem primeiramente dela. (p. 62)

A proibição não depende nem da existência biológica nem da existência social do homem, mas ela constitui o vínculo que une uma a outra. Esta união não é nem estática nem arbitrária e desde que se estabelece a situação total aparece completamente modificada. É menos uma união do que uma transformação ou uma passagem. Antes dela, a cultura não está ainda dada, com ela a natureza deixa de existir no homem como um reino soberano. "A proibição do incesto é o processo pelo qual a natureza se ultrapassa a si mesma. Acende a faísca sob a ação da qual se forma uma estrutura de novo tipo, mais complexa, e se superpõem, integrando-as, às estruturas, mais simples que elas próprias, da vida animal. Realiza e constitui por si mesma o advento de uma nova ordem" (p. 63). Mas se a raiz da proibição do incesto está na natureza, é apenas como regra social que podemos apreendê-la, na sua extrema diversidade tanto de um grupo a outro como quanto a seu campo de aplicação. Esta diversidade aponta que é menos a consanguinidade real que importa e mais o parentesco enquanto fenômeno puramente social. A proibição confunde-se ou subsiste junto à regra da exogamia. A título de exemplo, um mesmo sistema vê na aliança do tio materno com a sobrinha um tipo de casamento muito recomendável e até prescrito, mas a pretensão análoga por parte do tio paterno suscitaria o mesmo horror que o incesto com os pais, ao qual este colateral é igualado. A proibição do incesto não se exprime, portanto, sempre em função das regras de parentesco real, mas têm por objeto sempre os indivíduos que se dirigem uns aos outros empregando certos termos. "É a relação social, situada além do vínculo biológico, implicado pelos termos 'pai', 'mãe', 'filho', 'filha', 'irmão' e 'irmã' que desempenha o papel determinante. Por este motivo, sobretudo, as teorias que tentam explicar a proibição do incesto pelas conseqüências nocivas das uniões consanguíneas (inclusive numerosos mitos primitivos que sugerem esta interpretação) só podem ser consideradas como racionalizações" (p. 70).

A proibição do incesto exprime a passagem do fato natural da consanguinidade ao fato cultural da aliança. O duplo ritmo do dar e receber aparece tanto na natureza como na cultura, mas de forma diferente. Na primeira, onde aparece no casamento e filiação, só se dá o que se recebe. O fenômeno da hereditariedade exprime esta permanência e continuidade. Na cultura se recebe mais do que se dá e se dá mais do que se recebe, o que é expresso nos processos da educação e da invenção. A cultura é impotente no momento natural do recebimento, a hereditariedade. A ação momentânea do meio pode acrescentar sua marca, mas não pode fixá-la. Já a aliança é tão imperiosamente exigida pela natureza quanto a filiação, mas não da mesma maneira, nem na mesma medida. A aliança é exigida, mas não sua determinação: a natureza atribui a cada indivíduo determinantes veiculados por seus pais efetivos, mas não decide em nada quem serão esses pais. Do ponto de vista da natureza, a hereditariedade é duplamente necessária, como lei, já que não há geração espontânea e como especificação da lei, a semelhança com os pais. Mas em relação à aliança, a natureza contenta-se em afirmar sua necessidade mas é indiferente ao seu conteúdo: a relação macho e fêmea é determinada pelo acaso e pela probabilidade. O princípio de indeterminação da natureza só se manifesta no caráter arbitrário da aliança. Se a natureza é anterior à cultura, somente por possibilidades abertas pela primeira é que a segunda pode sem descontinuidade inserir suas marcas e introduzir suas exigências próprias. A cultura tem que se inclinar ante a fatalidade da herança biológica, "mas a cultura, impotente diante da filiação, toma consciência de seus direitos, ao mesmo tempo que de si mesma diante do fenômeno inteiramente diferente da aliança, o único sobre o qual a natureza já não disse tudo. Somente aí, mas por fim também aí, a cultura pode e deve, sob pena de não existir, afirmar 'primeiro eu' e dizer à natureza: 'não irás mais longe'" (p. 71).

Lévi-Strauss trará, então, o caráter de regra, como a essência da proibição do incesto. Se a natureza abandona ao acaso e ao arbitrário a aliança, a cultura introduzirá uma ordem, já que seu papel primordial é garantir a existência do grupo como grupo, substituindo a organização ao acaso. A proibição do incesto é a intervenção. Esta aparece também no regime de produto escasso. As proibições do casamento estão vinculadas aos princípios e métodos que existem toda vez que a existência física ou espiritual do grupo está em jogo. "Não são apenas as mulheres, cuja distribuição o grupo controla, mas também todo um conjunto de valores, dos quais o mais facilmente observável é o alimento" (p. 73). Bem mais essencial, entre ele e as mulheres existe um sistema de relações reais ou simbólicas, cuja natureza para o pensamento primitivo só pode ser apreendida progressivamente. O alimento é coisa para distribuir, porque o indígena vive entre os regimes de abundância e escassez. Na incerteza radical, presente em exemplos tomados no mundo inteiro, é normal que o pensamento primitivo não possa considerar o alimento como uma coisa que o mesmo indivíduo produz, possui e consome, mas sim que é compartilhado segundo regras que refletem e determinam a estrutura do grupo familiar e social. Para admitir a equiparação das mulheres aos bens, de um lado escassos e de outro essenciais à vida do grupo, é preciso pôr em evidência os sistemas de equivalências psicofisiológicas do pensamento indígena, em que o alimento é fonte das emoções as mais intensas, fornecendo a base de algumas das noções mais abstratas e das metáforas do pensamento religioso. O alimento pode tornar-se símbolo de experiências espirituais mais altas e a expressão das relações sociais mais essenciais.

Considerada em seu aspecto puramente formal, a proibição do incesto é apenas a afirmação pelo grupo, de que em matéria de relação entre os sexos não se pode fazer o que se quer. "O aspecto positivo da interdição consiste em dar início a um começo de organização" (p. 83). A proibição do incesto tem por finalidade imobilizar as mulheres no seio da família, a fim de que a divisão delas ou a competição em torno delas seja feita no grupo e sob controle dele e não em regime privado. Portanto, não é com base na sua distribuição natural que as mulheres devem receber seu uso social. Este é o aspecto primordial, o único coextensivo à proibição inteira. "Considerada como interdição, a proibição do incesto limita-se a afirmar, em um terreno essencial à sobrevivência do grupo, a preeminência do social sobre o natural, do coletivo sobre o individual, da organização sobre o arbitrário. Mas toda a proibição é também uma prescrição" (p. 85). Aí ela aparece carregada de modalidades positivas, e há que se distinguir a endogamia da união preferencial, a obrigação de casar dentro de um grupo determinado e a obrigação de escolher para cônjuge quem tem uma relação de parentesco determinada. "A proibição do uso sexual da filha ou da irmã obriga a dar em casamento a filha ou a irmã a um outro homem e, ao mesmo tempo, cria um direito à filha ou irmã do mesmo homem" (p. 91). A proibição do incesto não é só uma interdição, ao mesmo tempo que proíbe ordena. A proibição do incesto, como a exogamia que é sua expressão social ampliada, constitui uma regra de reciprocidade. Assim, quer no casamento por troca quer em qualquer outro sistema matrimonial, o fenômeno fundamental resultante da proibição do incesto é o mesmo, seu conteúdo não se esgota no fato da proibição. Esta só é instaurada para garantir e fundar uma troca. Como colocou Mauss em relação às sociedades primitivas, nelas, as transações de dons recíprocos, a troca, é um fato social total, com significação simultânea jurídica, social, religiosa, sentimental, moral, utilitária, econômica e mágica. A troca é uma troca total, compreendendo o alimento, os objetos fabricados, valores sociais e esta categoria de bens mais preciosos, as mulheres. Também entre os bandos nômades de índios, "existe uma transição contínua das guerras às trocas e das trocas aos intercasamentos. E a troca de noivas é apenas o termo de um processo ininterrupto de dons recíprocos, que realiza a passagem da hostilidade à aliança, da angústia à confiança, do medo à amizade" (p. 107).

Na conclusão de seu livro, Lévi-Strauss nos expõe seus principais achados. Vejamos.

É todo um sistema de troca que se encontra na origem das regras de casamento. A noção de troca vai se complicando e se diversificando das estruturas mais simples até a mais complexa, que funda o casamento europeu moderno, cujas três características fundamentais são a liberdade de escolha do cônjuge nos limites dos graus proibidos, a igualdade dos sexos em face dos votos conjugais, e finalmente a emancipação da parentela e a individualização do contrato. Seja em forma direta ou indireta, seja em forma global ou especial, mediata ou postergada, explícita ou implícita, fechada ou aberta, concreta ou simbólica, é sempre a troca que aparece como base fundamental e comum de todas as modalidades da instituição matrimonial. Estas podem ser designadas de exogamia, mas por trás da expressão superficialmente negativa da regra da exogamia, há "a finalidade que tende a garantir, pela proibição do casamento nos graus interditos, a circulação total e contínua desses bens do grupo por excelência que são as mulheres e suas filhas" (p. 520).

A exogamia fornece o único meio de manter o grupo como grupo, de evitar o fracionamento e a divisão indefinidos que seriam o resultado da prática dos casamentos consanguíneos. "Caso houvesse o recurso a eles persistentemente, ou apenas de maneira demasiado frequente, estes casamentos não tardariam em fazer o grupo social 'explodir' em uma multidão de famílias, que formariam uma multidão de famílias, que formariam outros tantos sistemas fechados, mônadas sem porta nem janela, cuja proliferação e antagonismos não poderiam ser impedidos por nenhuma harmonia preestabelecida" (p. 520). Este perigo mortal para o grupo, as formas mais simples da exogamia não bastam para afastá-lo inteiramente. Somente as formas mais complexas como o princípio da troca generalizada podem evitá-lo, constituindo sistemas cada vez mais complexos. Diante da endogamia, tendência a impor um limite ao grupo e a criar discriminações no interior deste, a exogamia é um permanente esforço no sentido de maior coesão, solidariedade mais eficaz e articulação mais flexível. Na troca não vale somente as coisas trocadas: a troca e a regra de exogamia que a exprime têm por si mesmas um valor social. "Fornece o meio de ligar os homens entre si e de superpor aos laços naturais do parentesco, os laços daí em diante artificiais, porque libertados do acaso dos encontros ou da promiscuidade da existência familiar, da aliança governada pela regra" (p. 521). A exogamia e a proibição do incesto possuem valor permanente e coextensivo a todos os grupos sociais. Há nelas um valor menos negativo que positivo, já que afirmam a existência social de outrem e só proíbem o casamento endógamo para introduzir e prescrever o casamento com um grupo diferente da família biológica. Não porque algum perigo biológico se ligue ao casamento consanguíneo, mas porque do casamento exógamo resulta um benefício social. Se os banquetes, as festas, as cerimônias de diferentes espécies formam a trama da existência social com base na reciprocidade, seu arquétipo está na lei da exogamia, que é onipresente e atua de maneira permanente e contínua, referindo-se às mulheres, que são os valores por excelência, tanto do ponto de vista biológico, como do da vida social, sem os quais a vida não é possível ou fica reduzida às piores formas de abjeção. A exogamia fornece a regra fundamental e imutável mantenedora da existência do grupo enquanto grupo.

A proibição do incesto é a regra do dom por excelência, menos uma proibição de casar-se com a mãe, a filha ou a irmã do que uma regra que obriga a dar a outrem a mãe, a irmã ou a filha. É aqui que se costumam instalar os erros de interpretação biologistas da proibição do incesto, quando se vê o casamento como processo descontínuo, individual, procurando nas qualidades intrínsecas da mãe, irmã ou filha as razões da proibição. Ora, é somente de um ponto de vista biológico e não certamente de um ponto de vista social que a maternidade, a sororalidade ou a filialidade são propriedades dos indivíduos considerados. Do ponto de vista social, "estas qualificações não podem ser admitidas como definindo indivíduos isolados e sim relações entre os indivíduos e todos os outros" (p. 522). Para o pensamento primitivo, todas as relações familiares se definem simultaneamente pelos indivíduos que englobam e também por aqueles que excluem. Para os indígenas é inconcebível uma relação neutra ou a ausência de relação. "Cada relação familiar define um certo conjunto de direitos e de deveres e a ausência de relação familiar não define nada. Define a hostilidade" (p. 523).

Para Lévi-Strauss, uma relação não pode ser isolada arbitrariamente de todas as outras, e também não é possível que o indivíduo se mantenha aquém ou além dos mundos das relações. "O meio social não deve ser concebido como um quadro vazio no interior do qual os seres e as coisas podem ser ligados, ou simplesmente justapostos. O meio é inseparável das coisas que nele habitam. Em conjunto constituem um campo de gravitação onde as cargas e as distâncias formam um conjunto coordenado, e onde cada elemento, ao se modificar, provoca a alteração do equilíbrio total do sistema" (p. 523). É neste campo que se insere a regra universal e fundamental da proibição do incesto, porque é o caráter total de todo sistema de parentesco, presente em todas as sociedades humanas, que define o casamento como o arquétipo da troca e faz com que a análise da troca ajude a compreender a solidariedade que une dom e contradom, o casamento aos outros casamentos. Como está expresso na teoria indígena Arapeshe, citada como epígrafe a esta parte, antes de ser moralmente culpável, o incesto é socialmente absurdo.

É por isso que Lévi-Strauss faz uma longa discussão com Malinowsky, afirmando que não existe solução possível para o problema do incesto no interior da família biológica. Mesmo se se supuser esta situada num contexto cultural, ele lhe impõe que ela não está sozinha, mas deve recorrer a outras alianças para se perpetuar. Já Malinowsky defendia uma concepção diferente, segundo a qual a proibição do incesto resultaria de uma contradição interna ao próprio seio da família biológica, entre sentimentos mutuamente incompatíveis como as emoções sexuais e o amor pelos pais. Para ele, estes sentimentos só se tornam incompatíveis por motivo do papel cultural que a família biológica é levada a desempenhar. A vocação social e educativa do homem estaria seriamente comprometida se emoções de outra ordem viessem comprometer a disciplina indispensável à manutenção de uma ordem estável entre as gerações. Segundo ele, o incesto equivaleria à confusão de idades, à mistura de gerações, à desorganização dos sentimentos e a uma inversão brutal de todos os papéis, no momento exato em que a família representa um agente educativo de primeira importância e nenhuma sociedade existiria em tais circunstâncias. Lévi-Strauss dirá que não existe nenhuma sociedade primitiva que não inflinja uma contradição flagrante sobre cada ponto de sua tese.

Para concluir, ele dirá que o casamento é a condição para que se realize a reciprocidade, ao mesmo tempo que sempre põe em risco esta, embora seja preciso correr este risco para que a sociedade continue. Para salvaguardar a perpetuidade social da aliança, é preciso comprometer-se com as fatalidades da filiação, da infraestrutura biológica do homem. Mas o reconhecimento social do casamento, a transformação do encontro sexual em contrato, cerimônia ou sacramento, "é sempre uma aventura angustiante" (p. 529). Ao reconhecer e sancionar a união dos sexos, a reprodução da sociedade impõe-se à ordem natural, mas, ao mesmo tempo, dá a ela sua possibilidade. A mais fundamental das noções em todas as culturas é a diferença reinante entre os sexos. "Cada qual é perfeitamente normal à sua maneira, mas o contato deles mostra-se carregado de perigo para ambos" (p. 530).

> Mas uma vez que é preciso ceder à natureza para que a espécie se perpetue e com ela a aliança social, é preciso, ao menos, que a contradigamos, ao mesmo tempo que cedemos, e que o gesto realizado em direção a ela seja sempre acompanhado de um gesto que a restringe. Este acordo entre natureza e cultura se estabelece de duas maneiras, pois dois casos se apresentam, um no qual a cultura deve ser introduzida porque a sociedade é toda poderosa, o outro em que a natureza deve ser excluída porque desta vez é ela que governa. Diante da filiação, pela afirmação do princípio unilinear, diante da aliança, pela instauração dos graus proibidos. (p. 530)

Finalmente, vemos Lévi-Strauss aproximar a universalidade da proibição do incesto com a da linguagem, mostrando que também em relação a esta existem proibições nas sociedades primitivas cujo denominador comum com a proibição do incesto e os atos evocadores do incesto é de serem um *abuso* de linguagem. Ele se pergunta se as próprias mulheres não são tratadas como sinais, das quais se abusa quando não se lhes dá o emprego próprio dos sinais, que é serem comunicados. É aí que ele evoca toda uma passagem da perda do caráter de valor da palavra quando sua função de sinal a torna propriedade de todos, possibilitando que ela se torne propriedade de todos, na qual a linguagem contribui para a civilização científica, mas empobrece a percepção, despojando-a das implicações afetivas, estéticas e mágicas e esquematizando o pensamento. Mas ele reavivará todo o enigma em torno da mulher com a passagem para a aliança, a partir do discurso, mostrando que o surgimento do pensamento simbólico deveria exigir que as mulheres, tal como as palavras, fossem coisas que se trocam, único modo de superar a contradição da percepção da mulher por dois aspectos incompatíveis, de um lado, objeto de desejo próprio, excitante dos instintos sexuais e de apropriação e, ao mesmo tempo, sujeito do desejo de outro, meio de ligá-lo aliando-se a ele. Mas sendo uma pessoa, ela não podia se tornar só sinal, e mesmo como tal ela é um produtor de sinais.

> No diálogo matrimonial dos homens, a mulher nunca é puramente aquilo de que se fala, porque se as mulheres, em geral, representam uma certa categoria de sinais, destinados a determinados tipos de comunicação, cada mulher conserva um valor particular, proveniente de seu talento, antes e depois do casamento, de desempenhar sua parte em um dueto. Ao contrário da palavra que se tornou integralmente sinal, a mulher permaneceu, portanto, sendo ao mesmo tempo que sinal, valor. Explica-se, assim, que as relações entre os sexos tenham preservado essa riqueza afetiva, este fervor e mistério que sem dúvida impregnaram na origem todo o universo das comunicações humanas. Mas o clima ardente e patético no qual brotaram o pensamento simbólico e a vida

social, que constitui a forma coletiva do primeiro, aquece ainda nossos sonhos com uma miragem. Até nossos dias a humanidade sonhou apreender e fixar este instante fugitivo em que foi permitido acreditar ser possível enganar a lei da troca, ganhar sem perder, gozar sem partilhar. Em todo o mundo, nas duas extremidades do tempo, o mito Sumério da idade de ouro e o mito Andaman da vida futura correspondem um ao outro. O primeiro colocando o fim da felicidade primitiva no momento em que a confusão das línguas tornou as palavras propriedade de todos, e o segundo descrevendo a beatitude do Além como um céu no qual as mulheres não serão mais trocadas, isto é, lançando num futuro ou num passado igualmente inatingíveis a doçura, eternamente negada ao homem social, de um mundo no qual se poderia viver *entre si*. (p. 537)

A teoria sobre a proibição do incesto fundada na instauração da vida simbólica e social, pautada pela aliança e economia de troca de bens materiais, mulheres e signos, pode ser equivocada e simplificadamente ser considerada uma teoria machista, que não leva em conta o que se passa com as mulheres a não ser objetalizando-as e naturalizando-as. Não me parece assim e as últimas palavras do livro que citei acima o mostram. É justamente por serem o bem mais precioso, o valor dos valores, sem o qual a vida se tornaria abjeta, que lhes é dado este papel tão importante na origem da vida social, conservando e dando um lugar importante ao seu enigma, ou melhor, àquilo delas que se torna enigma a partir da vida simbólica e social. O que sim podemos dizer, levando em conta aquilo que Lévi-Strauss mesmo diz sobre o enigma maior que consiste a diferença dos sexos, é que a proibição do incesto, dita desta maneira explica-a do ponto de vista das razões masculinas, de sua sexualidade e das interdições a ela que constituem o plano da sociabilidade, mas nada falam da problemática incestuosa no que concerne e afeta às mulheres e a constituição do valor da feminilidade bem como seus efeitos no campo social. É esta importante e inovadora diferença que será percebida pela sua colega e discípula, Françoise Héritiér, que, então, procurará uma definição mais ampla do tabu do incesto, chamando esta, encontrada por seu mestre, de tabu do incesto de primeiro grau e encontrando uma definição que abrange situações mais primordiais, que envolvem o interdito entre mãe e filha e entre duas irmãs, que estão na base deste interdito de primeiro grau, que ela chamou de tabu de incesto de segundo grau. Ela será exposta logo após voltarmos a abordar, no interior do campo psicanalítico, a questão da constituição diferencial para os sexos da imagem do corpo próprio separado do da mãe, para que possamos entender o alcance do embasamento conceitual antropológico e de interface com a psicanálise que ela traz.

7
O corpo e o conflito edípico

Conhecemos os efeitos complicados para o processo de subjetivação quando a identificação com o corpo materno não pode ser digerida e surge nos seus efeitos de melancolia, homossexualidade, efeitos histéricos anoréxicos, doenças graves no corpo, psicose e suicídio. A necessária pulverização do corpo materno que deve ser feita, sob o efeito da interdição do incesto, para destacamento narcísico, leva a uma representação do corpo fragmentado da mãe em montagens surrealistas (Lacan, 1949). No entanto, se ela facilita o destacamento, dificulta o acesso posterior, na vida sexual adulta, em termos de caminhos psíquicos, ao gozo sexual que ultrapassa o fálico, que supõe de maneira diferencial para os dois sexos uma sensibilização sensorial, imagética e representacional do interior do corpo feminino. A separação psíquica e corporal da mãe se dá num processo complexo, lento e doloroso de idas e vindas.

No menino, o afastamento do corpo da mãe se dá pela mediação identificatória com o pai imaginarizado como alguém que lhe permite uma vivência homossexual primária, que possibilita o acesso a uma imagem do corpo masculino e uma valorização narcísica de seu pênis em princípio exibicionista, já que isso é necessário para sustentar este corte com o corpo da mãe. Espada em riste, o herói está sempre pronto a cortar o excesso de carinho materno que se torna ameaçador, pois a separação é recente, a exibir sua força em contenda com seus rivais que, ao mesmo tempo, são parceiros homossexuais, enquanto adia o desejo de acesso a uma princesa que seria um tranquilizador substituto do amor materno para quem, enfim, ele poderia transferir seus desejos heterossexuais.

Um dos aspectos da angústia de penetração no homem está ligado à fantasmática em relação ao gozo feminino. A raiva do roubo do gozo pode aparecer ligada ao temor de ser sugado até o esvaziamento total de si, do qual não haveria recuperação ou ao desejo de roubar para si a capacidade libidinosa da mulher com a vida que ele considera mais ampla que a sua ou ainda como raiva pelo roubo do gozo solitário (alusão à prática masturbatória, mas também à organização de um mundo dependente só de si). A raiva do roubo do gozo aparece também como expressão do temor de uma intimidade prazerosa, por ela poder ser perdida, se aparecerem as vulnerabilidades, e pelo medo da separação. Na vertente de um componente masoquista forte presente na raiva do gozo feminino aparece ainda a ideia, em alguns homens, de que se a mulher aceita a penetração e goza com ela, então a penetração não é possível pois ele tem que sair de dentro dela, pois sua baixa autoestima proporcional a seu narcisismo exacerbado rebaixa-a por tê-lo aceito.

Já na menina, para que o afastamento do corpo da mãe se dê, é preciso imaginarizar o pai como aquele que outorga o filho à filha-menina, com o consentimento da mãe, filho simbólico, puro jogo, enquanto vai-se tomando consciência do adiamento do ter um filho de outro homem-marido que não o pai; é esta a fase que vai dando acesso à sublimação e simbolização e à aproximação do corpo da mãe como separado, como corpo de mulher semelhante que se valoriza e que se quer ser igual, ter o mesmo destino, apoiado na integração da homossexualidade primária que lhe permitirá ser a mãe, enquanto acesso, agora no seu corpo, de sua magia sexual. Quando a mãe não pode aceitar o jogo edípico da menina, não pode enfrentar todos os movimentos apaixonados de amor e ódio que o antecedem, a identificação se dá no ódio, na disputa. Uma das razões pelas quais a mãe não pode aceitar este jogo, é quando o pai o leva a sério, com um investimento libidinal totalitário no lugar de pai, em detrimento do de homem-parceiro amoroso e sexual. A consequência é uma disputa-confusão narcísica muito grande, como mostraram para mim as falas de casos de abuso sexual incestuoso, expostas no capítulo II e a análise que lá fiz sobre a relação da fantasia heterossexual da menina e a sedução paterna.

A mãe também é imaginarizada pela criança como aquela que sustenta a queda do corpo no simbólico. Posição difícil para mãe. Para que esta possa se investir em aparar a queda da saída do corpo da mãe, em um desdobramento, ela tem que simbolizar como presente para si, num primeiro momento, as aquisições do eu da menina ofertadas à mãe (parece-me que é este o sentido do cocô, esta primeira produção visível do corpo, primeiro pequeno separável de si, que simboliza mais uma vez sua separação do corpo da mãe como intermediário, objeto de troca). Este é o paradoxo envolvido nas complicadas passagens da predominância da fase anal à fase genital infantil. É aliviador colocar a mãe com o pai para poder encontrar a mãe no exterior aparando a queda, cúmplice no acesso às diferenças sexuais e à simbolização da saída do corpo materno e da diferença sexual. Se a mãe se prende a um controle onipotente, se a mãe não abre mão da preocupação materna primária, que foi essencial numa fase de dependência absoluta, se a mãe usa o filho como objeto fálico de completude narcísica, então ela não está mais do lado do homem em sua sexualidade, aberta para a plena vivência da sua feminilidade no acesso ao gozo.

Talvez devêssemos tentar entender a realidade psíquica, que o conceito de complexo de Édipo tenta dar conta, como um momento do devir que tem a função de constituição de "sujeito à norma social", assim como a etapa narcísica foi outro momento do devir, destinado à constituição de um eu que tem que se haver com a sobrevivência e com o acesso à realidade material, da qual posteriormente descobrirá, através do momento Édipo-Castração, do que é feita a sua consistência simbólica. Se assim for, apesar de seu valor estruturador e da multiplicidade de caminhos que apresenta, o momento Édipo-castração pode ser superado no sentido de permitir o acesso a trajetórias libidinais que escapam do roteiro edípico pai-mãe, virtualidades afetivas e intensivas apoiadas em marcas inconscientes que dão suporte à criação de um corpo que escapa às lógicas bissexual, narcísica, edípica e da castração, e que permite a vivência do gozo.

A construção da imagem corporal feminina e o valor da feminilidade estão profundamente atrelados ao corpo da mãe e à representação da sua sexualidade. Passar do desejo de posse do corpo da mãe para o desejo de ser a mãe, enquanto identificação com seu corpo, traz a inquietação de como compor a diferença em um magma comum que frequentemente leva à identificação fusional. Qual é, pois, o sentido que a interdição do incesto tem para a menina e a mulher?

8 Héritier: o sentido específico da interdição do incesto para a menina e a mulher

Encontrei na obra de Françoise Héritier *Les deux soeurs et leur mère* (1994) um remanejamento da teoria sobre o tabu do incesto que me pareceu muito rico como embasamento, respostas possíveis para estas problematizações. Nela, Lévi-Strauss encontrou uma sucessora de grande talento na direção do Laboratório de Antropologia Social, em 1982. Na aula inaugural de seu ingresso no Collège de France, revela que não se contenta em gerir a herança do mestre, mas continua enriquecendo-a através de orientações e problematizações novas. Ela não considera mais pertinente a oposição entre estatismo estrutural e a contingência das perturbações históricas, pois todo sistema por muito articulado que seja facilita aberturas, brechas que ficam expostas a inovação sobre o lance da história. Adere, fiel ao espírito lévi-straussiano, a um modo de pensamento antropológico que associa o dado fenomenológico variável das sociedades a mecanismos invariantes, subjacentes, que são em pequeno número, ordenam esse dado e conferem-lhe seu sentido. Mas o principal ponto de inflexão em sua obra, em relação à obra de Lévi-Strauss, está em dar ao corpo, aos seus humores, um lugar central no estudo da representação simbólica, a partir do estudo de temas arcaicos inscritos no corpo e na diferença dos sexos. A segunda inflexão, em relação a Lévi-Strauss, consiste em partir do próprio homem enquanto corpo e em considerar que todos os sistemas de representação derivam dele. A coisa mais elementar de todas sobre a qual se fixa a inteligência é a diferença de sexos. A partir da observação de campo das relações de parentesco em várias sociedades africanas, ela passou a abordar o domínio de todos os humores do corpo em sua relação com o social e a apreender, para além das particularidades de uma sociedade, as coerências dos sistemas de pensamento numa escala estrutural. Ela investiga assim as bases de uma gramática universal aplicável ao campo antropológico, adotando como ponto de ancoragem o corpo e as questões relativas à oposição fecundidade/esterilidade. Pensar em fecundidade faz pensar em esterilidade que faz pensar em sexualidade, o que leva a pensar nos humores do corpo: no leite, no esperma, no sangue. A ideia é que esses conceitos funcionam por cadeias que se estruturam a si mesmas (Dosse, 1993).

No seu livro de 1994, ela postula que a concepção do tabu do incesto, que estaria na base do nascimento da cultura enquanto economia de troca de bens e de mulheres, explicita apenas uma das possibilidades da existência do tabu, a que diz respeito às razões masculinas. A interdição do incesto tem um sentido diferente para a menina e para a mulher. É necessário alargar a noção de incesto para integrar todos os aspectos conhecidos (entre irmãos, homossexual, por um parceiro comum interposto). É a interdição do incesto entre mãe e filha, que ela nomeia de incesto do segundo tipo, que está na base de todas as outras proibições incestuosas já que seu fantasma é o motor maior de nosso imaginário social. A forma fundadora do incesto é aquela da relação mãe-filha porque além da identidade de gênero, há o fato físico da reprodução da mesma forma na mesma matriz. A matriz e o que dela sai são idênticos, o mesmo se passando com a identidade de duas irmãs, como o princípio das bonecas russas.

Além disso, através de um fascinante trabalho etnológico, descobre as ligações entre os líquidos e fluidos dos corpos masculinos e femininos e suas ricas e diversas representações na base das mais variadas interdições em várias culturas, mostrando que

> [...] o critério fundamental do incesto é colocar em contato humores idênticos. Coloca em jogo o que há de mais fundamental nas sociedades humanas, a maneira como elas constroem suas categorias do idêntico e do diferente. Esta oposição do idêntico e do diferente é primeira, porque ela está fundada na linguagem do parentesco, sobre aquilo que

> o corpo humano tem de mais irredutível: a diferença dos sexos. Tema arcaico, que subentende toda a produção intelectual, se encontra ele no coração de todo discurso científico e de todo o sistema popular de representações. Dele deriva a problemática do mesmo e do outro, do um e do múltiplo, do contínuo e do descontínuo. Quando o acúmulo de idêntico engendra maus efeitos ele será interditado e serão buscadas as justaposições ou combinações entre elementos classificados como de natureza diferente. O acúmulo de idêntico será ao contrário buscado nas sociedades ou nas situações particulares onde produzirá bons efeitos. (p. 11-12)

É nesta experiência e nesta tomada de consciência da diferença de sexos e nas elaborações intelectuais complexas, que se seguem na história da humanidade, que a autora coloca a origem e a razão de ser da proibição do incesto dizendo, entretanto, que é necessário alargar a noção de incesto para integrar todos os aspectos conhecidos. Por exemplo: por que não se consideram também os contatos homossexuais quando se fala de incesto? Há a possibilidade de um incesto de natureza diferente entre consanguíneos diferentes do mesmo sexo, que não são homossexuais, que é partilhando o mesmo parceiro sexual. Tendo como eixo a interdição relativa a uma mãe e duas filhas, tal como ela se apresenta em várias culturas, religiões e em várias épocas, ela faz uma pesquisa histórica, etnográfica e antropológica.

A pesquisa histórica examina esta interdição tal como aparece nos textos hititas do Oriente Próximo, nas leis assírias, no mundo grego, nos textos bíblicos do Levítico e do Talmud, no mundo romano, na tradição cristã, no Corão e no direito civil moderno.

Como um exemplo do seu rico e amplo trabalho com a enunciação do incesto de 2º tipo vemos que na Assíria é impossível a união com duas irmãs, mas ela é possível após se ficar viúvo de uma delas; já os textos hititas apontam que esta união só é possível se as irmãs moram bem distantes uma da outra; e no mundo grego a união de um homem com duas irmãs é interditada mesmo depois da morte de uma delas. No Levítico o casamento com a irmã da esposa morta ou repudiada está autorizado, enquanto a união com duas irmãs em um mesmo lugar e ao mesmo tempo está interditada. No Corão, os interditos de duas irmãs para um homem e entre mãe e filha e um homem não só são muito precisamente formulados como se expandem para irmãs e mães de leite. A interpenetração e o toque corporal fazem com que uma mulher conheça e toque a outra por intermédio de seu marido comum, que distribui a cada uma o mesmo sêmen e transporta com ele qualquer coisa de uma para outra. Não é a paternidade biológica que importa, mas a social. Assim, a regra de aleitamento é que o leite provém do sêmen do homem que rege as relações de leite.

Na maioria das vezes, o que é temido na relação sexual com um mesmo parceiro é que este se torna um transportador, um condutor da substância íntima do consanguíneo, do idêntico. Se nos hititas é a unidade da substância entre as mulheres que é sublinhada, no Corão, o acento é colocado na relação sexual que fará se tocar as identidades femininas da mãe e da filha. O que o interdito das duas irmãs testemunha é uma lógica implícita da identidade e da diferença e a proeminência do masculino, porque todo enunciado é da posição de um *ego* masculino.

A reprovação do incesto parece ter sido bem mais forte em Roma que na Grécia porque está inscrita na lei. É no Concílio de Elvira, em 306 d.C., que é mencionado pela primeira vez o incesto de 2º tipo, que, desde então, vai se inscrever na nossa própria civilização: se qualquer um após a morte de sua mulher esposou sua irmã e se ela lhe foi fiel, durante cinco anos, se decide que ele seja excluído da comunhão. A explicação para a impossibilidade do casamento mesmo após a morte da irmã é que os esposos formam uma só carne. O marido se torna a mulher; logo os irmãos de um se tornam do outro. Sendo assim a irmã da mulher é também do homem e não se pode esposá-la, o interdito de aliança devendo ser compreendido como de consanguinidade. *Una caro* traduz a identidade substancial dos consanguíneos do mesmo sexo, mãe e filha, duas irmãs, pai e filho, dois irmãos, visando o ponto de vista dos aliados. O Concílio de Elvira pressupõe uma teoria da impregnação. A carne única do casal, que se cria na vida em comum, perdura depois da morte. Muito rapidamente este ponto de vista se torna o ponto de vista legal na lei civil. Na tradição cristã, o incesto é uma contaminação da carne de dois consanguíneos por um parceiro comum. As proibições matrimoniais se fundem sobre os sistemas de representação os mais profundos da intimidade e do interior dos corpos, em que a lógica se articula ao biológico, servindo também de fundamento do sistema político-social da Idade Média ocidental. Através do Concílio de Trento, no século XVI (1545-1563), uma vez que o corpo se impregna no seu mais íntimo durante a união carnal que resulta na confusão dos humores corporais, para ter incesto, o mesmo deve tocar o mesmo.

No direito civil moderno, a lei interdita o casamento entre parentes, por isso o incesto familiar na pessoa de um menor é possível se for violação, penetração vaginal efetiva e violenta. O incesto é circunstância agravante em caso de estupro e atentado ao pudor.

A pesquisa etnográfica estuda o sistema semicomplexo de parentesco de sociedades africanas através do exame da questão das duas irmãs, apontando o primado do social sobre o biológico através da premissa da abertura do corpo feminino na puberdade. Assim, no costume *sandana* a menina prometida em casamento muito cedo tem um amante pré-nupcial por três anos em casa construída por seu pai, já que seu marido só pode tocá-la depois da puberdade. Se ela engravida, o bebê será o primeiro filho de seu marido, pertencendo portanto à linhagem de seu pai social, através da amamentação e da palavra. Biologicamente provém de duas linhagens que não lhe podem reivindicar. É dito que esta pessoa, apesar de mais lenta, tem dotes adivinhatórios e, se mulher, é mais fértil que outras. Assim também no costume *gagarê*, quando a mulher tem filho sem marido, é-lhe designado um pai a cuja linhagem irá pertencer, já que não pode ir para a da mãe. No casamento primário *woso*, como as mulheres são dadas muito cedo a homens às vezes quarenta anos mais velhos, se se tornam viúvas, devem se casar com o irmão do marido (levirato), mas dois irmãos não podem coabitar a mesma mulher. No casamento secundário, *sana*, todos os filhos da mulher à qual o marido renunciou e que se casou novamente pertencem à linhagem do primeiro marido.

A pesquisa antropológica conceitualiza os achados históricos e etnográficos. Ela vai tratar da lógica do idêntico e do diferente, da lógica dos humores ou dos sistemas mecânicos de fluídos, da relação estreita entre os dois tipos de incesto e mesmo da proeminência e anterioridade do segundo sobre o primeiro; ela descreve as consequências meteorológicas ou outras do incesto, a extensão das cadeias conceituais aos humores do corpo e aos parentescos aparentemente de outra natureza, como o parentesco de leite e o espiritual e mesmo a extensão das proibições a outros delitos sexuais.

Através do exemplo Samo, viu-se que seu sistema particular de proibições matrimoniais está articulado às representações da formação do corpo humano pelos aportes respectivos paternal e maternal, em diferentes humores do corpo (o sangue, o esperma e o leite). Em todas as sociedades encontramos representações muito elaboradas pela razão de que é impossível viver enquanto indivíduo, enquanto ser social ou ser sexuado sem se colocar problemas relativos ao corpo. A noção mesma de identidade passa por uma representação do corpo e de seu lugar no mundo. O primeiro objeto de reflexão do homem, saindo da animalidade, é seu corpo e sua inserção no meio de outras espécies animais ou vegetais que o cercam e no cosmos que o abarca. O primeiro dado irredutível do corpo, ao mesmo tempo anatômico e psicológico, é a diferença dos sexos. O observável imediato da reprodução animal sexuada com um sexo feminino e um masculino, anatomicamente ajustáveis, esta característica essencial está na origem de nossas categorias mentais as mais profundas, as do idêntico e do diferente, categorias *princeps* de pensamento, portanto, ancoradas na observação primordial do corpo humano.

Os homens escolhem entre dois agenciamentos possíveis em razão dos efeitos, bons ou ruins, que eles podem produzir em vários domínios. Se o cúmulo de idêntico irá produzir efeitos nefastos, ele será proibido, enquanto a justaposição ou combinação de elementos diversos será procurada. Inversamente, se o cúmulo de idêntico traz bons efeitos, ele será buscado e se evitarão coisas diferentes. O cúmulo ou a rejeição do idêntico podem se encontrar preconizados para uma sociedade em todos os domínios ou o cúmulo do idêntico sendo evitado nas relações de aliança, mas buscado na medicina grega ou árabe, ser buscado para certas patologias e evitados para outras. Todas as combinações são possíveis.

8.1 Gramática da psique

É necessário um trabalho incessante do espírito para ordenar a massa de observações que possam ser feitas no mundo para compreender a lógica dos fluidos e dos elementos contrários. A diferença dos sexos é a observação primordial, bruta, que não pode ser decomposta, sobre a qual é fundada em seguida uma classificação dos elementos e dos objetos dotados de características particulares.

Uma observação fundamental do funcionamento do reino animal é a consciência do fato de que a colocação em contato íntimo dos corpos é necessária para procriar, que a relação sexual é indispensável para engendrar, que os homens não nascem por partenogênese ou clonagem. A esta consciência primordial se junta a ideia de que o contato íntimo dos corpos realiza a circulação, a troca de substâncias humorais um com o outro. É evidente no caso da ejaculação masculina; mas a maior parte das sociedades considera que há também uma ejaculação de uma água feminina, de tal maneira que a cópula resulta numa mistura de fluidos. O discurso sobre os humores do corpo se inscreve sempre num conjunto de representações próprias a uma sociedade, que varia de uma sociedade a outra em função dos meios de observação que ela dispõe, mas que não cessa jamais de ser racional. É um conjunto ideológico de relações de sentido que subentende cada vez as relações sociais. Uma relação se estabelece assim entre a lógica dos humores do corpo e aquela dos sistemas de aliança, mesmo que seja à revelia dos indivíduos. A lógica dos humores reconstituída pelo antropólogo só é dada parcialmente, sob modo pré-reflexivo, do "sabe-se sem saber". A proibição de que as moças não devem se banhar ou andar na chuva quando menstruadas só se explica se se admite a ideia de que a associação entre escoamento sanguíneo e escoamento das águas, cúmulo do úmido sobre o úmido, poderá ter um duplo efeito negativo seja numa amenorreia (a água retendo o sangue), seja numa hemorragia (a água empurrando o sangue), condenando a jovem à esterilidade. Se diz também que uma mulher menstruada impede as emulsões de encorparem (maionese, molhos com sangue, cremes) ou azedam as preparações com salmouras.

Ao antropólogo cabe buscar as razões de ser dos interditos explicando os sistemas de representações que lhe dão justificação e conferem-lhes legitimidade. Não é suficiente afirmar que cada sociedade tem um sistema de representações que tem uma coerência íntima, nem postular a existência de variações estruturais no seio de conjuntos culturais mais amplos. Pode-se reduzir todos os sistemas de representações a grandes temas invariantes que formam uma verdadeira lógica de base, ela sim invariante. Que em algumas sociedades a acumulação de idênticos provoque a secura e em outras o dilúvio é uma diferença de conteúdo.

Héritier identificou cinco articulações essenciais subjacentes a uma mesma estrutura que subjaz ao conteúdo:

- A homologia de natureza, a ausência de solução de continuidade entre os corpos nas suas funções vitais socializadas (reprodução e digestão), seu meio natural, particularmente o meteorológico e seu meio social.
- O equilíbrio do mundo, entendido como o conjunto formado pelo natural, o social e o cultural, é um todo constituído de elementos relançado por um princípio tal que todo desequilíbrio por excesso ou por falta num registro é imediatamente compensado por um desequilíbrio num outro ou no mesmo. Todo o equilíbrio do mundo deve ser compensado de uma maneira ou de outra.
- A circulação de substâncias no mundo deve ser mantida em equilíbrio. O mundo é, portanto, percorrido por um conjunto de fluxos, monetário, de palavras, mas ainda de chuvas, rios e fluidos corporais que são indispensáveis à produção e manutenção das vidas. A circulação dos fluxos deve portanto ser corretamente regulada.
- Esta mecânica de atração e repulsão dos fluidos entre eles é pensada segundo os pares de contrários como o quente e frio, o seco e úmido, e outros ainda como o claro e o obscuro, o alto e o baixo, o superior e o inferior, o dentro e o fora, o lento e o ligeiro etc. Todas engendradas e articuladas pela oposição fundamental do idêntico e do diferente.

Masculino e feminino é a primeira oposição instalada sobre a categoria do idêntico e do diferente e ela funciona paradigmaticamente para todas as outras oposições conceituais.

- Estas oposições dualistas são também relações de ordem e de hierarquia.

As cinco regras constituem o substrato lógico sobre o qual se desenvolvem as ritualizações, as prescrições e reparações em todas as sociedades. As ações não somente têm um sentido mas uma eficácia simbólica. Toda ação é eficaz e nenhuma é gratuita.

Ela vai em busca do que vai definindo como *incesto de segundo tipo*, cujo fantasma é o motor maior de nosso imaginário social. Trata-se de um curto-circuito, porque duas pessoas consideradas idênticas – duas irmãs e sua mãe, dois irmãos e seu pai – entram em contato. Trata-se de uma contaminação ou contágio porque os humores de um investem o outro. Trata-se de uma propagação, porque os humores são transferidos de um a outro através de um passador, uma terceira pessoa que sai sempre incólume.

> As relações fusionais, a identificação de uma mãe com sua filha, a confusão de sentimentos que tomam a forma de uma fusão mãe-filha é mais primária e específica que a fusão genérica mãe-criança, porque o objeto que está dentro da mãe, embutido, que devém um ser singular, está sob sua forma, idêntica à mãe segundo o princípio das bonecas russas. "Se há a fusão e o amor materno tomados no sentido que unem a mãe à filha e não a filha à mãe, elas podem tomar o aspecto desaprovador da vida em duplo interposta e manipulada para este fim. [...] Assim, o incesto fundamental, fundado na identidade de gênero no seio da consanguinidade é o incesto de segundo tipo e em todas as formas de base que o

> incesto pode tomar, a forma fundadora é aquela da relação mãe/filha porque além da identidade de gênero, há o fato físico da reprodução da mesma forma na mesma matriz. A matriz e o que dela sai são idênticos, o mesmo se passando com a identidade de duas irmãs. Se a identidade pai/filho e irmão/irmão passa pela identidade de gênero induzida pela força da substância espermática nutridora, ela é inferior à identidade perfeita entre mãe/filha pela razão já apontada. O espantoso é o que a natureza estabelece, em seus mecanismos mais secretos e mais recentemente identificados com esta discriminação ideal da forma e da matéria, confundidos no sexo feminino: todos os fetos são de saída femininos e metade deles se sairão masculinos sob o efeito de um hormônio. Não que a natureza entranhe com ela o fantasma, mas os fantasmas só se criam a partir dos obstáculos do pensamento autônomos, massivos, impossíveis de deslocar ou de contornar que são a diferença de sexos, a reprodução sexuada e o conjunto gestação, gravidez e aleitamento. (p. 351-353)

Aos olhos de Héritier, o incesto fundamental, tão fundamental que ele só pode ser dito de maneira aproximada nos textos como nos comportamentos, é o incesto mãe/filha.

> Mesma substância, mesma forma, mesmo sexo, mesma carne, mesmo devir, descendentes uma das outras *ad infinitum*, mães e filhas vivem esta relação na conivência ou a rejeitam, o amor e o ódio, sempre dentro do estremecimento. A relação a mais normal do mundo é também aquela que pode revestir os aspectos mais ambíguos. Por exemplo, a mãe que usa a beleza da filha para viver a vida que ela não teve, a filha apresentando o quadro clínico das vítimas de incesto físico: dissociação, distância, destruição. (p. 351-353)

8.2 Um complemento antropológico de Dupuis

Já o antropólogo Jacques Dupuis contribui com nossas problematizações ao colocar que o conceito de sociedade patriarcal aparece no século XX. A crença nos valores ocidentais absolutos, que imperou no século XIX, impediu de ver que a ideia de paternidade é uma aquisição que se deu há apenas sete milênios, a partir da descoberta da relação entre ato sexual e procriação sendo conquistas guerreiras que permitiram aos povos se tornarem patrilineares. Ele nos fala que se o sistema matrilinear pode ser classificado de arcaico em razão de sua antecedência na evolução, isso não significa que seja objeto de uma inferioridade intrínseca.

> A expansão do sistema patrilinear na maior parte do mundo foi favorecida por circunstâncias históricas que valorizavam a força física masculina e permitiam-lhe modelar a sociedade à sua maneira. Na realidade, o progresso da civilização não parece estar relacionado à substituição de um sistema de parentesco por outro. A experiência mostrou que a filiação matrilinear é perfeitamente compatível com um alto nível de civilização. Não está, pois, demonstrado que a expansão do sistema patrilinear tenha representado um progresso. Mas é verdade que, em determinada época da história, ele fosse mais conveniente às sociedades guerreiras e que, em nossos dias, atenda melhor à psicologia dos pais, que não entendem por que seus próprios filhos lhes haveriam de ser estranhos como acontece no sistema matrilinear.. (p. 223)

Para Dupuis, um dos resultados mais evidentes da revolução patrilinear é o rebaixamento do estatuto da mulher pelo embargo do homem, sobre a organização familiar, a sociedade e a religião. E, no entanto, não é um dos menores paradoxos da história constatar simultaneamente a revelação da mãe numa epifania que transcende os valores da sociedade masculina. "Foi necessário o surgimento da família nuclear e o advento do parentesco descritivo para que a Mãe passasse a ser uma entidade social, perceptível à vista de cada criança que não seja órfã; e nessa entidade identificam-se um devotamento pessoal e uma continuidade de cultura com mais força que na sucessão dos pais mais distantes (...) Sob a aparência da vitória patrilinear, a permanência materna personalizada se encontra no núcleo da família patriarcal" (p. 223).

Para o autor, há o hábito de decifrar a história através da trama fatual da gesta masculina, através do romance heroico e sangrento dos senhores; porém, em muitas sociedades, o avesso social que compõe a vida do mundo feminino faz ressaltar as frustrações masculinas numa sociedade entregue à violência que reduz o masculino à virilidade em sua mais brutal expressão: a força, o orgulho, a violência, o machismo soberano. A frieza de gelo de mulheres nas horas mais difíceis dos tormentos masculinos que se tornam horas solitárias deve-se ao embargo da mulher feito pelo homem e à adaptação dela aos papéis a que foram confinadas.

Ambiguidade da revolução patrilinear que parece realizar todas as ambições dos homens, mas frustra-lhes as dores e os privilégios da feminilidade. Para Dupuis, a matrifocalidade das sociedades tradicionais, em que a mãe exerce um poder inconteste, está mais próxima do pretenso matriarcado, do que jamais estiveram as sociedades matrilineares. Assim como ele, Héritier (1994) contesta a ideia de um matriarcado dizendo, que ele nunca existiu e que, no máximo, algumas sociedades mantinham as mulheres em igualdade social com os homens.

O aparecimento histórico da ideia de paternidade é um ganho da cultura, no sentido de permitir uma cronologia dos tipos de sociedades, inclusive a patriarcal e, a constatação do irredutível valor de cada sistema ético. Ele coloca numa deriva inelutável o sistema de valores ocidental do século XIX, que parecia absoluto.

9
Notas sobre o predador psíquico

Rubens vem falar com o psicólogo de uma instituição de denúncia de abuso contra menores, por indicação do advogado, pois sua ex-mulher o denunciou por ter cometido abuso sexual por ocasião das visitas de fim de semana de sua filha de cinco anos. Nada do que ele falou ou do relato que fez fizeram suspeitar que isto estivesse de fato ocorrendo, a não ser que era de fato muito atencioso e carinhoso, inclusive fisicamente com sua filha, que também o era com ele, até aquele momento. Tudo na situação parecia indicar *incesto alegado*, como o definiu Cyrulnik, a menina estando numa posição difícil na situação conflituosa entre os pais. Não podia contar com um ou outro para barrar os excessos de um ou outro. Mas, sobretudo, não podia contar com a mãe para barrar o seu excesso de amor pelo pai, que sem ela por perto, sem o pai entender o perigo pulsional que a nova situação representava para ela, a colocava numa situação confusa e conflitante, tendo fornecido suas percepções para serem interpretadas pela mãe.

Sabemos que o pai é altamente investido pelo apego a este primeiro separador da mãe. Ele é, neste sentido, um sedutor necessário. Até mesmo a inveja do pênis da menina pode ser entendida não como algo destinado a fazer do sexo feminino um sexo inferior ou lúbrico, mas desejo da possessão do pênis, no que ela está coberta de razão porque, ante a ameaça que ela percebe confusamente, com ele, ela poderia ser percebida pela mãe como suficientemente diferente para escapar à confusão (NAOURI, 1994). São numerosos os sonhos de pacientes femininas em que elas ganham o órgão masculino numa situação em que a mãe está por perto ou que elas o ganham e dão para a mãe, maneira de representar algo que circula e marca a diferença entre elas.

Vimos que a menina não cessa de tentar seduzir seu pai, no seu percurso para seu destino de mulher. O apego erótico infantil ao pai pode levar a que, na situação em que o estímulo erótico esteja presente, faça-se uma inversão e atribua-se ao pai o desejo sexual. Mas vimos também que o incesto alegado surge em situações na puberdade, em que os papéis familiares não estão bem claros e estruturados, em que o pai de alguma forma tem dificuldades em deixar claro e sem ambiguidades que seu carinho de pai é diferente de seu desejo enquanto homem. Este é um terreno fértil para a atuação intraperceptiva das fantasias da menina que tentam domar os confusos e assustadores impulsos sexuais poderosos que lhe sobrevêm e que querem ganhar forma como desejo de mulher. Vimos a necessidade de que o pai tenha claro para si que ele deve barrar seu desejo de homem em relação à filha, para que possa representar um papel fundamental a ela em seu percurso rumo ao acesso à sua feminilidade.

Vimos também o quanto uma mãe pode ser abusiva se ela não barra em si sua propensão natural incestuosa, embora sem ato sexual, de querer que nada falte à filha, impedindo a diferenciação que permite o surgimento do desejo sexual ou de querer que a filha seja a sua imagem e semelhança ou herdeira total de todos os seus sonhos, cópia fiel do que foi ou gostaria de ter sido e de como isso propicia o caldo ambiental de favorecimento do incesto da filha com seu pai ou seu substituto no desejo da mãe ou na situação familiar.

Incesto alegado, incesto sem ato, mas agora estamos diante do incesto de fato cometido, com atos e gestos em relação ao corpo de uma filha ou enteada. Embora a pesquisa realizada não tinha pretendido dar conta das razões ou efeitos psíquicos do ato incestuoso para aquele que teve nele o papel ativo de iniciador, temos alguns elementos, a partir de uma certa fenomenologia, que permitem deixar indicada uma espécie de esboço da arquitetura do seu espaço psíquico, do desenho das forças e elementos nele atuantes. A razão de fazê-lo, apesar do incômodo, tem a ver com a possibilidade de tentar entender o sofrimento ou a ausência de sofrimento do pai incestuoso, para pensar, por um lado, para além dos destinos jurídicos e legais, a possibilidade de seu tratamento e por outro, do lado da filha, pensar em que elementos do psiquismo do pai ela pode ancorar e sentir seu ódio legitimamente para si, saindo da ambivalência amor-ódio em relação ao pai, que levou à identificação com a culpa do agressor, assumindo sua dor, o estrago cometido em seu psiquismo, em sua capacidade de sonhar e devanear e podendo, então, retomar sua vida afetivo-sexual de menina, de moça ou de mulher, apostando na reconquista de seu mundo fantasmático, desvencilhado agora deste "mau pai" do trauma, e investindo em outro objeto de amor.

Vejamos o que temos de elementos de uma certa fenomenologia dos atos, traços de personalidade, razões aparentes psíquicas e históricas para delinear o predador incestuoso: a) hostilidade contra a mãe, que ele compartilha com a filha, o que se torna uma armadilha para a filha, que precisa hostilizar a mãe para dela se separar, mas também precisa do pai como quem barra esta hostilidade que é vivida como podendo destruir a mãe; b) o incesto é, portanto, um mecanismo de vingança contra a mãe; c) o pai incestuoso tem uma estrutura narcísica, concebendo seus filhos como posses suas e não suportando as angústias de separação inerentes ao crescimento destes; o incesto sendo aí uma estratégia para evitá-las; d) aparentemente é um patriarca estável, mas mantém apenas na aparência os papéis de cada um na estrutura familiar; e) é apegado de maneira extremamente rígida às regras sociais, um "normopata" em relação ao mundo do trabalho, mas não dá acesso à sua vida social a seus filhos, mantendo-se silencioso a respeito dela e sendo ausente ou rígido e violento na educação de seus filhos; f) vive num universo familiar fechado, a casa pouco ou nada aberta a pessoas de fora da família, que são sempre vistas como "estranhos" ameaçadores; g) projeta, na figura da mãe ou da filha, traços paranoides e impulsos homossexuais inconscientes relativos a seu próprio pai;

h) revive conflitos sexuais inconscientes em relação à sua própria mãe, ou situações de sufocamento incestuoso por uma mãe onipresente; i) incompatibilidade sexual com a esposa e impossibilidade de procurar satisfação sexual fora de casa; j) impotência com a mulher e fixação nos prazeres preliminares sem penetração com a filha; k) sofreu ato de abuso sexual incestuoso ou não quando criança, às vezes de pais que também o sofreram; l) como o mundo lhe é o palco onde sua razão instrumental esquematiza tudo a favor do exercício de seu poder, unicamente de acordo com sua visão das coisas, tem uma visão utilitária e coisificada dos filhos. No filme *Festa em família*, do dinamarquês Lars von Thiers, muitas destas características estão presentes na figura do patriarca que aniversaria. Quando finalmente ele confirma a denúncia de abuso sexual incestuoso cometido na infância contra seus filhos, quando sistematicamente, a cada manhã, ele escolhia o menino ou a menina para penetrar, ele revela, com ódio e desprezo triunfante na voz, sua razão: "Vocês não serviam para nada a não ser para isso".

O termo *predador psíquico* pareceu-me bem apropriado para aquele que viola, não o corpo, mas o espaço psíquico, a capacidade de sonhar e devanear. Ele foi tomado do etólogo Cyrulnik (1994) que o utiliza a propósito de sua investigação do sentimento incestuoso, para designar o perverso, ou melhor, a impostura perversa que parece autêntica. A associação de duas palavras que parecem se excluir acontece naqueles cujo desenvolvimento da personalidade não permite sentir empatia. No sentido freudiano de empatia, seria a capacidade de se ressentir, ou seja, a aptidão de um ser vivente de se representar as representações de um outro, suas ações, suas emoções e seus pensamentos. O melancólico experimenta o mundo mental dos outros com tal zelo e excesso que termina por negar a percepção do próprio ou representá-lo como uma ausência. Sente um vazio no lugar do coração ou precisa se mutilar para, ao sentir dor, se reassegurar, ao ver confirmada, assim, a existência de seu corpo. Já o perverso funciona ao contrário. Pedófilo ou incestuoso, desprovido de empatia, ele só experimenta seu próprio mundo mental e é da maneira a mais sincera do mundo que ele goza com sua filha ou com o menino que ele ama tanto, verdadeiramente, até o momento em que ele não os ama mais e os afasta sem a menor representação dos problemas que ele infligiu neles. Os relatos dos especialistas do campo do incesto testemunham com frequência esta lucidez, mas também que o pai ou padrasto incestuoso é a tal ponto narcísico e egocêntrico que ele se anima, adquire *anima*, vida, impulso vital, sempre através do desejo de controlar todas as coisas, dizendo em seu depoimento que aquele ato só aconteceu uma vez, quando aconteceu durante um ano todo.

Se cada indivíduo experimenta de um jeito o sentimento incestuoso, todos sentem sua própria comoção como uma evidência.

Os predadores psíquicos são aqueles que, pouco constrangidos pela sua empatia, manipulam o espírito de outros, que eles consideram bonecos desejáveis. São muito performáticos porque não têm nenhuma inibição. Eles nos explicam, sem se comover, que se culpabiliza o incesto hoje, como no passado se culpabilizou a masturbação e a homossexualidade e que no futuro se ficará espantado de algum dia haver culpabilizado o incesto. Segundo

Cyrulnik, este tipo de argumentação está presente em Sade e Diógenes, mas também em Isëi Sagawa, o jovem que, na segunda década do século XX, comeu sua noiva holandesa dizendo que não poderia fazer isso com uma noiva japonesa, pois estaria cometendo o incesto. É através da distância afetiva que ele mostra que não se pode cozinhar o próximo, embora se possa fazê-lo com o distante. Cyrulnik destaca que um humano só inibirá a sua ação por um sentimento, ou seja, nem por uma percepção, nem por uma emoção, mas por um sentimento, ou seja, por uma maneira de sentir e ser afetado que é provocada por uma representação, por uma imagem ou pela ideia que se faz da coisa.

Poderíamos dizer que esta ausência de empatia, esta ausência de inibição, de sentimento incestuoso, que torna o pai perverso em um predador do psiquismo de sua filha, é possível, por uma objetalização, coisificação do objeto sexual, em que só contam os próprios impulsos, o próprio cenário interno, a própria cena fantasmática.

Como assinalam alguns autores, como Freud (1903) e Stoller (1975), a sexualidade da maioria dos homens contém uma certa agressividade e um desejo de subjugar, que contemplam os aspectos motores e musculares do domínio de objeto para penetração. Mas isto não implica que a fantasia subjacente ao ato sexual seja sádica ou hostil naquilo que se refere ao objeto sexual.

Por isso a concepção de perversão do psiquiatra e psicanalista norte-americano Robert Stoller (1975) trouxe para mim o melhor apoio para a compreensão da cena ou montagem perversa, sendo esta mesma noção de sua autoria. Para ele, o fator-chave, a característica central do ato perverso é a *hostilidade*: perversão é definida como um interjogo essencial entre hostilidade e desejo sexual (Ferraz, 2001). Em qualquer das formas que a fantasia perversa se realize, de forma manifesta ou latente, mas essencial na fantasia, estão presentes a *hostilidade*, a *vingança*, o *triunfo* e a *desumanização do objeto* (Stoller, 1975). "Antes mesmo de arranhar a superfície, vemos que 'alguém machucando alguém' é o traço principal em qualquer uma das formas" (p. 9). Ferraz (2001) nos fala que, em Stoller, "a perversão é um produto da ansiedade, sendo que o comportamento perverso molda-se a partir de remanescentes e de ruínas da história do desenvolvimento libidinal, particularmente da dinâmica familiar" (p. 121). Se, de modo utópico, "pudéssemos saber tudo o que aconteceu na história do sujeito que investigamos, então encontraríamos certamente todos os eventos históricos que se fazem representar em detalhes no ato sexual manifesto do perverso. Poderíamos saber como e por que tal pessoa elevou suas experiências sexuais precoces – aquilo que mais prazer lhe causou – à condição de parte do cenário perverso" (p. 121).

A perversão é uma fantasia posta em ato por meio de uma estrutura defensiva construída através dos anos, com a finalidade de preservar o prazer erótico, que viria de duas fontes: um extremo prazer físico e a necessidade de manter a identidade. A montagem da cena perversa não visa, então, apenas a negação da castração, mas a manutenção da identidade ameaçada. Tendo levado às últimas consequências a realidade do trauma, para Stoller, "a perversão é o resultado de uma determinada dinâmica familiar que, induzindo medo, força a criança a evitar o enfrentamento da situação edípica, na qual, todavia, ela já se encontra imersa. O desfecho do conflito edípico não seria, portanto, a dissolução do mesmo pela via do recalcamento, mas, sim, a sua evitação, o que adiaria *ad infinitum* sua resolução, mantendo-o em suspenso" (Ferraz, 2001, p. 122).

Como mostra muito bem Ferraz (2001), a concepção de Stoller da perversão, ao mesmo tempo que segue a índole freudiana dos *Três ensaios para uma teoria sexual*, já que ela está presente na normalidade sexual e também de maneira neurótica, também dela se distingue, pois é o *ódio* que está presente como elemento estruturante primordial, sendo, portanto, uma *forma erótica do ódio*, pois aquilo que preside o ato perverso é o desejo de machucar o outro: na prática, trata-se de uma fantasia atuada (Ferraz, 2001). Stoller (1975) dirá que "quanto mais grosseira a aparição da hostilidade na prática sexual, menos dúvida se tem de que se trata de perversão" (p. 56). Com maior ou menor consciência da raiva contra o objeto sexual, o propósito essencial para o perverso é ser superior a, triunfante sobre e causar dano a outro. O prazer e o corpo estão mais a serviço do poder do que do erotismo. A fonte da raiva está na vitimização do perverso na infância geralmente por pais ou substitutos. Com a perversão, a raiva é transformada em vitória sobre quem o submeteu, pois através dela, *"o trauma se torna triunfo"* (Stoller, 1975, p. 92). Assim, em um de seus principais artigos "Hostilidade e mistério na perversão", ele enfatiza de que outros fatores são necessários para a formação perversa além da hostilidade, do risco e da reversão do trauma em triunfo. Mas para ele, o estudo da perversão é o estudo da hostilidade mais do que da libido, com ênfase nos itens mais controvertidos do período pré-edípico, com seu eixo central nos componentes pré-genitais, orais e sádico-anais.

As pessoas perversas lidam com seus parceiros como se eles não fossem reais, só bonecos a serem manipulados no palco em que a perversão é desempenhada (Stoller, 1975). Todo o trabalho da construção da fantasia a ser encenada pelo perverso tem como corolário esta *desumanização* do objeto sexual. Este não é nem pode se encarado como pessoa ou alteridade. Muito embora, na prática, o objeto seja uma pessoa real com sua personalidade, o perverso busca nele uma criatura sem personalidade ou apenas um fragmento anatômico dela. "Este fato explica por que o objeto é sempre descartável e nos mostra também a razão pela qual a promiscuidade faz parte quase necessária da vida sexual do perverso" (Ferraz, 2001, p. 122).

No ato perverso, se alivia prolongadamente a situação frustrante ou traumática que iniciou o processo, mas agora o fim é maravilhoso e não terrível, pois não só se escapa da ameaça, mas finalmente é vinculada à sua consumação uma imensa gratificação sexual, que se situa entre a sensação do perigo e a expectativa de escapar dele. Superar o risco traz não somente uma sensação de vingança, mas de que o risco foi ultrapassado. "O orgasmo, então, não é meramente descarga, ou mesmo ejaculação, mas uma alegre explosão megalomaníaca de liberdade da ansiedade" (Stoller, 1975, p. 107).

Ferraz (2001) nos aponta como a concepção de Stoller dispensa a necessidade de defini-la de acordo com a anatomia usada pelo sujeito em seu ato sexual, do objeto escolhido, dos parâmetros da moralidade social estabelecida ou do número de pessoas que fazem uso dela: o que importa verdadeiramente, na definição do que é uma montagem perversa, é o significado que ela assume para a pessoa que a pratica.

A hostilidade, na perversão, assume a forma de uma fantasia de vingança – escondida em ações que a dissimulam – que tem a função de converter um trauma infantil em um triunfo adulto. A excitação sexual é produzida por uma operação da cena traumática infantil (portanto vivida passivamente) em triunfo vingativo adulto (imaginado ativamente), sendo incrementada pelo caráter de ato arriscado.

"A montagem perversa reproduz a situação traumática efetivamente vivenciada na infância, que deve ser revivida e 'corrigida' em ato, nos detalhes da cena perversa" (Ferraz, 2001, p. 122). Sendo revivência apenas de um trauma sexual, ocorrido quer sobre a área sexual anatômica, quer sobre a identidade de gênero, como a criança tratada como pertencente ao sexo oposto ao seu sexo biológico, no ato perverso, o passado é evocado inconscientemente, e no momento que o é, o trauma é transformado em prazer, vitória e orgasmo. Como a memória do trauma inconsciente não cessa de se manifestar e de exigir uma defesa, o perverso tem a necessidade de repetir sempre, compulsiva e estereotipadamente, sua cena sexual, em um ritual adequado à conjuração do trauma, o que, portanto, atesta a impossibilidade de tal ato pôr o sujeito, efetivamente, a salvo do perigo (Ferraz, 2001).

Em outro texto (Cromberg, 2001), ao analisar os fenômenos paranoicos, falei dos efeitos da intrusão pulsional violenta dos pais na infância precoce, que se manifestam na formação do supereu. Paradoxalmente, neste caso, vemos uma perversão contida e instalada na ação do supereu. Esta intrusão nem sempre é direta, mas aparece embutida no ideal educativo. Basta nos lembrarmos do "adorado" pai de Schreber e seus rígidos e impositivos ideais ortopédicos mergulhados numa visão mística e fusional do mundo. Assim, o sadismo inconsciente embutido na rigidez educacional do adulto está relacionado ao desejo intrusivo de domínio da criança que depende totalmente dos primeiros cuidados corporais, psíquicos e mentais do outro adulto. Neste, é um superego pedófilo que age, mostrando a vertente pulsional erótica transformada no contrário para a sua formação. Pune-se com rigor a criança pulsional em si e na criança, seja porque ela foge ao controle, seja porque ela ameaça o próprio controle pulsional do adulto. Se na mãe, a rigidez traz os resquícios do fusional fundador da relação com o filho, que se precisou abandonar e que ficou presente na fantasia ou nas marcas de uma vivência corporal, ou que nunca foi vivido pelo temor e ameaça de perda da integridade narcísica que trazia, no pai, a rigidez está mais mediatizada pela fantasia de apropriação do objeto/filho enquanto posse anal e/ou fálica. A não ser quando a sua própria paranoia coisifique o filho-criança como um duplo que não pode se diferenciar em nada de si mesmo, pois perante tal ameaça de sua integridade imaginária é lhe devotado o puro ódio de destruição. Sabemos o quanto a inteligência pode ser pervertida, pela pedofilia superegoica e se tornar herdeira do ódio e da intrusão pulsional. Não é de hoje que sabemos que brilhantes ou medíocres letrados e intelectuais encontravam seu gozo sexual na pedofilia.

Para finalizar este capítulo, gostaria de remeter ao importante artigo "Angústia de simbiose e masculinidade" de

Stoller (1975), que traz as bases mais amplas de uma teoria geral da perversão. Na excelente exposição que Ferraz (2001) faz, ele ressalta que a maneira particular de Stoller compreender o complexo de Édipo freudiano produz uma verdadeira inversão das afirmações de Freud sobre os avatares da constituição da identidade sexual do menino quando comparados aos da menina. “Stoller não privilegia, como Freud, o investimento sexual primário como determinante da posição sexual primária, mas sim a posição identificatória inicial” (Ferraz, 2001, p. 123). Tanto o menino como a menina estariam identificados com a mãe. “Assim, para o menino, atingir a masculinidade implica separar-se dela, rompendo a unidade mãe-filho. As condições para que tal processo ocorra de maneira equilibrada são dadas pela atitude materna: se a mãe força uma intimidade exagerada com seu filho, ela estará colocando um obstáculo à formação de sua identidade masculina” (p. 123). Há em Stoller não a primazia do pênis, mas do seio e da capacidade procriativa da mulher. Os verdadeiros atributos que uma criança deseja ter são os caracteres femininos e não o pênis. “Os homens, quando em fantasia, atribuem o falo à mulher, não o fazem para negar a inferioridade feminina, mas sim para negar a superioridade da mulher!” (p. 123). Para a menina, originalmente identificada com a mãe, não haveria necessidades de mudanças tão intensas para a aquisição da feminilidade. “Já para o menino, existe a necessidade de uma desidentificação que é altamente ansiógena. Se ele permanece unido à mãe, sua masculinidade não é atingida. E como este destino identificatório é intensamente exigido pelo meio social, ele se vê na obrigação de obtê-lo e, consequentemente, na angústia diante da possibilidadede fracassar em tal empreitada" (p. 123). Os fatores etiológicos da perversão encontram-se na resposta ou modalidade da atitude da mãe, diante da necessidade de separação que tem o seu filho. Uma atitude da mãe contrária à separação do filho, contrária à sua desidentificação, constitui um trauma sobre a identidade sexual. "No extremo de tal atitude encontramos uma mãe que nem sequer permite a seu filho a entrada no conflito edípico, quando então ambos protagonizam uma relação idílica da qual o pai se exclui completamente" (p. 123). Stoller vê aí a gênese do transexualismo.

10
A positividade da fantasia sexual: uma clínica possível do trauma

A linha principal que emergiu deste trabalho de pesquisa, uma espécie de tese que só se reforça a cada dia, com mais exemplos clínicos, é que as fantasias sexuais às quais a psicanálise nos dá acesso servem para ligar o traumático na violência sexual. Isso significa transformar uma violência vivida passivamente em um objeto imaginário, inscrito na vida psíquica, na dialética das fantasias sexuais. Trata-se do único meio de poder haver um trabalho psíquico que possa fazer escoar o acúmulo de energia, o ataque repetido de um montante de energia que se acumulou no próprio aparelho psíquico que pede escoamento. Pela elaboração psíquica, uma espécie de apropriação pelas fantasias, permite-se a dissolução deste mesmo objeto imaginário, a saída de uma posição passiva para uma posição ativa, o que minimiza os efeitos do trauma, permitindo uma diminuição na dor e no sofrimento e torna possível novos investimentos libidinais. Uma neurotização, uma histericização, através do tratamento, que permite a superação de efeitos perversos ou psicóticos que se formaram num primeiro momento para dar conta do excessivo do trauma, enquanto afluxo de energia que emana de um irrepresentável para o psiquismo, a partir da colocação em ação de uma defesa egoica pela dissociação.

Segundo Bollas (2000), certas memórias de abuso sexual recordam o momento em que houve uma intrusão da sexualidade no *self*. Freud escreveu, em 1906, a propósito da etiologia sexual das neuroses que havia aprendido a explicar uma série de fantasias de sedução como tentativas de rechaçar as memórias da própria atividade sexual masturbatória infantil do sujeito. Mesmo antes, em 1896, ao falar da etiologia da histeria, Freud diria que uma tentativa de estupro talvez revelaria à menina imatura, de um só golpe, toda a brutalidade do desejo sexual. Estaria implícito aqui o argumento de que o estupro adquire o significado da brutalidade da sexualidade e não, simplesmente, o ato de um homem brutal. "A sexualidade-em-si-mesma, intensificada pelas estimulações autoeróticas da criança, é o agente do trauma, por si mesmo totalmente aterrorizante" (p. 27).

Encontrei no trabalho de Myriam Uchitel (2001) *Neurose traumática*, desdobramentos desta mesma conclusão que apontam para preciosas considerações sobre a clínica do trauma em geral, em que se inclui o trauma sexual.

O acontecimento traumático é intrusivo e atacante, não encontra formas de integração de ligação, de transcrição e representação, evidenciando algo da ordem da percepção, da apresentação, do isolamento e da dor. Já a fantasia, mesmo que terrorífica mostra algo que é da ordem da imaginação, do prazer-desprazer, da representação e da inclusão simbólica.

> Mas se o traumatismo aludir a um impacto que deixa o sujeito impotente, apelar à fantasia onipotente – como faz o neurótico – assinala uma mobilização proveitosa dos recursos psíquicos a favor da destraumatização, da representação, da fantasia e do recalque. Portanto, se um evento é traumático porque dificulta ou impede a representação psíquica e porque produz uma dissociação do ego, a neurose, em contrapartida, é um processamento efetivo do trauma, sintomatizando-o sem sacrificar drasticamente o ego, tornando assim o trauma analisável. (p. 144)

Uchitel consegue assim sair da controvérsia clássica entre pensar o trauma como consequência de fatores psíquicos, porque a poderosa fantasia é produtora de realidades, ou como efeito do impacto da realidade externa. "Desconsiderar o fato é desconsiderar a história do sujeito, sobrecarregar sua responsabilidade, incrementar sua culpa e prejudicar, com o desmentido, o paciente e a relação terapêutica" (p. 143). Essa controvérsia se dilui ao se pensar que os mesmos acontecimentos não têm os mesmos efeitos nos vários psiquismos. Assim, ela pensa que a forma como o estado traumático se processa (dependendo do momento do desenvolvimento do sujeito em que este acontece e da relação entre impacto e defesa) dá lugar aos diferentes quadros. "A saída neurótica integra no psiquismo o trauma por meio de sentidos, fantasias, recalques e sintomas simbólicos. As psicoses, os estados *borderline* e as perversões mostram o 'verdadeiro' caráter traumático. O trauma não é assimilado e integrado com o resto dos conteúdos psíquicos. Seu impacto insuportável cinde ou fragmenta o ego, isola o acontecimento e impede encontrar, pela representação, uma metabolização mais saudável" (p. 145).

Ela propõe considerar modalidades mais ou menos traumáticas não a partir do sofrimento subjetivo, e sim da possibilidade de representação. O fenômeno traumático compete sempre e em alguma medida ao plano relacional (fantasia/realidade). Que o impacto do trauma possa ser elaborado, ou se perpetue em forma indefinida como trauma, dependerá da possibilidade de o sujeito derivar as marcas irrepresentáveis inscritas no corpo e converter a apresentação (percepção e memória do mundo material, inescapável e dolorosa) em representação.

Uchitel faz algumas considerações sobre a clínica do trauma que visa mobilizar os efeitos imobilizadores do trauma, potencializando a singularidade e a liberdade interna tanto do analisando como do analista. Assim, considerar o trauma conduz a uma ampliação das possibilidades da análise, ao incluir o trabalho com restos não ligados, responsáveis pela força produtora da compulsão a repetição, do gozo masoquista e do trauma; uma diversificação dos modelos de compreensão da dinâmica psíquica que contemple tanto a fantasia inconsciente como as falhas de estabilidade e coesão do *self*; uma despadronização do *setting*, que fica mais móvel, diversificado e atento às singularidades e necessidades de cada paciente, mais do que à busca do desejo inconsciente; uma ampliação da função do analista e suas possibilidades de intervenção.

11
Em busca de um conceito de violência sexual incestuosa[6]

Partimos de um conceito de violência sexual que enfatizava uma relação a dois e a violação do corpo e do espaço corporal como o cerne da violência, violação entendida como o não consentimento consciente o que caracterizaria um quadro de vitimização, com um agressor e uma vítima definidos. A violência sexual incestuosa também ficava caracterizada de fora, enfatizando o lugar simbólico do pai, a partir do tabu do incesto e da maneira habitual de concebê-lo.

6 Este capítulo foi elaborado a partir de um convite oportuno para apresentar em uma mesa-redonda, na Semana de Psicologia da USP, em 2000, com qual conceito de violência eu trabalhava.

A partir de uma primeira consideração do sofrimento psíquico em que este era causado por um trauma que se devia não só ao ato sexual violento, mas ao embricamento complexo do ato sexual violento com as fantasias sexuais inconscientes, este conceito inicial mudou. A partir da discussão de que a violência não é uma qualidade natural e inata do ser humano, mas que ela se produz nas relações intersubjetivas a partir de seus efeitos imaginarizantes, passamos a ver o quanto no contexto de ajuda ao sofrimento psíquico, em vez de uma relação entre agressor e vítima, temos que falar de relação violenta entre agressor e agredida num contexto de inúmeras e complexas variáveis. Há aí, portanto, uma problematização da vitimização e a relação incestuosa dando-se numa cena complexa, que envolve não só os dois polos aparentes da situação de violência, mas todo o contexto familiar, em especial a situação triangular.

Além disso, o efeito do ato sexual incestuoso não é no corpo, mas no psiquismo e não diz respeito apenas à sexualidade, mas a todo ele, a produção de uma fragilização narcísica, pois a violência se passa dentro do psiquismo. É no espaço psíquico que, a partir de uma internalização do ato e do desejo incestuoso, passa a se repetir a violência, o ataque vindo agora de dentro, invasão do mundo pulsional a um psiquismo que tem continuamente suas defesas narcísicas derrubadas. Isso se dá pela confusão identitária que ocorre quando aqueles que são os responsáveis pela narcisização não podem mais sustentar dentro e fora do psiquismo este lugar.

Aprofundando as inúmeras e complexas variáveis e o caminho da sexualidade humana percebemos vários paradoxos. A sexualidade humana se constitui por uma intrusão vivida sempre de fora do outro, seja pelos cuidados corporais sedutores e erogeneizadores da mãe, seja pela sedução generalizada a partir da intromissão inicial dos significantes enigmáticos da sexualidade da mãe no espaço psíquico em constituição. A vivência fusional inicial do bebê com o corpo materno é fundamental para a sobrevivência física e psíquica, mas se não houver o investimento em um terceiro fora da mãe, o pai, o falo paterno sendo seu representante, não se constitui um espaço psíquico separado, uma imagem corporal separada, a entrada no mundo simbólico da relação com os outros homens, o mais além da família. Aí, o útero materno passa a ser o espaço paradigmático de um continente confusionante, onde todos os corpos são apenas um, gerando situações de extrema excitação e violência para tentar dar conta desta excitação, onde o incesto é uma destas tentativas de, em ato, dar escoamento a fantasias arcaicas de não separação. A violência incestuosa, então, passa a estar ligada àquilo que impede a constituição de um si mesmo separado do outro, intromissão que destrói a possibilidade da constituição de um espaço imaginário próprio, base para a construção de um espaço subjetivo próprio no mundo simbólico das relações com o outro. O pai, ao não cumprir o seu lugar de separador, ao não permitir um investimento desejante apenas na fantasia, como aquilo que tem uma função psíquica de construir um diferente da mãe, produz uma reversão do simbólico para o corpo, o crime sexual incestuoso consistindo na violação do espaço de constituição de um psiquismo separado e de um si mesmo baseado na capacidade de sonhar e devanear que ficam, então, destruídas.

Estudando as distorções na construção da imagem corporal feminina e no valor da feminilidade a partir das profundas distorções na sexualidade da mãe e, a partir dela, na sexualidade da filha, nos encaminhamos para pensar este magma comum entre mãe e filha, presente na identificação sexual. Ele tanto pode ser fértil para a assunção da positividade de um feminino não calcado mais no lugar de ser o polo negativo do fálico, na fantasia sexual fálica infantil que interpreta a diferença sexual como fálico-castrado, fértil quando a partir dele pode permitir diferenciação, um útero virando dois, quanto pode ser perigoso e propiciador de uma identificação fusional. As concepções antropológicas clássicas do tabu do incesto, enquanto instalação de uma economia de troca de bens, signos e mulheres – que estaria na base da cultura – não davam conta de explicar esta realidade psíquica, apenas davam conta da realidade psíquica masculina. Encontramos, então, uma outra concepção que colocava que o incesto fundamental, que está na base de todos os outros, é o incesto entre mãe e filha porque o critério fundamental do incesto é colocar em contato humores idênticos. Pois o que há de mais fundamental na constituição das sociedades é a maneira como elas constroem as categorias de idêntico e diferente, que está fundada naquilo que o corpo humano tem de mais irredutível, a diferença dos sexos. É nesta tomada de consciência que está a origem e a razão de ser da proibição do incesto e é preciso então alargá-la para integrar todos os aspectos conhecidos.

A questão da ambivalência afetiva na relação pai/filha também trouxe várias problematizações e complexidades na visão clássica da condenação ao agressor do ato sexual incestuoso. Amor e ódio pelo pai impedem a vivência da violência como vinda de fora e produzindo ódio ao agressor e afastamento. A identificação com a culpa do agressor e a tentativa de entender suas razões produzem uma posição de submetimento masoquista ao sofrimento e culpa do agressor, que passa a ser internalizado. Além disso, denunciar é difícil; pois o destino na cadeia é a morte. Há a necessidade de entrada do terceiro social ou da mãe; já que o pai não pode ocupar um lugar discriminante e ocupa um lugar confusionante, alguém deve se ocupar da separação e discriminação para haver um solo mínimo de sustentação de uma possibilidade de reestruturação.

12 Aspectos jurídicos e institucionais da violência sexual incestuosa

"Na família incestuosa a função paterna é sempre falida. Ela é substituída pela do 'mestre', o qual não é mais nem o pai, nem o homem, nem o esposo, nem o companheiro" (Vrignaud, 1994, p. 145).

Podemos captar toda a complexidade da questão do abuso sexual, seja em suas questões para a saúde física e mental, seja em suas implicações enquanto questão social, nas contradições e paradoxos do encaminhamento jurídico-legal. Uma vez que o abuso afeta a zona de direito do cidadão em dispor de sua sexualidade e privacidade, ele está sob área judicial. Não existe uma lei específica para abuso sexual incestuoso. No entanto, sabemos que pelas penas da "lei de dentro da cadeia", os crimes de violência sexual, especialmente estupro e incesto, são punidos severamente com violência sexual, muitas vezes seguida de morte, praticada pelos outros presos. Por isso os condenados são mantidos em isolamento ou em setores especiais.

12.1 A legislação brasileira

A legislação brasileira foi bastante alterada entre a pesquisa realizada em 1992 e 1993, a data escritura desse livro, em 2000, e o atual momento, em que se tornou uma das legislações mais avançadas do mundo em relação à violência sexual, o que é um testemunho contundente da questão social ampla em que se transformou a violência sexual contra crianças e adolescentes.

O código de 1940 não classificava o incesto como crime. Ele era um dos agravantes da pena (art. 224) dos chamados Crimes contra os Costumes, como estupro e atentado violento ao pudor. Estes, por sua vez, são classificados desde 1990 como crimes hediondos. Insuscetíveis de anistia, indulto, fiança e liberdade provisória, recebem penas que variam de 3 a 25 anos de prisão. Se é caracterizado o incesto, sendo o criminoso ascendente, padrasto, irmão, tutor ou curador, há aumento da pena que pode chegar a 30 anos, principalmente se a vítima for menor de 18 anos e mais ainda se for menor de 14 anos.

Agora, quase vinte anos depois, após cinco anos de tramitação, foi publicada em sete de agosto de 2009 a Lei nº 12.015/2009, que promove uma ampla reformulação nos dispositivos do Código Penal que tratam dos crimes sexuais, com modificações muito significativas para o enfrentamento da violência sexual contra crianças e adolescentes.

De iniciativa da Comissão Parlamentar Mista de Inquérito da Exploração Sexual, a nova lei também altera a Lei de crimes hediondos para incluir as mudanças feitas no Código Penal em relação ao estupro. O projeto de lei amplia a definição de crimes como estupro, tráfico de pessoas, prostituição e outras formas de exploração sexual. Além disso, prevê penas mais rigorosas para quem comete ou facilita a violência sexual infantil. Este tipo de crime deixa de ser chamado de *crime contra os costumes* e passa a ser *crime contra a dignidade sexual*. Outro avanço diz respeito às penalidades para quem comete estupro. Esse deixa de ser um crime cometido somente contra mulheres, e passa a ser definido como *constranger alguém, mediante violência ou grave ameaça, a ter conjunção carnal ou a praticar ou permitir que com ele se pratique outro ato libidinoso*. Com isso, passa a se reconhecer o estupro de pessoas do sexo masculino também. Não existe uma lei específica para abuso sexual incestuoso. As leis brasileiras ainda evitam a palavra "incesto", e não o encaram de frente, mas ele hoje é um agravante punido com aumento de pena. O novo artigo 213 é aplicável tão somente nas condutas contra maiores de quatorze anos, pois se a vítima for menor de quatorze anos, aplica-se o artigo 217, que prevê o crime de estupro de vulnerável, que tem pena mais grave. A nova lei criou o crime de estupro de vulnerável, com pena de reclusão de oito a quinze anos, que se caracteriza pela prática de qualquer ato libidinoso com menor de quatorze anos ou com pessoa (de qualquer idade) que, por enfermidade ou deficiência mental, não tem o necessário discernimento, ou não pode oferecer resistência.

12.2 Encaminhamento jurídico-institucional

A cartilha elaborada pelo CEARAS e pelo CRAMI-ABCD, com apoio do UNICEF – para distribuição e uso da população – trata a questão do abuso sexual em seus encaminhamentos quanto à saúde física, mental e jurídica, sem renegar e deixar de avaliar o peso das consequências sociais do abuso seja quando há a revelação deste seja quando não há: rejeição, estigmatização, segregação, isolamento, falta de retaguarda familiar e ausência de recursos de sobrevivência que induzem à prostituição e promiscuidade. No entanto, aponta a importância da revelação, mesmo se às vezes ela seja tratada com descrédito, com culpabilização e rejeição, desencadeando então consequências penosas para quem sofreu o abuso. Somente ela permite a possibilidade do tratamento terapêutico, visando mudanças importantes na dinâmica e na história afetiva e social destas pessoas e de suas respectivas famílias. "O que é inviável quando a revelação não acontece, nada se altera, quem é submetido ao abuso permanece como depositário das disfunções internas da família e ou da sociedade, sofre, retrai-se do convívio social, e indubitavelmente carrega em sua vida danos tanto psíquicos como sociais" (Cohen et al, 2000).

Quanto ao atendimento da saúde física, recomenda a procura de um serviço médico nas quarenta e oito horas que se seguem a um estupro, quando ele ocorre, para evitar o desenvolvimento possível de doenças sexualmente transmissíveis ou de uma eventual gravidez, tratando-se também de quaisquer lesões presentes no corpo. Quanto à saúde mental, enfatiza a necessidade de encaminhamento psicológico mesmo quando não há violência física envolvida, para tratar a violência psicológica pelo sofrimento que acarreta e evitar a reprodução desta violência, o que acaba ocorrendo se não houver uma elaboração psíquica.

O encaminhamento jurídico em caso de abuso sexual será dado pela autoridade judiciária a que se recorre, fóruns, delegacias ou conselhos tutelares. A justiça, em sua função, buscará a realidade dos fatos para balizar suas ações, fazendo perícias através de profissionais especializados. No caso do abuso comprovado resultar em gravidez, existe a possibilidade legal da realização do aborto. Cabe à justiça estabelecer medidas concretas que impeçam que o abuso se repita, bem como encaminhar as pessoas envolvidas para tratamento e responsabilizar legalmente quem o cometeu (Cohen et al, 2000).

O Estatuto da Criança e do Adolescente é a lei federal nº 8069, promulgada em 1990. Ele remonta às discussões acerca dos direitos das crianças e adolescentes que resultaram na "Declaração de Genebra" de 1920. Os direitos prescritos no Estatuto visam assegurar melhor qualidade de vida às crianças e adolescentes. Ele suplanta a visão policialesca do "Código de menores" pela sua visão educativa, que prevê o direito ao desenvolvimento integral e integrado e que, portanto, incorpora uma visão de crianças e adolescentes como sujeitos de direitos em processo de desenvolvimento, com necessidades especiais.

O Estatuto da Criança e do Adolescente, no seu artigo 13, prevê a comunicação obrigatória ao Conselho Tutelar da localidade, sem prejuízo de outras providências legais de qualquer caso de suspeita ou confirmação de maus-tratos, o que inclui qualquer tipo de abuso ou violência. Se este não existir, ela deverá ser feita ao Fórum, para a Vara da Infância e Juventude. Havendo lesão corporal o encaminhamento da vítima para a delegacia próxima ao local dos fatos trará a abertura de um Boletim de Ocorrência, ali será expedida requisição de exame de corpo de delito, que será realizado pelo Instituto Médico Legal. Sugere-se ainda o encaminhamento às Delegacias de mulher ou Delegacias especiais para criança e adolescente ou para crimes sexuais, se existirem. Quando só existe suspeita, a recomendação é acionar o Disque-denúncia ou programas de apoio às vítimas. Após a denúncia legal, é importante, além do encaminhamento ao serviço médico, a procura de serviços de apoio psicológico e psiquiátrico como os que serão listados adiante.

Desde a elaboração no ano de 2000, com implantação em 2001-2002, temos o Plano Nacional de Enfrentamento da Violência Sexual Infantojuvenil que articula ações de intervenção nas ocorrências de violência sexual contra crianças e adolescentes, aprovado pelo Conselho Nacional da Criança e Adolescente (CONANDA), e implementado em 1996. Ele propõe a universalização de um atendimento humanizado e especializado de crianças e adolescentes vitimizados por violência e exploração sexual, assim como a responsabilização dos agressores. Seus objetivos e desdobramentos estão publicados numa cartilha de divulgação nacional. Além disso, os estados e municípios elaboraram seus próprios planos como um desdobramento do Plano.

Entre 2001 e 2004, foi implantado o Programa Sentinela no Brasil, em 315 municípios de 26 estados da Federação. Foi dessa forma que a política de assistência social assumiu como protagonista o enfrentamento da violência sexual contra crianças e adolescentes. A partir de setembro de 2005, na lógica do Sistema Unificado de Assistência Social (SUAS), recém criado, o Programa Sentinela foi transformando-se em Serviço Continuado de Enfrentamento do Abuso e Exploração Sexual de Crianças e Adolescentes, a ser organizado em Centros de Referência Especializados de Assistência Social (CREAS). A avaliação do Programa Sentinela durou até o ano de 2007.

Em 2002, o Programa de Ações Integradas e Referenciais de Enfrentamento da Violência Sexual Infantojuvenil (PAIR) foi implantado em território brasileiro. Em 2003, foi lançado pelo governo federal, através das Secretarias de Direitos Humanos, o *Guia Escolar: Métodos para Identificação de Sinais de Abuso e Exploração Sexual de Crianças e Adolescentes.*

O esquema vigente de denúncia da violência sexual envolve medidas e instituições que cuidam do recebimento da denúncia, da proteção dos envolvidos e da responsabilização dos agressores através de inquéritos policiais e judiciais.

A denúncia de abuso sexual pode ser feita:

- À Promotoria de Justiça da Vara da Infância e Juventude;
- Ao Conselho Tutelar da cidade;
- Ao "Disque 100" – Secretaria dos Direitos Humanos da Presidência da República (SEDH/PR) –, por telefone ou pelo e-mail disquedenuncia@sedh.gov.br canal gratuito e anônimo;
- Escola, com os professores, orientadores ou diretores;
- Delegacias especializadas ou comuns;

- Polícia Militar, Polícia Federal ou Polícia Rodoviária Federal;
- Número 190.

Ou, pela internet:

- Safernet – combate à pornografia infantil na Internet no Brasil – www.safernet.org.br – denúncia anônima;
- Central Nacional de denúncias de crimes cibernéticos www.denunciar.org.br – denúncia anônima.

12.3 A experiência de uma juíza de crianças com a legislação na França

Dominique Vrignaud (1994), juíza de crianças, confrontando-se cotidianamente com a realidade do incesto confortou-se com as convicções seguintes: o confronto com a situação incestuosa faz apelo no mais profundo de cada um à humanidade, não existe incesto feliz, e a situação incestuosa não é só dual, depende de um ambiente que se cria e se alimenta da relação incestuosa. Como juíza de crianças, ela intervém em casos de relações sexuais violentas ou não violentas, ocasionais ou repetitivas, em caso de suspeita de sua existência ou em caso de risco criado pela qualidade da relação existente entre o adulto, a família e a criança. Para ela, entre as numerosas razões que explicam o aumento brutal do número de situações trazidas a conhecimento dos juízes, uma delas se apoia no pensamento do filósofo Michel Foucault, de que nós vivemos numa sociedade do sexo mais do que da sexualidade: os mecanismos de poder se endereçam ao corpo, à vida, ao que a faz proliferar, ao que reforça a espécie e seu vigor, a Lei tendo se deslocado do poder sobre a vida para o sexo. Uma outra razão diz respeito ao interesse que representa a criança na nossa sociedade. A ideia de que os maus-tratos, incestos e violências sofridos pela criança são fontes de traumatismos graves, profundos e duráveis é muito recente e se origina essencialmente no mundo médico. Uma terceira razão justificando o aumento do número de situações é o reconhecimento da pessoa da criança como sujeito de direito, consequência e causa da alteração jurídica e social do poder do pai e da mãe sobre ela. A lei não edita mais a soberania do pai, mas indica, organiza o conteúdo da relação dos detentores da autoridade parental com a criança. Os direitos próprios da criança, reconhecidos em convenção internacional e no direito interno, consagram uma forma de equilíbrio entre direito e obrigação de cada um.

De maneira semelhante ao caso brasileiro, também no código penal francês há uma ausência de regulamentação específica do incesto. Ela se encontra no capítulo das proibições ligadas ao casamento. A competência para continuar a proibir o incesto é deslocada do direito para outros sistemas normativos como a religião e a ética. Isto mostra o quanto o direito, em sua função, é apenas um dos modos de regulação social. Vrignaud define então a lei como sendo apenas uma regra particular em que o enunciado tem por finalidade inscrever uma certa estabilidade no modo de resolução de conflitos, mas cujo conteúdo é apenas o resultado destes mesmos conflitos. Neste sentido, a proibição do incesto, para ela, está excluída forçosamente do campo da lei jurídica. No Código Civil, há uma evolução constante na regulamentação ligada ao interdito, especialmente nos anos 70, que ilustra a dimensão sociológica e econômica da interdição descartando assim o fundamento nascido apenas da pura consanguinidade. Tomando o caso do laço por adoção, é o lugar da filiação consagrada que é tido como motivo essencial da proibição. Vrignaud diz ainda que o estado da ciência atual traz muitas questões sobre a possibilidade de incestos reais ou simbólicos, quando se pensa na fecundação *in vitro* ou na inseminação artificial.

Quanto ao direito penal, a França, como o Brasil, ao contrário da Alemanha ou do Canadá, não considera o incesto uma infração específica. Na agressão sexual, o elemento que é levado em conta é o constrangimento, a integridade física e, no caso de um atentado, o estado de vulnerabilidade ou menoridade. Ao enunciar a repressão, o legislador só toma em consideração a ausência de consentimento ou, no caso de menores, a qualidade deste. O menor nunca sofre punição, já que a ideia de consentimento não é tomada em conta, mesmo que não haja constrangimento, violência, surpresa ou ameaça na relação sexual ocorrida. A ideia subjacente é importante, uma vez que a responsabilidade é colocada sempre no maior, no ascendente, seja quem possa ser o sedutor, pois é ele que deve pôr o limite. A legislação existente induz assim à ideia de que o menor tem que ser protegido de fato do adulto e antes de tudo do ascendente. A circunstância constitutiva e agravante da ascendência é assimilada àquela da pessoa que tem autoridade sobre o menor. É levado em conta o laço de dependência material, afetiva ou psicológica existente entre o autor e o menor. Trata-se aqui, como coloca Héritier (1994), do fundamento mesmo da proibição, a partilha impossível da identidade. Recusando-se a nomear o incesto, o legislador deixa ao juiz o encargo de fazer aderir a ordem jurídica à ordem moral e cultural. Assim, a penetração sexual cometida por um pai sobre sua filha só é estupro se houver ameaça, constrangimento, violência ou surpresa, senão é um atentado sexual. O juiz de menores, como a própria criança, se encontra na interface do direito penal e do direito civil. De fato, o juiz de menores não intervém em razão da existência de relações sexuais entre a criança e um membro das pessoas à sua volta, ou ainda de um atentado à sua integridade, mas em razão de um postulado que não é enunciado de maneira clara ou legal: a situação incestuosa à qual a criança é confrontada ou na qual é implicada, constitui um grave perigo, real e certo para seu desenvolvimento. Ele encontra sua competência em artigos do código civil, no campo do exercício da ordem parental no caso em que ela não é exercida de maneira que permita um desenvolvimento da criança conforme seus interesses e direitos. A justiça das crianças, em matéria de assistência educativa, é uma justiça fundamentalmente negociada, dinâmica (toma em conta o tempo e a mudança) e uma justiça reparadora. Todavia, o legislador não indicando ou significando quais seriam os elementos caracterizadores de perigo, os abusos sexuais só são constitutivos de perigo através de uma construção jurisprudencial saída do estado da sociedade em um momento dado e dos saberes da criança no mesmo momento. Há a necessidade em face de um problema novo de inventar novas respostas judiciais.

A revelação do incesto é importante porque a noção de segredo é um elemento fundamental da situação incestuosa, na qual guardar o segredo é limitar as trocas, os recursos e portanto favorecer, perenizar o incesto. Colocar-se a questão da existência de um perigo para a criança é a primeira resposta para o juiz, à medida que isso obriga a família a sair do seu enquadre e a se referir a outras normas, a leis outras, diferentes daquelas que existem em seu seio. Colocar a questão de um perigo a uma autoridade estrangeira, à justiça, é uma necessidade absoluta. A razão maior da necessidade da noção de perigo é reconhecida e admitida não apenas pelos sintomas objetivos apresentados pelos menores, nem apenas pelos atentados afetivos e físicos, mas pela alteração maior operada no *continuum* da vida da criança. De frases como "confiscaram, roubaram minha infância" ou fórmulas em francês como a criança incestada-morta (*inceste-tué*), não são vãs, já que traduzem esta abolição ou melhor, esta negação de um estado de transição, de passagem. A criança fagocitada em seu estatuto e sua função (Vrignaud, 1994).

12.4 Alguns números de estatísticas paulistanas

De cerca de 1000 agressões sexuais contra menores denunciadas no SOS Criança de São Paulo entre 1988 e 1993, mais de 75% foram cometidas por parentes - 50% pelo pai, as restantes por avô, padrasto e tio. São atacados meninos e meninas em todas as faixas de idade, as meninas com mais frequência e mais cedo: 8% delas sofreram este tipo de violência antes mesmo dos três anos. No CRAMI, 57% das notificações entre 1985 e 89 foram cometidas por pai, padrasto, primo ou tio. Em 1992, Claudio Cohen e Neusa

Matsuda pesquisaram durante 6 meses crianças que foram fazer exame de corpo de delito no IML, 21% dos casos eram incestuosos, 41,6% dessas crianças foram abusadas pelos pais, 20,59% pelos padrastos, 13,86% pelos tios, 19,93% pelos primos, e o restante por irmãos, cunhados, companheiros da mãe, avôs, tios-avôs, concunhados e madrastas. Na ABRAPIA, apenas 8% das denúncias são fictícias (Dossiê Marie Claire, 1993).

Segundo matéria publicada no final de 2008, baseada no relatório da Subsecretaria de promoção dos Direitos da Criança e do Adolescente, as denúncias sobre abuso de crianças cresceram 110% entre 2006 e 2007. O número de casos chegou a 24.400 em 2007; 60% das vítimas são meninas. De 2004 a 2008, são 131.143 vítimas. A maioria dos agressores são homens que conhecem a família da vítima. A violência sexual atingiu 81% das meninas e 19% dos meninos. O abuso sexual contra crianças e adolescentes é um dos segredos de família mais bem guardados, sendo considerado o delito menos notificado.

12.5 Pode-se condenar os abusadores sexuais a se cuidar?

Esta questão, antes de ser dos profissionais de saúde mental, é colocada por um projeto de lei instituindo uma pena de acompanhamento médico-social para os autores de crimes e delitos sexuais, conforme aparece em notícia que fala do estado da questão da violência sexual contra crianças no mundo, através do depoimento de Gerard Dubret, psiquiatra de hospital e especializado na corte de apelação em Versalhes, no jornal *Le Monde* de 31 de março de 1997. Os psiquiatras não podem aceitar que o acesso à atenção seja enfocado sob a forma de uma condenação que mistura os registros terapêuticos e repressivos, que confunde o que é do domínio da sanção com o que é do domínio da prevenção, colocando a medicina no lugar de auxiliar da repressão penal. Como ignorar as estatísticas alarmantes do Ministério da Justiça que mostram um crescimento do abuso sexual em particular em relação às crianças? Cifras eloquentes: 8.400 condenações por infração aos costumes em 1993, seja 25% de aumento em 10 anos; 4.000 pessoas encarceradas por infrações aos costumes, 13% da população carcerária. Paralelamente se assiste a um aumento constante do peso das penas de reclusão criminal, com taxas de recidiva que nos estudos anglo-saxões são alarmantes: 5% para pais incestuosos, 10% a 15% para os violentadores de mulheres adultas, 15% a 20% para os pedófilos. O conjunto destas cifras impõe uma constatação: a repressão sozinha não basta. Os delinquentes sexuais não são doentes mentais, são considerados pela lei como responsáveis pelos seus atos e como tendo distúrbios de personalidade. O que pensar do acesso aos cuidados pelo viés de uma condenação que mantém o abusador em uma posição de objeto passivo? Pode-se submeter aos cuidados como se submete a uma pena? Numa tal configuração estes correm os riscos de serem ilusórios, portadores de uma falsa segurança, jamais investidos de fato pelo sujeito. Quem portará a responsabilidade de tais ecos? Os psiquiatras, terão eles meios e experiências de cuidados em matéria de transgressão sexual? Duas respostas irresponsáveis seriam de que existem possibilidades terapêuticas radicais e de que nenhum tratamento é possível. A ausência de demanda de cuidados espontânea da parte dos delinquentes sexuais, seu acesso às consultas especializadas, só podem ser vistos no quadro de uma articulação com os serviços de julgamento e aplicação das penas. Trata-se de colocar em jogo um trabalho de rede. Este trabalho só pode ser compreendido no estrito respeito da ética de cada um dos autores. Quais são os motivos que fazem um condenado se engajar em um processo de cuidados que ele jamais pensou antes? Para Dubret, poderá ser fazer luz sobre si mesmo mas é preciso não fazer angelismos. Esta preocupação está com frequência misturada à secreta esperança de se beneficiar de uma libertação mais rápida. É a perspectiva de uma redução de pena de uma liberação condicional que constitui o recurso mais potente desta frágil demanda de cuidados. Para ele, fazer desaparecer esta esperança é num golpe certo suprimir todas as possibilidades de ver emergir esta demanda. Neste sentido ele sublinha o caráter contraditório da lei de fevereiro de 1994, na França, que de um lado prega a instalação de cuidados para o sexual e por outro prevê penas incompreensíveis, que tirando toda a dinâmica da pena não permitem que estes cuidados se instalem. Para ele, é durante a encarceração que os cuidados devem se instalar. Não sob uma forma autoritária, mas sob uma forma contratual, ainda que este termo pareça odioso em se tratando de grandes criminosos. O que importa, segundo seu ponto de vista, é se chegar a uma concepção dinâmica da pena, que desenvolve e melhora o sistema de liberações condicionais ou de atenuações de pena, único capaz de colocar, em face de uma escolha, a de levar sua detenção até o fim ou a de se engajar ativamente nos cuidados durante seu período de detenção e além dela no ambulatório, no quadro de uma liberação condicional com obrigação de cuidados. Diante de um tal sistema, as penas pronunciadas diante a jurisdição de julgamento definirão um período durante o qual o condenado deve prestar contas à sociedade e pouco importa que elas sejam mais longas que as atuais porque elas poderão ser atenuadas.

12.6 Instituições de referência

Para denúncia em todo o território nacional de situações de abuso e exploração sexual e comercial infantojuvenil, o telefone é 0800-990-500.

Para o adulto que sofreu abuso na infância, hoje chamado de sobrevivente a sugestão é procurar grupos de apoio como o SIA (Sobreviventes de Incesto Anônimos), Caixa Postal 45466, São Paulo, SP, CEP 04010-970. Nesta instituição existem regras claras: confidencialidade, capacidade de ouvir sem interromper e sem falas paralelas, ausência de julgamento e conselhos. No grupo, vendo-se no outro e dividindo experiências semelhantes, as pessoas sentem-se menos estigmatizadas. Na década de noventa, existiam cerca de 600 grupos de sobreviventes de incesto só nos Estados Unidos.

Ainda em São Paulo, o Centro de Estudos e Atendimento Relativos ao Abuso Sexual (CEARAS) – fundado em 1993 e que pertence ao Departamento de Medicina Legal, Ética Médica e Medicina Social e do Trabalho da Faculdade de Medicina da USP – fornece atendimento em saúde mental a famílias incestuosas que tenham feito uma denúncia à justiça ou tenham sido denunciadas. As famílias são atendidas em terapia familiar e quando há necessidade também pode ser indicada terapia individual para qualquer um dos membros da família. A experiência de estudo e atendimento desta instituição é inovadora na sua intenção de não ter uma função legalista, seja de diagnóstico seja de apoio às investigações. Sua função eminentemente terapêutica leva em conta toda a complexidade da situação incestuosa e visa minorar o sofrimento familiar, além do sofrimento das pessoas diretamente envolvidas na situação incestuosa, propiciando a possibilidade de restruturações e mudanças na dinâmica afetiva e funcional da família. Retira-se o enfoque estigmatizante só daquele que praticou ou cometeu o abuso e desloca-se o enfoque para qualquer membro da família por se considerar o incesto um problema fundamentalmente familiar em que todos sem exceção estão comprometidos nessa dinâmica.

Fica à rua Teodoro Sampaio, 115, São Paulo, SP, CEP 05405-000; Tel.: (0xx11) 3085-9677 – Ramal: 124/ – Fax: ramal 105; www.usp.br/serviços/cearas/cearhopa.html.

Existem numerosas instituições no país e na cidade de São Paulo envolvidas no atendimento da violência. Citamos algumas delas:

Disque 180 - Disque denúncia da Central de Atendimento da Mulher

Disque 100 - Ministério da Mulher

Disque 190 Polícia militar - emergências

Aplicativo: PenhaS

www.mapadoacolhimento.org.br

najmulher@defensoria.gov.br - Núcleo de Assistência Jurídica da defesa da mulher

PAVAS – Programa de Atenção às Vítimas de Abuso Sexual
Faculdade de Saúde Pública da USP
Av. Dr. Arnaldo, 925, São Paulo – SP
CEP: 01246-904
Tel.: (11) 3085-8591

Casa Eliane de Grammont
Prefeitura de São Paulo
Rua Dr. Bacelar, 20 – São Paulo – SP
CEP: 04026-000
Tel.: (11) 540-0335

Núcleo de Referência às Vítimas de Violência do Instituto Sedes Sapientiae
Rua Ministro de Godói, 1148 – São Paulo – SP
CEP: 05015-900
Tel.: (11) 3673-8074
E-mail: nrw@sedes.org.br

CRAMI – Centro Regional de Atenção aos Maus-Tratos na Infância do ABCD
Av. Lino Jardim, 114, V. Bastos, Santo André – SP
CEP: 09041-030
Tel.: (11) 4990-8521 – Tel./Fax: (11) 4992-1234
E-mail: www.c2imagens.com.br/crami

Centro de Estudos e Comunicação em Sexualidade e Reprodução Humana

(ECOS) - Centro de Atendimento às vítimas de violência (PUC)

Rua Araújo, 124 - 2º andar - Vila Buarque – São Paulo – SP

Tel.: (11) 3255-1238.

E-mail: ecos@ecos.org.br

http://www.ecos.org.br

PROVE – Programa de Atendimento a Vítimas da Violência da UNIFESP

Rua Botucatu, 431 – Vila Clementino

Tel.: (11) 5082-2860

Algumas instituições no país:

Minas Gerais – *Belo Horizonte*

CAVAS (Crianças e adolescentes vítimas de abuso sexual – Serviço de Psicologia Aplicada - FAFICH - UFMG

Av. Antonio Carlos, 6627

CEP: 31270-010

Tel.: (31) 3409-5070

E-mail: projetocavas@fafich.ufmg.br

Site: fafich.ufmg.br/projetocavas

Amazonas – *Manaus*

SAVAS – Serviço de atendimento às vítimas de abuso sexual

Hospital Universitário Francisca Mendes

Rua Camapuã, 108 - Cidade Nova

CEP: 69097-720

Tel.: (92) 2123-2999

Rio Grande do Sul – *Porto Alegre*

CRAI – Centro de referência no atendimento infanto-juvenil

Hospital Materno Infantil Presidente Vargas

Av. Independência, 661

Tel.: (45) 3289-3000

Pernambuco – *Recife*

Centro de Estudos, Pesquisas e Atendimentos Relativos à Violência Sexual Contra Crianças e Adolescentes (CEPARVS)

Av. Conde da Boa Vista, 921

Rio de Janeiro – *Rio de Janeiro*

Clínica Psicanalítica da violência

Tel.: (21) 2121-3575

E-mail: cliviol@uol.com.br

Paraná – *Curitiba*

CREAS Cristo Rei

Av. São José 875 – 80050-350

Tel.: (41) 32649046

Paraná – *Londrina*

CREAS-III

Rua Ibiporã, 573 -Jd. Aurora

Tel.: (43) 3336-2003/ (43) 3378-0563

Rio Grande do Norte – *Natal*

PAVAS – Programa de atenção às vítimas de violência sexual

Hospital Santa Catarina

Tel.: (84) 3232-7700

CARENAS

Rua Ana Neri, 345 – Bairro Petrópolis

CEP: 59020-040

http://www.cedecacasarenascer.org

13
A positividade do princípio feminino

A questão da violência sexual incestuosa surgiu em um momento em que eu já estava engatada na questão do enigma da feminilidade, que não cessa de redizer-se.

Assim, o que segue brotou como um dos momentos desta trajetória, imediatamente após a conclusão da pesquisa e portanto é fruto dela também.

A recusa do feminino e o horror à castração formam o rochedo em que esbarram as análises dos neuróticos. Recusa da entrega a um outro da fantasia que se teme que vá violentar, penetrar, maltratar e que a imagem da mulher castrada e humilhada aglutina. É a fantasia masoquista, como vimos no capítulo sobre Freud, feminina, que tampona o fértil buraco transformando-o em fonte e gozo de angústia. Esse pai tirânico que o homem neurótico teme encontrar e que ele imagina na mulher de sua fantasia, de fato está presente na mulher neurótica especialmente nas que padecem de sintomas histéricos. Mas, na verdade, não é propriamente um pai tirânico: como o revela o momento em que o final da análise de mulheres começa a se delinear, é a figura de um pai impotente, paralítico, morto, profundamente inscrito, que tiraniza o eu no masoquismo. Libertar-se desta imagem é aceitar que a impotência, fragilidade e mortalidade do pai não são frutos de um roubo do falo que a menina que se tornou histérica teria feito na fantasia para poder sobreviver à catástrofe narcísica da constatação da ausência de pênis em si e na sua mãe, sem voltar a ser o menininho desta. Libertar-se desta imagem é aceitar que a fragilidade do pai pela doença, morte e sua impotência se dá porque ele é mortal e não por um roubo que ela teria feito, porque este roubo que a enche de culpa, hostilidade ou cuidados intermináveis com o pai jamais ocorreu senão no casal inseparável que formou com esse pai na sua imaginação e porque este pai nunca foi tão potente ou tão impotente assim quanto sua imaginação quis acreditar.

Nasio (1990) nos diz que existe um mal-entendido impressionante entre a psicanálise e algumas correntes de pensamento feministas que assemelham a fantasia do neurótico à teoria analítica, e assim censuram os psicanalistas pela ideia neurótica da mulher castrada, submissa. Há uma transformação a ser feita na fantasia masoquista de ambos os sexos, que pode ser proporcionada pela análise. No homem, a aceitação de sua feminilidade, abdicando da imagem de mulher que a sua fantasia masoquista forja, o que permite que ele seja melhor pai, já que com esta abdicação ele não permite mais que o seu próprio pai de suas fantasias, tirânico e castrador, ocupe todo o seu espaço psíquico. Portanto, sai da idade infantil podendo se identificar com o pai que antes temia, amava e detestava, ou forjar uma imagem de pai a partir deste. Também, para ele, o pai passa a ser um ser entre os seres, marcado pelos limites de todos os seres. Poderá então conduzir seus filhos às portas da prova que dá acesso à idade adulta, prova que tendo atravessado, o fez perder uma parte, mas não tudo e que o faz viver o que tiver que ser vivido sem ter mais que escolher.

Em ambos os sexos, a fantasia masoquista de ser uma criancinha passiva dependente dos cuidados da mãe e cheia de maus impulsos está presente. Ela indicaria a posição de ser a menina ou menino da mamãe, maneira de preencher este buraco insuportável.

Aceitar a castração materna seria, a meu ver, poder não preencher este buraco na fantasia pelo gozo masoquista. Mas, descendo do colo materno poder aceitar a separação, aceitando e sustentando a solidão em si e na mãe. Olhar com ternura os restos que persistem de uma onipotência materna que quis, pelos seus cuidados, em um momento precoce da vida, poupar os filhos de todos os limites da vida, sabendo que ela não pode tanto, só alguma coisa, pois seus poderes de deusa são limitados. No entanto, os ternos cuidados maternos e seus sonhos para nós, que tanto contribuíram na capacitação de nossas habilidades, persistem em nós na imagem de um bom objeto, imagem sensorial mais do que visual e que é a única maneira de dar estabilidade a um eu que tem que dar conta das necessidades imperiosas da vida. O constructo de um objeto bom imaginário participa mais de um eu entregue à sua dialética do que de uma dialética das fantasias.

Se a sexualidade materna participa necessariamente da constituição deste eu, ela deve abandonar o palco da sexualidade adulta pois é aí que ela pode se instalar de maneira mortífera para o sujeito, objeto mau, sufocante, impedidor, compelindo o sujeito que se quer sexuado a uma luta sem tréguas com uma pulsão matricida que facilmente se volta contra si pois atinge a porção materna de seu eu.

Para a mulher, para que ela possa se identificar e usufruir sem temer desse corpo de mãe que ela mesma tem, deve abandonar os danos imaginários que pensa ter feito a essa mãe, entregando-lhe a esta seu marido e ficando apenas com seu pai, encerrando uma competição que se imagina sem fim, ainda quando sua própria mãe deva ser ensinada a não exibir uma sexualidade invejosa à da filha, que aspira a igualdade de um narcisimo infantil de máscaras e fachadas.

Para o homem e a mulher, da mãe, na sexualidade, apenas o gozo corporal de um esquecimento de si que sustenta o mergulho em um buraco, a coisa originária.

Muito tem-se dito sobre esse enigmático ponto G. Uns não acreditam em sua existência, dizendo ser o clitóris o único órgão de prazer na mulher. Outros dizem que ele é uma realidade biológica palpável, bolsas de líquido espermático sem esperma, pequena próstata atrofiada que estaria em um ponto entre o final do canal vaginal e o canal urinário. Ele seria o responsável pelo que se tem denominado, ainda com termos masculinos, de ejaculação feminina. Esta seria reabsorvida pelo corpo da mulher e lhe traria um grande benefício físico e psíquico. Sua não palpabilidade se deveria a que apenas em certas circunstâncias esse ou esses saco(s) se encheriam.

Como procurei mostrar em outro trabalho (1997), a realidade biológica do ponto G é apenas uma alavanca para pensar, em termos psíquicos, em termos de espaço psíquico, quais são estas circunstâncias. Como o analista poderia "limpar a chaminé", como dizia esta primeira histérica coinventora da psicanálise, libertar o canal vaginal que esta imensa cultura falocêntrica povoou de fantasmas, com danos para o homem e para a mulher. O analista deve sustentar o seu buraco vazio, para poder conduzir ao ultrapassamento da angústia e dos engodos fantasmáticos da castração, permitindo para o homem, aceder ao seu estrangeiro, cedendo do estranhamento de uma mulher que lhe é estrangeira, podendo usufruir dos seus líquidos atemporais e eternos, indo buscar, finalmente, ao doá-lo, seu pênis para si. Para a mulher, o acesso aos tesouros múltiplos que sua cavidade fertiliza continuamente pelo dom mágico recebido de seu cavaleiro amado que reencanta e dá sentido continuamente à sua vida e daqueles a quem cuida.

Não acredito numa visão evolutiva da sexualidade, no cume de uma sexualidade genital heterossexual, a ser acedido de uma vez para sempre pois sempre temos que estar às voltas com a outra face de nossa sexualidade, a homossexualidade e o narcisismo ou, nos homossexuais, a heterossexualidade e o narcisismo. Mas, como transexuais que somos nesta identidade vacilante que se apresenta como enigma, acredito na possibilidade de contínua renovação da possibilidade de conservar vazio este surpreendente buraco que dá acesso ao gozo máximo.

Abandonar o gozo masoquista para deixar o buraco feminino em si, homem ou mulher, vazio, pronto para o máximo gozo sexual ou pronto para a criação singular. Nosso destino não se prende apenas às identificações, às marcas de nossa história pessoal ou familiar, mas também a esse rasgo inesperado de liberdade que é a criação, esquecimento do tempo linear que faz com que a história não desapareça no nada mas se transforme numa história sem fim, pois abarca a poeira eterna, sempre em constante movimento e amplitude, do tempo da duração. Encontrar novas bases simbólicas é integrar sem destruir e deixar de lado o caldo de partículas caóticas e fragmentárias de onde nasce continuamente todo verbo (Soares, 1993).

14
Violência, pedofilia, incesto: o mal estar na atualidade[7]

Quem assistiu *Gran Torino*, o último grande filme de Clint Eastwood, pôde perceber o quanto a história que ele conta, através das imagens, traz todos os elementos da atual crise mundial. Mas o filme é, sobretudo, uma genial e bem humorada forma de um senhor de 79 anos colocar o primado do falo em questão, uma delicada e autoirônica maneira de falar da hostilidade e da forma fálica agressiva de relação dos homens entre si, totalmente *fake*, um jogo

7 Este texto foi publicado parcialmente como capítulo do livro *Perversão – As engrenagens da violência sexual infantojuvenil*, organizado por Cassandra Pereira França, e publicado pela editora Imago, Rio de Janeiro, 2010.

de máscaras e de personagens. Mas, sobretudo, falar do momento em que surge de uma forma quase pura, discernível, o puro desejo de destruir, de matar um corpo exposto à matabilidade, à violência, que já não oferece perigo algum. A cena pela qual sua culpabilidade não o perdoa, é por ele antecipada, dizendo que "a questão não é o que eu fiz por dever de guerra, a questão é o que eu fiz". A ação pura e simples como *acting out*. A morte de um soldado coreano, que havia se rendido a ele, é o protótipo da covardia de violar com a pura hostilidade um corpo indefeso que abdicou da sua violência e se rendeu à força do outro que o atinge com sua própria pulsão de destruição em bruto. O que evidencia o prazer da fúria destrutiva narcísica.

Se pego este fragmento do filme para iniciar o filminho de horror que quero apresentar, no qual vem se transformando a questão da violência no mundo todo, sobretudo, contra as mulheres e crianças pelas práticas de abuso sexual, estupro, incesto, tráfico e pedofilia real e virtual, é porque ele traduz à perfeição duas coisas: primeiro, aquilo a que Freud chamou visionariamente de o mal-estar na cultura: Freud esboça uma resposta reflexiva que ainda se mantém assustadoramente definitiva, já que não se trata mais da terceira ferida narcísica do homem trazida pela psicanálise: não sendo mais o centro do universo, e sendo descendente dos animais, um animal entre outros, portanto, a razão não governa seus atos, dada a existência do inconsciente; agora, a quarta ferida é a força destrutiva do narcisismo. O ser humano serve de objeto de fúria, a ser humilhado, estuprado, assassinado, violentado. Alvo da expressão de ser único, imortal e autoengendrado, que habita, desde os primórdios, cada um de nós, germe do que Freud chamou de fúria narcísica destrutiva, que elimina todo obstáculo à sua ilusão, ou que compele à constituição de um super-eu pedófilo, tão rígido e destrutivo como a fúria contra a qual se ergue. Por isso, cai por terra a inicial crença iluminista freudiana nos destinos sublimatórios da pulsão como objetivo máximo de humanidade. Neste texto, Freud mostrou este narcisismo como a raiz da agressividade, obstáculo contra o qual a civilização e a vida social tem que dar conta e que torna difícil pensar num humanismo natural. Ele é sempre uma árdua conquista. Mas a ideia de que somente a autoridade da sociedade poderia deter a fúria infernal do mundo pulsional por meio de seus códigos e suas leis, daquilo que ela decidisse que é o melhor para seu processo civilizatório de vida em comum, sempre esteve presente em Freud, desde a afirmação da autoridade da sociedade nos *Três ensaios para uma teoria sexual* para coibir as perversões danosas até o mito do assassinato do pai primordial e sua proibição na raiz mesma de constituição da sociedade humana, em *Totem e Tabu*. Autoridade da sociedade ainda significa a constituição de leis e de mecanismos de aprimoramento delas a partir do zelo pelo seu cumprimento pelas instituições designadas pelos homens. Pois, feitas pelos homens, para regular e inibir atos aos quais todos os homens estão sujeitos pela sua constituição pulsional, as leis são falíveis e incompletas, uma criação humana que precisa de constantes revisões e cuidados vigilantes para que ela possa de fato ser eficaz como evitadora e mediadora de conflitos, como garantia do exercício múltiplo e complexo da liberdade humana.

Se as situações que apresento suscitam uma reação na turba de fúria assassina pelo pedido de instauração da pena de morte, nos programas de TV que fazem uma exibição *voyeurista* insistente das cenas de violência, a velha e alquebrada democracia ainda é o que de melhor o ser humano produziu.

A segunda coisa é o agenciamento da fúria primária narcísica destrutiva aliciada pelo primado do fálico agressivo: a força física do macho da horda, contra a qual a força física de uma mulher ou de uma criança não pode nada, só a força física de outro macho ou a força das armas empunhada por um homem ou mulher ou a força das leis e seus efeitos. Talvez a dita intuição feminina seja o desenvolvimento aguçado da percepção dos sinais de uma agressividade contra a mulher que sempre poderia vir, e que, indefesa do ponto de vista físico, levaria a outras reações de proteção contra a invasão externa e interna da brutalidade da sexualidade. Os efeitos patológicos e de sofrimento histérico e paranoico de uma invasão indesejada são a antítese do despertar da enorme potência sexual feminina, que vai de encontro à enorme força fálica masculina no ato sexual desejado e amoroso.

O mal-estar na atualidade fala, sobretudo, dos meios de comunicação e da genial e problemática invenção da *internet*. A imprescindível função de denúncia pelos meios de comunicação dos crimes sexuais tem o efeito paradoxal de contaminação, como se acirrasse os tabus, mas também trouxesse a tona os seus motivos, e junto com a pretendida contenção, trouxesse a disseminação.

14.1 Imagens inquietantes

Iniciar apresentando imagens tem a função de tirar o pensamento da paralisia e do estupor e fazê-lo trabalhar pondo lado a lado coisas semelhantes. Ajuda-nos também a pensar a inquietante diferença de estar exposto diretamente a imagens de violência sexual e o efeito de contaminação que isso provoca e fazer imagens na nossa cabeça, um filminho próprio apto à mediatização das operações possíveis do pensamento.

14.2 Primeira imagem

O jogo japonês *Rapelay* que está criando polêmica no mundo todo é vendido livremente na *internet* e nas ruas de São Paulo por 10 reais. O enredo e o objetivo do jogo são o seguinte: o jogador, que passa a ser um estuprador, "reza". Se for atendido, o vento ergue a saia de uma mulher numa estação de metrô. Depois, ele começa a molestá-la no trem, tenta arrancar sua blusa e consuma o estupro num parque da cidade. Após conseguir fotografá-la nua e chorando, ele consegue acesso às duas filhas, e também as violenta e obriga todas elas a abortar. Se ele não as convencer, as mulheres o jogarão na linha do trem[8].

É impressionante como o jogo mexe com o incesto fundamental, que está na base de todos os outros, segundo Héritier, que é o incesto entre mãe e filha, porque o critério fundamental do incesto é colocar em contato humores

8 Jornal O *Estado de São Paulo*, 2009.

idênticos através de um mesmo passador. Pois o que há de mais fundamental na constituição das sociedades é a maneira como elas constroem as categorias de idêntico e diferente, que está fundada naquilo que o corpo humano tem de mais irredutível, a diferença dos sexos. É nesta tomada de consciência que está a origem e a razão de ser da proibição do incesto. Tal jogo pode aparecer talvez em um momento em que a globalização está mexendo profundamente com estas categorias do idêntico e do diferente a nível planetário. Muitos adolescentes vem tendo sua iniciação sexual por esta prática que associa sexo a violência.

Jogar o homem na linha do trem talvez seja uma alusão metafórica perfeita para o que fizeram as duas filhas incestadas com filhos e trancafiadas, a brasileira dos Estados Unidos e a austríaca, assim que tiveram a oportunidade de escapar: após anos, denunciaram seus pais às autoridades. Parece que algo da lucidez de um ego aspirante à liberdade fica à espreita da mínima abertura da clausura sufocante do pátrio poder enlouquecido para escapar. Talvez o não enlouquecimento se deva à ambivalência afetiva e a um paradoxal uso da vida de fantasia sexual, infantil e inconsciente.

14.3 Segunda imagem

Uma criança, mantida prisioneira em um bordel, teve seu intestino perfurado durante uma relação sexual. A insuportabilidade de conviver com este fato fez a jornalista Paula Siqueira trabalhar para denunciar o tráfico humano para exploração sexual e exigir medidas oficiais para acabar com ele, já que muita gente duvida da sua existência, gravidade e extensão. Depois do contrabando de armas e drogas, é a maior fonte de renda ilegal do mundo, e a que mais cresce. De acordo com a OIT, o lucro mundial com esse tráfico chega a 31,6 bilhões de dólares ao ano. O Brasil é o maior exportador de mulheres para prostituição das Américas, e serve como país de trânsito para as aliciadas nas nações latino-americanas a caminho da Europa, Ásia e Estados Unidos. Existem 1 milhão de crianças traficadas no mundo, sem contar jovens e adultos. As principais atingidas são as adolescentes, aliciadas no interior e levadas para locais com alta concentração de mão de obra masculina ou cidades ricas. Para o exterior seguem as maiores de dezoito anos, com baixa escolaridade, afro-descendentes e mães solteiras. Pesquisa nacional de 2002 aponta 110 rotas de tráfico interno e 130 internacionais. Há servidão por dívida que equivale a 4500 relações sexuais. Um cafetão canadense declarou a uma revista semanal que preferia vender mulheres a drogas e armas, porque estas só se vendem uma vez, enquanto a mulher pode ser revendida até morrer de AIDS, ficar louca ou se matar, pois se encontram sem saída, e vivem sob estreita vigilância[9].

14.4 Terceira imagem

Não satisfeitos em estuprar uma adolescente de quinze anos, durante uma festa em Joaçaba, Santa Catarina, três jovens do interior gravaram as imagens do estupro e as disponibilizaram na *internet*. A jovem, que passava mal

9 Revista *Cláudia*, abril de 2009.

por ter bebido *vodka* com refrigerante e foi ao banheiro, foi empurrada, bateu a cabeça e ficou desacordada, tendo então sido estuprada. Recuperou os sentidos num veículo, sendo ameaçada para nada revelasse. Um morador da cidade assistiu ao vídeo na *internet* e avisou à polícia, que prendeu os três jovens, dois de dezoito anos, estudantes de Administração de Empresas e um de dezesseis anos, estudante de ensino médio. Os computadores, de onde as imagens da menina desacordada sendo estuprada por dois rapazes foram distribuídas para a *internet*, foram apreendidos pela polícia que investiga se outros participantes da festa sabiam do ocorrido. O advogado de um dos estudantes defendeu-o dizendo que ele "apenas" havia filmado o estupro.

O que chama a atenção, e que merece ser pensado, quando saímos do estupor, é que: 1) há um público na *internet* a espera de consumir este tipo de material; 2) os jovens tiveram o tempo e a frieza de editar um filme após o ato violento, espécie de prolongamento de seu ato, seguros de sua impunidade, ou sem pensar, em nenhum momento que o que faziam era criminoso, sem nenhuma compaixão por si mesmos e pela vítima, ao contrário, travestidos em heróis exibicionistas do feito de sua "guerra", sem perceber que estavam mais para suicidas-bombas; 3) o advogado que defendeu que "a arma-câmara que filma o pênis penetrando" era menos letal que o próprio pênis-arma que ataca uma pessoa transformada em coisa-buraco, sem seu consentimento, sem sequer estar em condições de consentir ou não, engana-se, já que o *cameraman* multiplicou a ação criminosa tornando-a partilhável com toda a rede mundial.

Os suicídios de adolescentes filmados na *internet*, com grupos que os incentivam e orientam em sua realização é a face bem explícita desta violência e deste gozo masoquista compartilhado que deixa pais e profissionais impotentes, tamanha sua força de disseminação. São inspirados talvez nos homens-bombas, onde o suicídio transformado em arma de guerra é um megassintoma somático no limite daquilo que está além ou aquém do humano-inumano, pois faz desaparecer o próprio corpo, que se torna puro combustível. Curiosamente, o maior pedido de ajuda que a organização Safernet[10] recebe dos adolescentes depois da pornografia infantil e pedofilia é para os suicídios de adolescentes ao vivo pela *internet*.

14.5 Quarta imagem

Um convite para me juntar a um debate promovido pela ONG Safernet e pela procuradoria geral da República, por ocasião da vinda do psicólogo canadense Gilles Michel Ouimet, sobre pedofilia na *internet*, fez-me ficar estarrecida com os dados apresentados pelo diretor da Safernet do tamanho e da gravidade do problema. São quatrocentos *sites* novos por mês de pedofilia. São quinhentos pedidos de ajuda *on-line* por dia de crianças e adolescentes que foram constrangidos pela pedofilia virtual. Com o advento da *internet* no celular, a expectativa é de um crescimento geo-

10 Central de denúncias de crimes cibernéticos. ONG fundada em 2005, sem fins lucrativos, que reúne ativistas de direitos humanos interessados no combate à pornografia infantil e pedofilia na *internet*.

métrico dos casos de pedofilia na *internet*, já que em um espaço curto de tempo será possível obter uma imagem no espaço público e colocá-la na *internet*. O aliciamento se dá através de uma forma de violência cujos danos são talvez maiores que os atos pedófilos presenciais, pelo tempo que duram, às vezes anos, pelo terror que causam e pela dificuldade de denúncia e percepção da agressão. Em seguida, quando eu ainda estava digerindo o que eu tinha ouvido e discutido, surgiu uma questão angustiante e angustiada, a partir de dados da Safernet e da reflexão de seus profissionais a respeito da pedofilia em novas variantes, cenas de abuso e incesto infantil simuladas por computador em um *site* que apresentava simulação gráfica de incesto e pornografia infantil. Há a necessidade de se refletir e criar condições saudáveis de "tratamento" para os pedófilos não cometerem os crimes de abuso e exploração. Ao mesmo tempo, trabalhar junto com as autoridades para responsabilizar e identificar os criminosos para que respondam pelos atos. Mas e após a prisão, voltarão às ruas para abusar de novas vítimas? E aqueles que não foram presos e não sabem o que fazer com seu sofrimento? E os que não sofrem com os desejos e atos de abuso de crianças? Estes desafios não são novos, mas ganharam novas facetas com tecnologias de comunicação como a *internet*. Estes conteúdos do *site* estão livremente disponíveis. Como proteger as crianças sem ferir a liberdade de expressão das fantasias humanas? Como proteger sem fortalecer uma sociedade de controle dos corpos, dos afetos e dos desejos?

Estes problemas tão graves não são para serem pensados individualmente, mas coletivamente, justamente porque um dos problemas que eu vejo na facilidade do uso da *internet* para pedofilia, nas consequências que esse uso provoca nas crianças e adolescentes e também no uso para agenciamento das fantasias sexuais humanas perversas é a clausura, o fechamento, que pressupõe e decorre deste uso. Um excesso de presença do abusador. Paradoxalmente, o instrumento de máxima comunicação global e múltipla traz o potencial do enclausuramento no segredo da transgressão.

A minha cautela em me aproximar do exame do site foi de natureza ética, e motivada pelo recebimento de uma notícia estarrecedora de que, em 2008, um dos psicólogos mais respeitados da Argentina, especialista em violência familiar, diretor da cadeira de especialização em Violência Familiar na Universidade de Buenos Aires, Jorge Corsi, de 62 anos, foi acusado de liderar a quadrilha dos "*boy-lovers*", um grupo de pedófilos em rede que havia abusado sexualmente de dezenas de adolescentes nos últimos anos. O acusado, que já havia inclusive prestado assessoria à Prefeitura de Buenos Aires no preparo de um projeto de combate à violência doméstica e na capacitação juízes, além de ter prestado assistência ao governo do ex-presidente Nestor Kirchner, devido a acusação de um jovem portenho que revelou à família que havia sido abusado pelo psicólogo. Descobriu-se, posteriormente, que Corsi navegava por *fotologs* para encontrar potenciais vítimas, escolhendo adolescentes de 14 a 16 anos que expressavam seus sentimentos, intimidades e fraquezas pela *internet*. Como especialista no assunto, ele realizava os primeiros contatos e, em caso de resistência ou arrependimento, encarregava-se de contê-los psicologicamente, para evitar denúncias.

Quando Freud explica, em *Totem e tabu*, que o tabu é uma formação social, sua diferença da neurose obsessiva e a necessidade do castigo para aquele que violou o tabu pelo temor ao exemplo contagioso e o impulso à imitação – portanto, a natureza infecciosa do tabu – ele lembra que um dos princípios da ordem penal humana deriva da identidade dos desejos reprimidos no criminoso e naqueles que se encarregaram de vingar a sociedade ultrajada. E a inteligência pode ser pervertida pela pedofilia superegoica e tornar-se a herdeira do ódio e da intrusão pulsional. Não é de hoje que sabemos que brilhantes ou medíocres letrados e intelectuais encontravam seu gozo sexual na pedofilia. Assim, o excesso de rigidez educacional ou controle dos impulsos agressivos e sádicos traz embutido um sadismo inconsciente em que se deseja intrusivamente dominar a criança que depende dos cuidados corporais, psíquicos e mentais de outro adulto. Neste, é um superego pedófilo que age, mostrando a vertente pulsional erótica transformada no contrário para a sua formação. Pune-se com rigor a criança pulsional em si e na criança, seja porque ela foge ao controle, seja porque ela ameaça o próprio controle pulsional do adulto. Vemos então que o trabalho exímio no tema da violência familiar era uma tentativa de controle dos intensos desejos pedófilos do psicólogo argentino, que mesmo assim subsistiram e passaram ao ato.

Ao abrir o *site* visitado, deparei-me com inúmeras filas de quadradinhos com material visual direta e explicitamente sexual. Cenas em *close* que mostravam duas ou mais pessoas e subtítulos das mais variadas formas de incesto, cujo gráfico estatístico das consultas colocava numa ordem em que o incesto entre filho e mãe era o campeão das consultas. Havia *sites* com desenhos em Photoshop idênticos a fotografias, e alguns com um sofisticadíssimo desenho no estilo dos *manga* japoneses. O conteúdo dos textos que acompanhavam os desenhos era invariavelmente o mesmo, com pequenas variações em torno da palavra "*fuck*" e nos personagens da cena familiar. *Closes* eróticos da genitália são os desenhos que colocam em primeiro plano a transgressão sexual simulada. Além disso, este *site* ligava-se a outros *sites* através de quadradinhos de propaganda ilustrada com filmes de animação cujo conteúdo chamou minha atenção porque anunciava o incesto como se fosse um carro, férias nas Bahamas, ou uma nova geladeira. Nada mais explícito da perversão da lei de mercado, que transforma tudo, liquidifica e liquefaz todos os valores em mercadorias a serem consumidas, numa consumação de tudo e de todos para quaisquer e inúteis fins. Sabemos que Freud compartilha com todos os autores antropólogos que estudou para seu *Totem e tabu* da ideia de que a experiência social nos mostra que o incesto está muito longe de ser um fenômeno raro, inclusive em nossas sociedades modernas, e a experiência histórica nos ensina que os matrimônios incestuosos eram obrigatórios para determinadas pessoas privilegiadas.

14.6 Quinta imagem

Crianças aderem cada vez mais cedo à maquiagem. Um comportamento que já se torna comum entre meninas de cinco a sete anos, e até de dois anos, que frequentam salões de beleza, usam rímel e batom rosa. Elas se maquiam cada vez mais cedo, seja para ir a um casamento, seja para ir à escola. E o mercado captou a onda e está em ascensão: lojas têm recebido linhas específicas para o público infantil; para maquiador, há cinco anos maquiando somente crianças, garotas se espelham no que as mães usam. Linhas específicas de maquiagem infantil têm chegado às prateleiras das lojas, que já têm instalado até provadores para crianças. A idade das garotas que querem se maquiar está diminuindo.

Isso me fez lembrar que durante a visita aos pavilhões da Bienal de São Paulo de 2002, havia um quadro muito colorido, figurativo, que expressava uma cena do cotidiano na rua de um país da África, cujo título era "Onde estão nossas crianças?" Subitamente, aquele título inquietante, já que nada no quadro evocava crianças, fez sentido para o estranho mal-estar que me havia tomado. É que havia uma profusão de imagens de crianças, especialmente em fotos do leste europeu, onde elas apareciam como minimodelos, pintadas e vestidas de uma maneira sexualizada, glamourosa e adulta. Neil Postman já havia constatado o desaparecimento da infância. Se ela surgiu a partir da invenção do livro, que trouxe a necessidade da escolarização, teve seu auge no século XIX, quase simultaneamente com a invenção do telégrafo, que trouxe uma abertura tecnológica sem precedentes, que culminará, na década de 1950, com a popularização da invenção da televisão e o desaparecimento da infância. De fato, qualquer tarde passada na televisão, junto com as crianças, mostra o quanto não existe mais fronteiras entre o que são as imagens e falas próprias ao universo infantil e o que são aquelas do universo adulto, ambas convivendo em contiguidade absoluta. O escândalo cada vez mais visível do aumento da prática da pedofilia junto com a erotização adulta precoce da infância aponta os efeitos de práticas da cultura do nosso momento atual que suscita a imagem de uma serialidade que se torna expressão do império do mesmo, da pulsão de morte.

A menina que adquire o hábito de se maquiar como a mãe não o faz como uma brincadeira ou um prazer identificatório ocasional, por almejar o lugar da mãe, ser igual a ela. Ela incorpora uma mãe de alguma forma ausente, ela é a mãe que se faz ausente; adulta, maquiada, que se torna sua pele, máscara que compensa uma ausência, couraça forjada que encobre a ausência daquela que garantiria por sua presença corporal autêntica a vivência de um corpo infantil a explorar seu autoerotismo e o mundo apresentado gradativamente pela mãe e a brincar de faz de conta sem ter que ser de fato um adulto em miniatura.

14.7 Reflexões

As impressionantes estatísticas sobre a pedofilia atual, o *site* sobre o incesto, casos recentes no Brasil envolvendo promotores e policiais em rede de pedofilia, as manifestações artísticas que denunciam uma inquietude sobre o desaparecimento da infância, a indiscernibilidade entre o visual a partir da indumentária da idade de meninas entre os sete e vinte anos, a menstruação cada vez mais precoce, as relações sexuais cada vez mais precoces e múltiplas, o aumento da prostituição infantil, a adolescentização dos adultos que, no culto ao físico adolescente, negador dos processos de envelhecimento, ausentam-se da marcação dos lugares geracionais, todos esses fatos nos fazem perguntar se ainda faz sentido pensar em um processo de humanização pautado pela diferença entre dois tempos do desenvolvimento psicocognitivo-sexual. A infância e a idade adulta, mediados por dois períodos de passagem: o período de latência e a adolescência, etapas garantidas pela família composta de ao menos pai e mãe, juntos ou separados, que investem afetivamente em seus filhos. Pois parece haver uma homogeneização em curso na sociedade que enfraquece esta distinção. A exposição excessiva às imagens abertamente sexuais, pornográficas ou não, está tornando precoces os processos de sexualização, tendendo a eliminar os períodos de passagem? Qual a função destes? Qual a possibilidade de domínio da tremenda força que é a sexualidade, que pode ser uma tremenda força de vida, mas também uma tremenda força de morte, ao serem eliminadas as barreiras que retardam o seu exercício adulto não só para quando o aparelho genital está pronto, o que seria da ordem do biológico, mas para quando o aparelho cognitivo está pronto para avaliar perceptivamente e em termos de processos de pensamento, capacitadores do uso livre da razão, as circunstâncias externas e internas de seu exercício, ou seja, por volta dos dezesseis anos, que favoreceriam teoricamente uma liberdade e autonomia de cada ser humano? Qual o sentido de coibir ou permitir práticas virtuais imagéticas da fantasia sexual humana? Estaríamos assistindo a uma pedofilização da sociedade?

A questão é mais ampla: O que faz de um ser humano um homem? Qual a humanidade do homem? Qual é o lugar da família nesse processo de humanização?

Adorno, nos anos pós-guerra, criticou de forma profética as devastações impostas pela sociedade mercantil, globalizada e anônima sobre a vida familiar. A morte da família paralisaria as forças de resistência que ela suscitava. A uma constatação de uma inversão mortífera das gerações e de uma morte programada da família, Adorno acrescentava aquela, que lhe parecia ainda mais temível: o advento de uma sexualidade dessexualizada, que não encontraria mais seus fundamentos no desejo, no amor ou na sublimação, mas em uma prática puramente fisiológica de satisfação das necessidades: uma espécie de pornografia puritana e higiênica, um culto contemporâneo à pornografia. Em suma, em 1947, chegava a afirmar que a humanidade de amanhã seria tomada de uma dúvida fundamental quanto à sua capacidade de se reproduzir. Profetizava a descartabilidade dos humanos para o sistema.

A questão da *pedofilização da sociedade* é sugerida também pelos dados oficiais alarmantes que privilegiam o Brasil, mas que se refere a toda a sociedade global, conectada na rede mundial. A recente criminalização pelo governo federal da compra e posse de material pornográfico infantil é uma atualização do Estatuto da Criança e do Adolescente defendida pelos senadores após o relatório da CPI da Pedofilia. Para especialistas, a mudança é importante, principalmente para atuar em flagrantes de pessoas que têm fotos de pornografia com crianças em seus computadores, por exemplo. Pela lei anterior a 2009, um pedófilo só poderia ser preso se houvesse provas de que ele divulgou imagens para outras pessoas. Assediar crianças pela *internet* e produzir pornografia também se tornaram crimes.

14.8 Para concluir

A oposição entre o um de um controle autoritário, hierárquico e totalizador e o múltiplo da criação em rede cooperadora, livre e igualitária traz uma referência a duas formas de produção de conhecimento que foram em geral atribuídas a uma referência falocêntrica patriarcal e a uma referência uterina, endometrial, geriatriz, múltipla, ligada a uma forma de autoria a partir de um feminino que vem sendo positivado na sociedade contemporânea a partir da tremenda revolução que nos últimos cento e cinquenta anos tornou a mulher primeiro um ser com alma, depois um ser humano, depois um ser com intelecto, depois um ser cidadão (ou seja, com direitos civis), e depois positivou sua sexualidade na sua diferença do sexo masculino, e não como seu mero negativo, tirando-a do domínio social exclusivo em que ela se achava, o domínio dos "três C's" (crianças, cozinha e capela) ou da semiescravidão do trabalho clandestino ou informal ou da marginalidade das cafetinas e prostitutas. A *internet*, que se originou como instrumento militar, a Arpanet, ao ser reivindicada, devido ao seu potencial, pela pesquisa e educação universitária, transformou-se na revolucionária forma de comunicação e pensamento que é, tanto em sua face benigna como em sua face maligna. Rede matricial a serviço do um autoritário e guerreiro militar, se tornou horizontal, múltipla, democrática, criativa de novas conexões não hierarquizadas. Mas desde a década de 1980, e agora mais do que nunca, estamos diante de uma nova figura autofágica do homem: se o homem já ameaçou sua própria espécie, com o campo de concentração, com a bomba atômica, e transformando o próprio corpo em bomba, agora ele percebe e inscreve como pensamento ainda acompanhado de muitos mecanismos de negação, que por sua própria ação civilizatória, ele destruiu o seu *habitat* preferido até agora, a sua casa, o planeta Terra de uma forma quase irreversível. Os fatos da rápida degradação do planeta pelo aquecimento global ou pela poluição ambiental são incontestáveis. Dou apenas alguns exemplos: a mancha de lixo plástico no pacífico a vagar e que tem uma extensão igual aos Estados Unidos. O desaparecimento das espécies animais marítimas por asfixia ou por aquecimento dos oceanos, o derretimento da calota polar e das geleiras. Já não há mais tempo para que algo muito fundamental mude na subjetividade humana de modo que cada homem possa inscrever-se como mortal, e para que sua imortalidade se manifeste naquilo com que ele puder contribuir para que o planeta continue a ser a casa das gerações futuras.

Além disso, temos a superpopulação, que leva ao controle populacional e à recomendação ético-política de um só filho por casal, ainda que isso já seja uma obrigatoriedade na China, alterando profundamente a noção de família, que passaria a não ter mais irmãos, tios e sobrinhos, paradoxalmente ao mesmo tempo em que se dá a sofisticação das tecnologias da reprodução *in vitro*.

A subjetividade contemporânea tem que fazer uma rápida mutação. É em seu cotidiano mesmo que o homem pode e deve fazer alguma coisa. Por isso o fim da transcendência e dos saberes transcendentes na pós-modernidade e a valorização da experiência, do ritmo da vida como fundadores de uma nova imaginarização dos processos de simbolização que subjazem na potência do social, que leve em conta a multiplicidade e a complexidade da vida viva cotidiana das comunidades sociais. Se já não há mais tempo, deve-se deter a aceleração e hipervelocidade dos processos civilizatórios calcados na tecnologia de dominação guerreira e informacional. É necessário pensar como cada homem em seu cotidiano pode internalizar e realizar as ações necessárias à preservação de seu *habitat*. Para que ele possa dar atenção ao lixo, diminuir o consumo de bens materiais, reciclar materiais, não desperdiçar comida, aproveitar ao máximo os recursos naturais por seu uso e gestão comunitários, urge pensar numa lentificação do tempo que favoreça os processos de pensamento de forma que a ação humana não seja uma passagem evacuativa ao ato de uma angústia que não pode ser metabolizada e que se transforma em mero ato de consumo e consumação.

Pois a pedofilização da sociedade não fala disso? De uma dessublimação repressiva da pulsão sexual e sua atuação evacuativa virtual a partir de um excesso agressivo-erótico à exposição visual? Podemos falar ainda de dar liberdade ao exercício da fantasia sexual humana? Como poderíamos pensar de maneira diferente como se constitui uma vida humana, o que faz de um homem um homem, de forma a fundar um pacto com a natureza em outros termos que a separação entre natureza e cultura que levaram à ideia de que o homem poderia dominar a natureza, excluindo-se dela, como se ela fosse a inimiga de seus sonhos de conquista? A família humana não seria de novo a célula base em que poderia se dar esta lentificação, presente primeiro numa presença corporal maior na educação das crianças para os novos desafios que a conservação da espécie humana e do próprio *habitat* dela exigem? Certamente as crianças de hoje e de amanhã terão que se haver com uma iminência catastrófica de proporções inimagináveis ao serem educadas desde cedo para a justiça ambiental e social. Mas sua fantasia mágica e onipotente fará com que consigam ir absorvendo aos poucos este aprendizado.

Gostaria de pensar que a emergência da positividade do feminino traz em seu bojo a possibilidade não apenas de refundar a proibição do assassinato do pai e a lei da exogamia em outras bases como a possibilidade de descentralizar o mito fundador que embasa a problemática edípica: não torná-lo único, criar novos mitos fundadores, que desmontem a hegemonia do Um abstrato na figura da Lei, tornando-a o que ela é: uma criação humana que precisa de constantes revisões e cuidados vigilantes para que ela possa de fato ser eficaz como evitadora e mediadora de conflitos, como garantia do exercício múltiplo e complexo da liberdade humana.

O enigma do feminino perdura para os dois sexos enquanto abertura inesperada para a dimensão do gozo múltiplo através da penetração sexual, aquilo que é o mais temido pelas individualidades humanas, justamente porque quebra esta ilusão de individualidade. A multiplicidade do gozo transfigura tanto a mulher como o homem. Um sexo depende do outro para ir se constituindo enquanto posição subjetiva no mundo. É no campo do corpo que isso se dá e dará simultaneamente no campo da alma que é ideia do corpo. No lugar do patriarca mutilado e da mãe poderosa, o casal amoroso descortinando um tempo para uma sexualidade outra, regeneradora do corpo e da alma através da troca intensa e renovada de fluxos energéticos, base para um cotidiano renovado de cuidado e presença pacífica para os filhos e para toda a sua comunidade. A sociedade utópica imaginada por Freud em *Mal-estar na civilização.*

Para as mulheres, a separação entre o feminino e o materno é benéfica. Positivar o seu sexo e assumir sua potência é muito diferente do que ter poder como mãe, cuja máxima "ser mãe é sofrer no paraíso" já diz tudo. A mulher que se deixa castrar na onipotência de seu complexo de aleitamento pode alimentar sem achar que isso salva o mundo ou a torna uma deusa redentora. A sua porção materna se torna força espiritual. O risco de um enfraquecimento da eficácia fálica é muito mais o de deixá-la numa posição de vigilância contínua pelo destino de sua prole no mundo perigoso das pulsões, do que em fazê-la retornar a um fusional arcaico. Ela pode se dedicar à construção de um casal amoroso que preserve simultaneamente a potência de dois separados inscritos em igualdade de condições jurídicas no mundo e de um fusional que se dá através do encontro dos corpos. Pois é a consciência de que somos todos parte de uma mesma energia cósmica que a todos nos atravessa, independentemente de todas as diferenças, aquilo que permite um pacto com a natureza, que a diviniza e nos diviniza, porque somos a natureza.

O paradigma da prerrogativa fálica do mito fundador de *Totem e tabu* coloca a proibição do ato hostil como fundador do social. É a evitação do confronto guerreiro e mortífero que está na base do contrato social. É a guerra, e não a paz, que está na antropogênese. Como pensar a gênese de uma vida humana a partir do estado de paz verdadeira que pudesse conter um estado de disposição para a guerra se necessário? Como pensar numa família que fizesse do desejo de paz e alegria o seu cerne e colocasse o conflito a serviço desse desejo para que ele se espalhasse como um desejo de uma ordem simbólica calcada na paz e não na guerra? Ao invés do mote da década de 1960, "Faça amor e não a guerra", agora, no século XXI, "Faça amor, apesar da guerra"!

Referências bibliográficas

BARCHS, M.A. *Reconstrucción teórica de un caso de familia incestuosa*. 2º informe – xerox de relatório de pesquisa enviado pela Fundação Carlos Chagas, 1992.

BOLLAS, C. O trauma do incesto. In. *Forças do destino*, Rio de Janeiro: Imago, 1992.

———. *Hysteria*. São Paulo: Escuta, 2000.

COHEN, C. *O incesto, um desejo*. São Paulo: Casa do Psicólogo, 1992.

COHEN, C. et al. *Abuso sexual: que violência é essa?* São Paulo: Cearas/Santo André, CRAMI-ABCD, 2000.

COSTA, J. F. *Psicanálise e contexto cultural*, Rio de Janeiro: Campus, 1989.

CROMBERG, R.U. A ética como invenção singular da vida. *Percurso*, 6(11):60-66, 1993.

———. No limbo de uma outra cena. *Percurso*, 2(4): 11-17, 1989.

———. O fantasma do fim da história e a positividade do princípio feminino. *Psicologia USP*, 5(1/2): 197-219, 1994.

———. Un corps qui tombe... un corps qui se relève. In. ANDRÉ, J. (org.) *La féminité autrement*. Paris:S PUF, 1997.

CROMBERG, R.U. *Paranoia* (Coleção "Clínica Psicanalítica"). São Paulo: Casa do Psicólogo, 2000.

CYRULNIK, B. Le sentiment incestueux. In HÉRITIER, F.

(org.) *De l'inceste*. Paris: Odile Jacob, 1994.

DOSSE, F. *História do estruturalismo* (2 volumes). Campinas: UNICAMP, 1994.

DUPUIS, J. *Em nome do pai: uma história da paternidade*. São Paulo: Martins Fontes, 1989.

FERENCZI, S. (1933) Confusão de línguas entre os adultos e as crianças. In: *Escritos psicanalíticos*. Rio de Janeiro: Taurus, s/d.

FERRAZ, F. C. *Perversão* (Coleção "Clínica Psicanalítica"). São Paulo: Casa do Psicólogo, 2000.

———. A erotização do ódio na perversão. *Percurso*, 14(26): 121-124, 2001.

FREUD, S. (1897-1902) *Los orígenes del psicoanálisis*. Madrid: Alianza, 1983.

———. (1895) Proyeto de una psicología para neurólogos. *Obras Completas*, v. 1. Madrid: Biblioteca Nueva, 1973.

———. (1900) La interpretación de los sueños. *Op. cit.*,v. 1.

———. (1905) Tres ensayos para una teoria sexual. *Op. cit.*, v. 2.

———. (1910) Análisis de la fobia de un niño de cinco años. *Op. cit.*,v. 2

———. (1910) Sobre un tipo especial de la elección de objeto en el hombre. *Op. cit.*, v. 2.

———. (1913) Totem y tabu. *Op. cit.*, v. 2.

———. (1914) Introducción al narcisismo. *Op. cit.*, v. 2.

———. (1919a) Pegan a un niño. *Op. cit.*, v. 3

———. (1919b) Mas alla del principio del placer. *Op. cit.*, v. 3.

———. (1923a) El "yo" y el "ello". *Op. cit.*,v. 3.

———. (1923b) La organización genital infantil. *Op. cit.*,v. 3.

———. (1924a) El problema económico del masoquismo. *Op. cit.*, v. 3.

———. (1924b) La disolución del complejo de Édipo. *Op. cit.*, v. 3.

———. (1925) Algunas consecuencias psíquicas de la diferencia sexual anatómica. *Op. cit.*, v. 3.

———. (1938a) Escisión del "yo" en el proceso de defensa. *Op. cit.*, v. 3.

HÉRITIER, F. *Les deux soeurs et leur mère*. Paris: Odile Jacob, 1994

KRISTEVA, J. *Sol negro: depressão e melancolia*. Rio de Janeiro: Rocco, 1989.

LACAN, J. (1949) O estádio do espelho. In CESAROTTO, O. & LEITE, M.P.S (orgs.) *Psilacânise*. São Paulo: Clínica Freudiana, 1985.

LAPLANCHE, J. *Teoria da sedução generalizada*. Porto Alegre: Artes Médicas, 1988.

LECLAIRE, S. Pirre-Marie ou sobre a criança. In: *Mata-se uma criança*. Rio de Janeiro: Zahar Ed., 1977.

LÉVI-STRAUSS, C. (1947) *As estruturas elementares de parentesco*. Petrópolis: Vozes, 1982.

LIMA, A. A. S. et al. *Pulsões: uma orquestração psicanalítica no compasso entre o corpo e o objeto*. Petrópolis: Vozes, 1995.

MENEZES, L. C. Notas sobre a supervisão psicanalítica. In: *Fundamentos de uma clínica freudiana*. São Paulo: Casa do Psicólogo, 2001.

NAOURI, A. Un inceste sans passage à l'acte: la relation mère-enfant. In: HÉRITIER, F. (org.) *De l'inceste*. Paris: Odile Jacob, 1994.

NASIO, J.-D. *A histeria*. Rio de Janeiro: Jorge Zahar, 1991.

PINHEIRO, T. Trauma e melancolia. *Percurso*, 6(10):50-55, 1993.

ROPA, D. As três dimensões da supervisão. *Percurso*, 3(5/6):55-62, 1991.

SOARES, L. *O verbo beira a criatura* (poema inédito), 1993.

STOLLER, R. (1975) *Perversion: the erotic form of hatred*. New York: American Psychiatric Press, 1986.

TEIXEIRA, F. E. *A idade nuclear: uma odisseia pelos confins da natureza cibernética*. [Dissertação de Mestrado]. Faculdade de Filosofia, Letras e Ciências Humanas da Universidade de São Paulo, 1988.

UCHITEL, M. *Neurose traumática: uma revisão crítica do conceito de trauma* (Coleção "Clínica Psicanalítica"). São Paulo: Casa do Psicólogo, 2001.

VRIGNAUD, D. Les comptes de l'inceste ordinaire. In: HÉRITIER, F. (org.) *De l'inceste*. Paris: Odile Jacob, 1994.

AA cena hospitalar: psicologia médica
e psicanálise
Alfredo Simonetti

Coleção Clínica Psicanalítica

Artesã Editora –Títulos publicados

A cena hospitalar: psicologia médica e psicanálise
Alfredo Simonetti

Adicções
Decio Gurfinkel

Adoção
Gina Khafif Levinzon

Adolescência
Tiago Corbisier Matheus

Autorização e angústia de influência em Winnicott
Wilson Franco

Borderline
Mauro Hegenberg

Cena incestuosa
Renata Udler Cromberg

Clinicar na atualidade
Vera Lúcia Silva Prazeres

Complexo de Édipo hoje?
Nora B. Susmanscky de Miguelez

Corpo – Em breve
Maria Helena Fernandes

Entrevistas preliminares em psicanálise – Em breve
Fernando Rocha

Estresse
Maria Auxiliadora de A. C. Arantes, Maria José Femenias Vieira

Histeria
Silvia Leonor Alonso, Mario Pablo Fuks

Narcisismo e vínculos
Lucía Barbero Fuks

Neurose obsessiva
Rubia Delorenzo

Orientação profissional
Maria Stella Sampaio Leite

Paranoia
Renata Udler Cromberg

Psicanálise da família
Belinda Mandelbaum

Psicopatia
Sidney Kiyoshi Shine

Psicoterapia breve psicanalítica
Mauro Hegenberg

Psicoterapia breve psicanalítica de casal
Mauro Hegenberg

Trabalho do negativo
Vera Lamanno-Adamo

Transexualidades
2ª edição – Em breve
Paulo Roberto Ceccarelli

Transtornos de pânico
Luciana Oliveira dos Santos

Violência – Em breve
Maria Laurinda Ribeiro de Souza

Violência e masculinidade
– Em breve
Susana Muszkat

Coleção Clínica Psicanalítica

Casa do Psicólogo/Pearson – Titulos publicados

Acompanhamento terapêutico
Maurício Porto

Acontecimento e linguagem
Alcimar Alves de Souza Lima

Amor e fidelidade
Gisela Haddad

Anomia
Marilucia Melo Meireles

Autismo
Ana Elizabeth Cavalcanti,
Paulina Schmidtbauer Rocha

Autorização e angústia de influência em Winnicott
Wilson Franco

Cidade e subjetividade
Flávio Carvalho Ferraz

Clínica da exclusão
Maria Cristina Poli

Clínica do continente
Beatriz Chacur Mano

Clínica do trabalho
Soraya Rodrigues Martins

Consultas terapêuticas
Maria Ivone Accioly Lins

Crise pseudoepiléptica
Berta Hoffmann Azevedo

Crítica à normalização da psicanálise
Mara Caffé

Demências
Delia Catullo Goldfarb

Depressão
Daniel Delouya

Desafios para a técnica psicanalítica
José Carlos Garcia

Desamparo
Lucianne Sant'Anna de Menezes

Disfunções sexuais
Cassandra Pereira França

Distúrbios do sono
Nayra Cesaro Penha Ganhito

Ecos da clínica
Isabel Mainetti de Vilutis

Emergências psiquiátricas
Alexandra Sterian

Ensaios psicanalíticos
Flávio Carvalho Ferraz

Entrevistas preliminares em psicanálise
Fernando Rocha

Epistemopatia
Daniel Delouya

Escritos metapsicológicos e clínicos
Ana Maria Sigal

Esquizofrenia
Alexandra Sterian

Fairbairn
Teo Weingrill Araujo

Ferenczi
Teresa Pinheiro

Hipocondria
Rubens Marcelo Volich

Idealcoolismo
Antonio Alves Xavier,
Emir Tomazelli

Imitação
Paulo de Carvalho Ribeiro e colaboradores

Incestualidade
Sonia Thorstensen

Inconsciente social
Carla Penna

Infertilidade e reprodução assistida
Marina Ribeiro

Linguagens e pensamento
Nelson da Silva Junior

Morte
Maria Elisa Pessoa Labaki

Neuroses atuais e patologias da atualidade
Paulo Ritter

Neurose traumática
Myriam Uchitel

Normopatia
Flávio Carvalho Ferraz

O tempo, a escuta, o feminino
Silvia Leonor Alonso

Perversão
Flávio Carvalho Ferraz

Pós-análise
Yeda Alcide Saigh

Problemas de linguagem
Maria Laura Wey Märtz

Problemáticas da identidade sexual
José Carlos Garcia

Psicanálise e educação
Maria Regina Maciel

Psicanálise e música
Maria de Fátima Vicente

Psicoterapia de casal
Purificacion Barcia Gomes, Ieda Porchat

Saúde do trabalhador
Carla Júlia Segre Faiman

Sintoma
Maria Cristina Ocariz

Sublimação e *unheimliche*
Alessandra Martins Parente

Tatuagem e marcas corporais
Ana Costa

Tempo e ato na perversão
Flávio Carvalho Ferraz

Término de análise
Yeda Alcide Saigh

Tortura
Maria Auxiliadora de Almeida Cunha Arantes

Trama do olhar
Edilene Freire de Queiroz

Transexualidades
Paulo Roberto Ceccarelli

Transtornos alimentares
Maria Helena Fernandes

Transtornos da excreção
Marcia Porto Ferreira

Vertentes da psicanálise
Maria Laurinda Ribeiro de Souza

Este livro foi composto com tipografia Freight Text Pro
e impresso em papel Pólen Soft 80g.